아나톨리아의 태양

히타이트 제국

히타이트제국

2024년 12월 20일 초판 1쇄 발행
지은이 김경상·이기우

펴낸이 권혁재

편 집 권이지
진 행 권순범
디자인 이정아

인 쇄 성광인쇄
펴낸곳 학연문화사
등 록 1988년 2월 26일 제2-501호
주 소 서울시 금천구 가산디지털1로 16 가산2차 SKV1AP타워 1415호

전 화 02-6223-2301
전 송 02-6223-2303
E-mail hak7891@naver.com

ISBN 978-89-5508-703-1 (03900)

유라시아 알타이의 길,
한민족 DNA

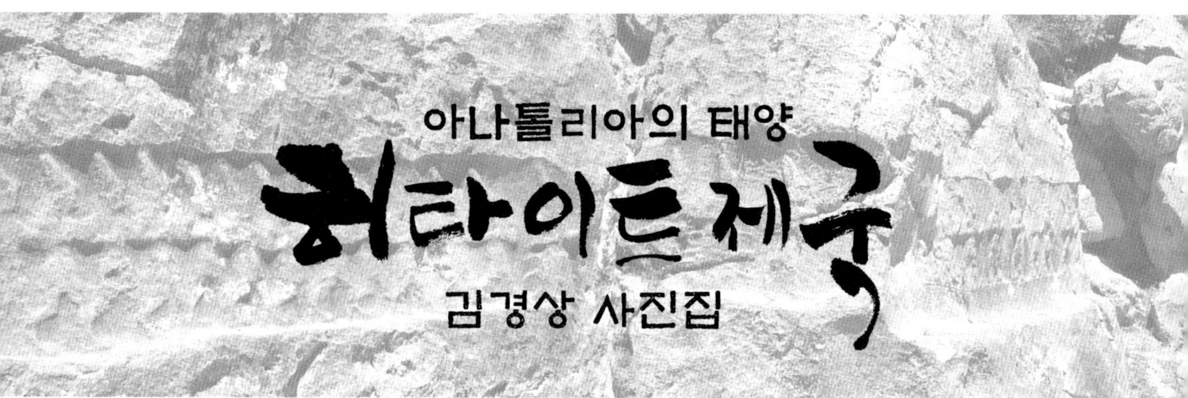

아나톨리아의 태양 히타이트제국

김경상 사진집

김경상·이기우

학연문화사

프롤로그

잃어버린 제국의 연결고리

고대 역사는 단순한 지리적 사건의 나열이 아니다. 그것은 한 지역의 흥망성쇠가 마치 얽힌 실타래처럼 다른 문명에 미친 영향을 보여준다. 히타이트 제국의 출현과 몰락은 그 전형적인 예였으며, 히타이트 제국의 상업적 네트워크와 군사 정복은 아나톨리아에서 이집트와 메소포타미아에 이르는 문화를 형성했다. 이 책은 이 실타래의 끝을 포착하고 잊혀진 제국 사이의 숨겨진 연결고리를 찾기 위한 여정이다.

고대 히타이트, 우라르트, 유라시아 대륙을 가로지르는 인류의 발자취에는 우리가 몰랐던 많은 비밀이 담겨 있다. 고고학적 발굴과 DNA 분석을 통해 밝혀진 그들의 유전적, 문화적 흔적은 동양과 서양을 잇는 가교 역할을 했다는 것을 증명한다. 히타이트의 고대 문서와 유물은 히타이트의 지혜와 경험이 오늘날의 문화에 여전히 영향을 미치고 있음을 보여준다.

미지의 고대 문명 베일에 가려져 있던 히타이트는 이집트나 메소포타미아 문명만큼 잘 알려져 있지 않았다. 19세기에 점토판의 텍스트를 해독하면서 판도라가 열렸다. 히타이트는 오늘날 우리에게 청동기와 금속을 만드는 기술을 가진 '철기 문화의 발상지', 종교적 관용을 통해 모든 신을 포용하는 '천신(千神)의 나라', 강력한 군사력, 외교술을 갖춘 '이집트와 어깨를 나란히 하는 최강의 제국'으로 다가온 것이다.

이 책을 읽으면서 고대사를 탐구하는 것뿐만 아니라 그 속에 숨겨진 맥락과 진실을 함께 발견할 수 있는 기회를 얻게 될 것이다. 유라시아 대륙의 바람에 흩날리는 고대인들의 이야기를 따라가다 보면 그들의 흔적이 어떻게 오늘날까지 이어졌는지를 알 수 있을 것이다. 고대 제국의 연결고리는 여전히 살아 숨 쉬는 중이며, 그 실타래를 풀어나가는 데 함께할 수 있기를 바란다.

목차

서문

아나톨리아의 태양 아래 번성했던 히타이트 제국은 매력적인 역사적 유산을 가지고 있다. 이 강력한 문명은 철기 무기의 혁신을 통해 군사력을 더욱 강화하고 전쟁의 판도를 완전히 바꿨다. 히타이트는 두 개의 문자를 사용한 나라이다. 또한, 점토판에 새겨진 히타이트 문자는 고대의 지혜와 문화를 생생하게 전달하며 우리의 과거를 직접 체험할 수 있는 귀중한 자료이다.

히타이트 고대 법전은 법과 질서의 중요성을 조기에 실현한 그들의 통찰력을 보여준다. 이러한 법전이 오늘날의 법률 체계에까지 영향을 미쳤다는 것은 놀라운 일이다. 특히, 이집트 람세스 2세 국왕과 인류 최초로 문서화된 "카데시 평화 조약"은 평화의 중요성을 이해하고 외교를 통해 분쟁을 해결하려는 인류의 지혜를 강조했다. 유엔본부에 사본이 전시되어 있는 이 평화조약은 단순한 역사 문서가 아니라, 국가 간 평화 공존을 위한 인류 최초의 여정을 상징하는 귀중한 유산이다.

이 책은 히타이트 제국의 수도 하투샤와 그 주변 유적, 특히 야즐르카야 성소와 알라자휘육을 중심으로 히타이트 제국의 역사와 문화를 탐구한다. 하투샤는 고대 역사, 문화, 종교적 신념이 얽혀 있는 복합적인 공간으로 고대 히타이트의 삶을 엿볼 수 있는 귀중한 자료를 제공한다. 각 유적지는 신과 인간의 경계를 탐구하는 장소로서 그 자체로 신성한 공간이다. 이 유적에서 발견되는 예술품과 건축물은 고대 히타이트의 신앙과 사회 구조를 이해하는 데 필수적이다.

히타이트 제국의 붕괴와 부흥에 대한 서사를 통해 우리는 고대 문명이 현대에 미친 지속적인 영향력을 느낄 수 있다. 이 책은 과거의 유산이 현대에 어떻게 전승되는지 탐구하고 과거와 현재를 잇는 가교 역할을 하고자 한다. 히타이트 제국의 역사와 문화는 단순한 과거의 유물이 아니라 오늘날에도 여전히 많은 교훈과 영감을 제공한다.

이 책을 통해 독자들이 고대 히타이트 문명의 신비로운 세계에 한 걸음 더 다가서길 바란다.

히타이트의 연표

히타이트 왕국과 제국 시대의 주요 사건과 왕들을 정리한 연표이다.

왕국 시대 (약 1750년경 - 1500년경)

- **약 1750년경**: 쿠사라가 상업 중심지 네샤를 정복.
- **아니타** (약 1750년경): 잘파(Zalpa)와 하투샤(Hattusa)를 정복, 아나톨리아에서 정치 세력으로 성장.
- **라바르나**: 히타이트 왕국의 건국자로 알려지지만, 왕의 칭호일 가능성이 우세.
- **하투실리 1세** (1565~1540년): 제국주의 정책을 통해 서부 아나톨리아, 북시리아, 상류 메소포타미아로 영토 확장.
- **무르실리 1세** (1540~1530년): 시리아 알레포와 바빌론을 정복, 영토를 크게 확장.
- **한틸리 1세, 지단타 1세, 암무나**: 왕위 찬탈극과 궁중 살인 사건으로 혼란 지속.
- **텔리피누** (약 1500년경): 왕위 승계법 제정 및 평화 정책 추진, 왕실 안정 도모.
- **알루왐나**: 카쉬카족의 침략 증가.
- **한틸리 2세, 지단타 2세, 후지야 2세**: 내부 권력 투쟁과 왕위 자격 문제 발생.

제국 시대 (약 1420년경 - 1190년경)

- **투탈리야 1세** (1420~1400년): 아르자와와 미탄니 왕국에 대한 군사적 압박 강화.
- **아르누완다 1세** (1400~1375년): 카쉬카족의 지속적인 침략으로 영토 확장 정책 중단.
- **투탈리야 2세** (1375~1355년): 카쉬카족의 위협 속에서도 영토 회복 시도.
- **수필룰리우마 1세** (1355~1320년): 마탄니 및 카르카므쉬 왕국을 정복, 시리아 지역 편입.
- **아르누완다 2세** (1320~1318년): 주요 사건 기록 부족.
- **무르실리 2세** (1318~1290년): 전투에서 승리하지만, 전염병으로 말년 불운.

- **무와탈리** (1290~1272년): 이집트와의 전투를 위해 수도를 타르훈타쉬샤로 이전.
- **무르실리 3세** (1272~1265년): 왕위를 찬탈하여 내분 유발, 이집트와 평화 조약 체결.
- **하투실리 3세** (1265~1240년): 제국의 종말로 이어지는 내분 발생, 이집트와의 외교적 평화 유지.
- **투탈리야 4세** (1240~1215년): 아시리아에 대한 무역 봉쇄 및 키프로스 전쟁 승리.
- **아르누완다 3세** (1215년~?): 이후 기록 부족.
- **수필룰리우마 2세** (?~1190년): 북방 민족의 침입으로 제국 멸망.

이 연표는 히타이트 왕국과 제국 시대의 주요 사건 및 왕들에 대한 개요를 제공한다. 각 왕의 통치와 주요 사건들이 왕국과 제국의 발전에 어떻게 영향을 미쳤는지를 보여준다.

튀르키예 아나톨리아 반도 히타이트 유적 답사 지도

1. 히타이트 제국의 수도 하투샤

■ **아나톨리아 평원**

그 넓은 들판은 햇살 아래 황금빛으로 물들고, 바람은 고요히 속삭인다. 고대의 이야기들이 숨 쉬는 땅, 순수한 자연과 어우러진 삶의 고백이 담겨 있다. 하늘과 땅이 만나는 곳, 그 풍경 속에서 인간의 존재가 더욱 빛나는 순간을 느낀다.

■ 가파도키아

신비로운 풍경이 하늘과 만나는 곳. 기묘한 바위들 사이로 피어나는 일출은 마치 세상의 시작을 알리는 듯하다. 열기구가 떠오르며 꿈꾸는 듯한 순간, 그 아름다움에 가슴이 벅차오른다. 시간의 흐름을 잊게 하는 이곳에서, 자연과 역사의 조화가 영혼을 울린다.

▌아나톨리아 평원

▬ 히타이트의 수도, 하투샤

하투샤, 그 이름만으로도 고대 제국의 위엄이 깃든 그곳. 앙카라에서 동쪽으로 150㎞ 떨어진 보가즈칼레 지역, 그 옛이름 보가즈코이에 자리한 이 고대 도시는 히타이트 제국의 심장이었다. 기원전 1650년경, 히타이트인들은 이미 존재하던 정착지 위에 그들의 웅장한 수도를 세웠고, 그 도시는 대지를 가로지르는 고지대 지형에 거대한 요새로 발전하였다. 그 성벽은 자연이 제공한 거대한 암석을 배경으로 세워졌고, 약 180 헥타르의 땅을 두른 커튼 월은 높이 솟은 탑들과 함께 도시를 보호했다. 그리고 성벽 너머, 그 위대한 역사는 아직도 우리에게 많은 비밀을 남겨놓았다.

발굴 작업이 처음 시작된 것은 1893년이었다. 독일 고고학 연구소는 1931년부터 꾸준히 이 고대 도시를 발굴해냈으며, 그 결과 히타이트 대왕들의 궁전이 있었던 뷔유칼레의 성채가 드러났다. 하투샤의 남쪽 어퍼 시티는 30여 개의 사원으로 가득 차 있었으며, 천 개의 신들이 이곳에서 숭배되었다고 전해진다. 이곳은 신성한 도시, 종교적 숭배의 중심지였다. 도시는 단순한 방어용 성벽을 넘어서, 경제와 문화를 함께 품고 있었다. 북동쪽의 부유카야(Büyükkaya) 지역에서는 거대한 사일로들이 발견되었고, 수천 톤의 곡물이 이곳에서 저장되었다. 그 곡물들은 히타이트인들의 부와 번영을 상징했다.

더불어, 하투샤의 왕실과 성소에서는 33,000점이 넘는 점토판이 발굴되었다. 이들은 히타이트 언어를 해독할 수 있게 만든 중요한 기록들이었고, 오늘날 히타이트 제국의 역사를 재구성하는 데 큰 기여를 하고 있다. 그 고귀한 기록들은 유네스코 세계 기록유산에 등재되며 인류의 유산으로 남겨졌다.

하투샤는 단순한 도시가 아니었다. 그것은 히타이트의 영혼과도 같은 곳이었다. 그곳의 웅장한 바위는 오늘날까지도 그 위대한 제국의 흔적을 간직하고 있다. 그곳에 서면, 우리는 그들의 역사를 느끼고, 그들 속에 잠든 이야기를 들을 수 있다. 이 고대 도시는 우리에게 무엇을 말하고 있는가? 그것은 시간이 흘러도 잊히지 않는 위대한 문명의 흔적이다. 하투샤의 돌들은 그들이 겪어온 시간과 함께 서서히 풍화되어 가고 있지만, 그 안에 담긴 이야기는 결코 사라지지 않는다.

▬ 하투샤 입구 성벽

하투샤 능선의 바위, 신전, 성벽은 고대의 숨결을 간직한 채 웅장하게 서 있다. 바람에 실려 오는 과거의 이야기들, 세월의 흔적이 아름답게 얽혀 있다. 신전의 정교한 조각들은 신비로운 신들에 대한 경외감을 불러일으키고, 성벽은 역사 속 전투의 기억을 간직한 수호자처럼 느껴진다. 그곳에서 시간의 경계를 넘어서는 경험이 나를 감싸 안는다.

■ 하투샤 성벽은 토기 모양의 재현

하투샤 성벽은 고대 히타이트 제국의 수도인 하투샤에 위치한 인상적인 구조물로, 독특한 토기 모양을 모티프로 삼아 재현되었다. 이 성벽은 방어와 상징성을 동시에 갖춘 디자인으로, 그 당시의 건축 기술과 예술적 감각을 보여준다. 하투샤의 성벽은 이 지역의 역사와 문화를 잘 나타내며, 고대 문명의 위엄을 느낄 수 있는 중요한 유산이다.

■ 히타이트 수도 하투샤 궁전 벽화

히타이트(Hittite)족이 인도유럽어족에 속한다는 점은 언어학적 분석에 근거한 주장이 다. 히타이트어는 가장 오래된 인도유럽어 중 하나로 알려져 있으며, 히타이트의 기록은 주로 점토판에 쐐기문자로 남아 있다. 유럽 학계에서는 이 언어적 증거를 통해 히타이트를 인도유럽어족의 일원으로 분류하고 있다.

하지만 히타이트의 유물과 성벽 구조가 북방 유라시아 초원 계통이라는 점은 그들이 단순히 인도유럽어족에만 속하는 것이 아니라, 다양한 문화적 영향을 받은 것을 보여준다. 히타이트가 위치한 지역은 유라시아의 교차로였기 때문에 여러 민족과 문화가 혼합된 흔적을 유적지에서 발견할 수 있다. 예를 들어, 성벽 구조나 묘제 양식에서 고조선이나 마한과의 유사성을 언급한 것은 고대 유라시아 전역에서 공통적으로 나타나는 문화적 요소일 수 있다.

바레쿠브 왕의 비문은 오르토스타트(석판) 위에 새겨진 것으로, 오르토스타트는 종종 히타이트와 그 주변 지역에서 중요한 건축물이나 궁전 벽에 사용되었다. 특히 현무암으로 만든 오르토스타트는 당시 궁전이나 신전 건설을 기념하거나 왕의 업적을 기록하는 데 자주 사용되었다. 이 비문은 바레쿠브 왕이 신성한 상징 앞에서 기도하는 장면을 묘사하며, 궁전 건설과 관련된 내용을 담고 있다. 이는 히타이트 문명에서 건축이 단순한 물리적 행위가 아닌, 신성한 의식과 밀접하게 연관되어 있음을 보여준다.

▎하투샤 성벽 조감도

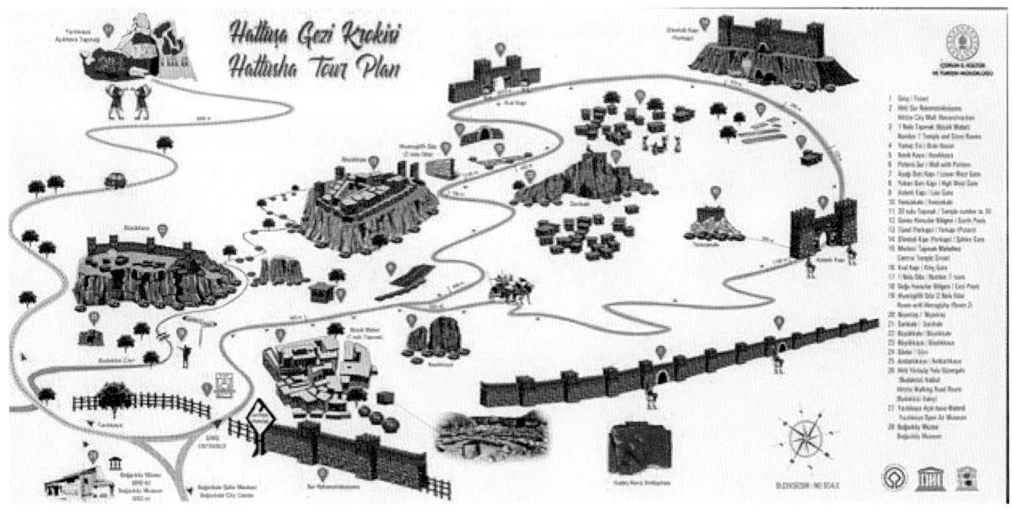

▎하투샤 조감도

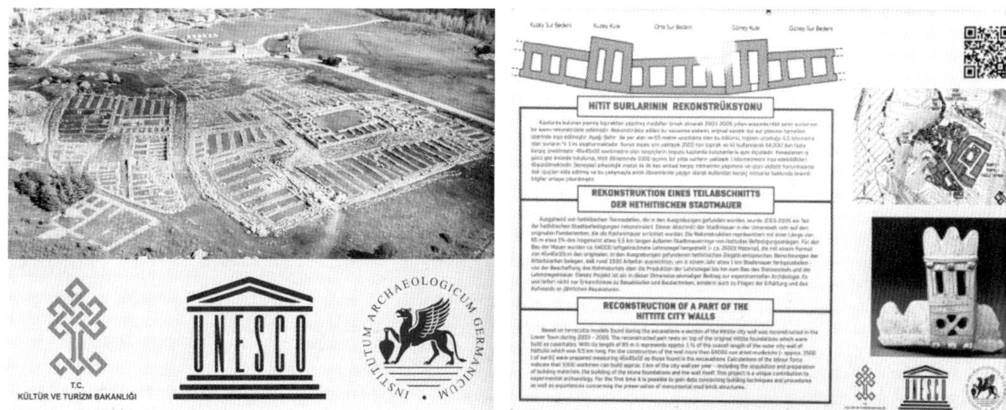

▎하투샤 전경 안내판

▎하투샤 성벽을 지나서 바라본 하투샤 신전 터

하투샤 산능선 성벽

하투샤 능선의 바위 산

▌하투샤 왕도의 대신전 유적

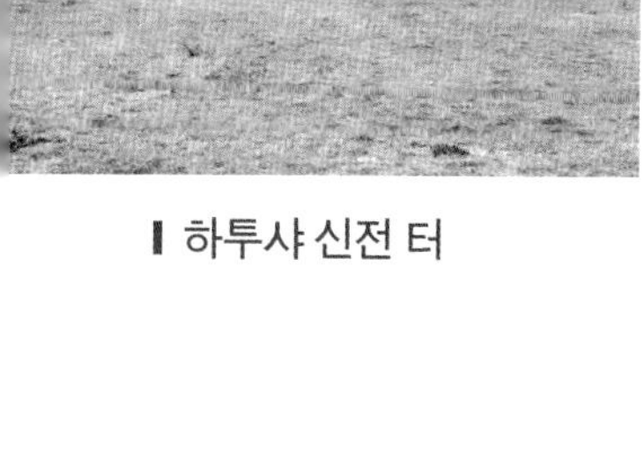

▌하투샤 신전 터

이집트의 푸른 돌

고대 이집트에서 널리 사용된 장식용 물질로, 주로 장식품, 석재 조각, 그리고 보석에 사용되었다. 이 돌은 높은 산화구리 함량으로 인해 푸른색을 띠며, 이는 고대 이집트인들이 추구한 아름다움과 신비로움을 상징한다.

푸른돌은 이집트에서 종교적, 상징적 의미를 지니고 있었으며, 종종 파라오와 신의 권위를 나타내는 데 사용되었다.

이 돌은, 아! 시간에 잊힌 예술과 고대 유물들이 감춰둔 비밀을 들려준다.

푸른 돌의 비밀

튀르키예 중부의 보아즈칼레, 이곳 현지인들에게 고대 사원 인근의 유적지에 놓인 매끄러운 녹색 바위는 단순한 돌이 아니다. 그것은 마법의 힘을 지닌 소원의 돌, 그 위에 손을 얹으면 가장 은밀한 욕망이 이루어진다고 믿는다. 그러나 고고학자들에게 이 돌, 하투샤 그린

스톤의 진정한 목적은 여전히 풀리지 않은 미스터리로 남아 있다. 이 신비한 돌이 자리한 곳은 히타이트 제국의 수도, 하투샤의 유적 안이다. 기원전 2천년경 튀르키예에 정착한 히타이트인들은 청동기 시대의 주요 문명 중 하나를 이룩했고, 서양 고고학자들은 1834년에 처음으로 하투샤에 관심을 가졌다. 그 후 이곳은 끊임없는 발굴과 연구의 대상이 되었으며, 역사 속에서 이집트와의 실버 조약 같은 놀라운 유물들이 발견되었다.

하투샤의 위엄은 거대한 스핑크스, 돌사자가 지키는 문, 그리고 그 뒤편의 대묘에서 뚜렷하게 드러난다. 그중에서도 가장 압도적인 것은 그랜드 템플. 기원전 13세기에 지어진 이 사원은 히타이트의 최고 신인 폭풍의 신 테슈브와 그의 동반자인 태양 여신 아리나에게 헌정된 건축물이다. 그 사원의 정문 근처 방 한구석, 그곳에 신비의 녹색 돌이 자리 잡고 있다. 이 돌, 무려 2,200파운드에 달하는 이 광택이 나는 녹색 암석은 뱀석(세르펜틴) 혹은 네프라이트로 알려져 있다. 그린 스톤은 이 지역에서 유일한 녹색 돌이며, 돌이 자리한 위치는 종교적 중요성을 시사하지만, 이 돌의 목적과 기원에 대한 확실한 단서는 아직 없다. 일부 전문가들은 이 돌이 하투샤에서 남쪽으로 300마일 떨어진 토러스 산맥에서 가져왔을 것이라고 추정하지만, 그 진실은 여전히 베일에 싸여 있다.

도대체 이 돌의 진정한 용도는 무엇이었을까? 단순히 조각상의 기초였을지도 모른다는 가설이 제기되었지만, 다른 사람들은 왕이 종교 의식 중에 앉았던 왕좌였을 것이라고 믿는다. 또는 이 돌이 제단 역할을 할 수도 있었을 것 이다. 히타이트인들은 천체와 깊은 영적 관계를 맺어 천문학적 자료와 점성술과 관련된 50개 이상의 문서를 남겼다. 한 이론에 따르면, 이 돌은 계절의 흐름을 추적하는 데 사용되었을지도 모른다. 그러나 모든 이론은 추측일 뿐, 이 외계에서 온 듯한 녹색 돌에 대한 결정적인 증거는 여전히 발견되지 않았다. 돌의 정체는 영원히 미스터리로 남을지도 모른다. 그러나 오늘날 이 돌은 과거에 숨겨진 비밀, 그리고 그 속에 잠든 강력한 힘을 기념하는 상징으로 서 있다.

■ 사자상 분수 조각물

이집트에서 선물받은 사자상 분수 조각물은 고대의 위엄을 품고 있다. 정교한 조각과 생동감 넘치는 표정이 강렬한 인상을 남기며, 물이 흐르는 소리는 마치 시간의 흐름을 담고 있는 듯하다. 이 조각물은 역사와 예술이 만나는 지점에서, 고대 이집트의 신비로움과 힘을 현재로 불러온다.

▬ 우물터

산 위의 계곡물을 끌어와 아래 저수조에 저장하는 우물터는 자연과 인간의 조화로운 만남이다. 청정한 물이 흐르는 이곳은 생명의 원천으로, 지역 주민의 삶을 지탱한다. 과거의 지혜가 담긴 이 시스템은 물의 소중함을 일깨우며, 매일의 일상 속에서 희망의 상징이 된다.

하투샤 사자상

고대 히타이트 문명의 상징으로, 강인함과 위엄을 지닌 조각이다. 세부 묘사와 힘찬 자세가 매력적이며, 신성한 수호자의 역할을 다하고 있다. 이 조각은 역사의 숨결을 간직하며, 과거와 현재를 연결하는 시간의 다리로, 관람객에게 고대의 영광을 여전히 되새기게 한다.

■ 하투샤 게이트 사자상

히타이트 시대의 거대한 사자 조각상은 돌과 시간을 견뎌낸 예술적 유물이다. 돌을 두드려 변형시키고 표면을 깎아내는 고대의 석재 가공 기술은 오늘날에도 하투샤의 잘 보존된 건축물에서 여전히 그 흔적을 확인할 수 있다.

야즐르카야의 암석 표면은 시간이 흐르면서 너무 많이 풍화되어, 무거운 돌망치를 사용한 흔적을 찾기 어렵다. 하지만 당시 조각가들은 이 망치로 바위의 기본적인 형태를 만들고, 부조를 세밀하게 다듬는 작업에서는 훨씬 가벼운 도구를 사용했다. 조각의 첫 번째 단계는 대략적인 모양을 잡아내는 작업이었다. 이후 섬세한 작업을 위해 금속 끌과 가벼운 망치가 동원되었고, 이를 통해 옷과 장신구의 정교한 디테일이 살아났다. 그들의 손길은 표면을 부드럽게 매끄럽게 다듬고, 광택까지 입혔다. 돌가루나 석영 모래가 광택 작업에 사용되었을 것이다.

물론, 대부분의 조각들은 세월의 풍화로 인해 원래의 표면을 잃어버렸지만, 보호된 장소에 남은 일부 피규어들에서는 그 당대의 매끄럽고 완벽했던 마감 처리가 여전히 감상 가능하다.

▬ 하투샤 게이트 사자상 카피 아슬란

이 거대한 현무암 사자는, 고대 도시 진시를리(Zincirli)의 3번 궁전 입구를 지키던 수호자였다. 가지안테프의 이슬라히예에서 발견된 이 사자는, 당시 사람들에게 강력한 힘과 위엄을 상징했을 것이다. 견고한 현무암으로 조각된 이 사자는 마치 시간을 거슬러 살아 있는 듯, 그 깊고 날카로운 눈빛으로 지나가는 모든 이들을 내려다본다. 사자의 강렬한 존재감은 궁전의 문을 통과하는 자들에게 경외감을 심어주며, 그 앞에서 머리를 숙이지 않을 수 없었을 것이다.

이 사자 문은 단순한 조각이 아니라, 고대 세계의 위엄과 힘을 나타내는 상징적인 문지기였다. 그 앞에서 마주한 사람들은 두려움과 경외 속에서 고개를 들 수 없었을 것이다.

▎히타이트 사자 조각상

■ 날개 달린 태양 원반 아래 생명의 나무를 축복하는 신들

- **생명의 나무와 신들의 부조**: 고대 신들이 생명의 나무에 닿아 모든 존재를 깨우는 모습을 담은 이 현무암 작품은 그들의 숭고함을 고스란히 담아내고 있다. 기원전 8세기 후반, 사크카고지에서 발굴된 이 부조는 높이 86.3㎝로, 고대 문명의 신앙을 시각적으로 증명한다.
- **그리핀 부조**: 새의 머리와 사람의 몸을 가진 신화 속 생물, 그리핀은 날개를 펼친 생동감 넘치는 모습으로 현무암에 새겨졌다. 그리핀은 고대 사람들의 신앙 속에 자리 잡고 있으며, 이 작품은 기원전 8세기 후반 사크카고지에서 발굴되었다. 높이 86㎝의 이 부조는 신화적 상징성을 고스란히 간직하고 있다.
- **게이트 사자의 조각**: 문을 지키는 수호자 같은 위엄을 가진 사자는 강렬한 눈빛과 자세로 그 자리에 서 있다. 이 현무암 조각은 기원전 8세기 후반에 제작되었으며, 높이 84㎝로, 시간의 흐름 속에서도 여전히 힘찬 기운을 느끼게 한다.

스핑크스 게이트의 초석 / 안데사이트, 알라자휘육, 코룸

두 개의 스핑크스

■ 라이언 동상 받침대

카르케므쉬에서 출토된 이 현무암 받침대는 이국적인 상상력과 고대의 장엄함을 담고 있다. 두 마리의 위풍당당한 사자가 나란히 서 있고, 그 사자들의 갈기를 잡고 있는 잡종 생물은 그 자체로 신화적 신비를 자아낸다. 새의 머리를 한 인물은 한쪽 무릎을 꿇고, 사자의 프로톰 형상은 그 주변 장면을 더욱 생동감 있게 한다. 이 섬세한 부조는 단순한 장식이 아닌, 고대 세계의 권력과 신성한 보호를 상징하는 표현이다.

사자의 위엄과 새머리 인물의 독특함은 그 시대의 상상력을 뛰어넘는 조각 기법의 경지에 도달해 있었다. 이 받침대는 단순히 동상을 지지하는 역할을 넘어, 당대의 예술과 상징을 집약한 유물로서, 그 자체로 강력한 이야기를 담고 있다.

하투샤 사자상 뒷면

▬ 황소 동상 받침대

이 현무암 받침대는 카르케므쉬에서 출토된 황소 조각상을 지지하는 중요한 역할을 했던 유물이다. 받침대 위에는 황소의 머리를 엠보싱 기법으로 정교하게 새겨 넣은 두 개의 공이 배치되어 있어, 고대의 섬세한 장인 정신을 엿볼 수 있다. 황소의 뒷부분은 완성되지 않은 채 남아 있지만, 그 생동감 넘치는 전면부는 힘과 에너지를 상징하며 강렬한 인상을 준다. 이 받침대에는 조각상이 자리할 수 있도록 움푹 파인 부분들이 존재하여, 조각을 완벽하게 받쳐줄 수 있게 설계되었다.

고대 세계에서 황소는 힘과 권력을 상징하는 중요한 상징물이었다. 이 받침대는 단순한 받침대 이상의 의미를 지니며, 그 시대의 예술적 아름다움과 상징성을 잘 보여준다.

이 받침대는 잊혀진 시대의 영광을 여전히 간직하며, 그 강력한 힘과 존엄을 엿보게 한다.

히타이트 제국의 역사

▬ 히타이트 제국의 역사

기원전 17세기 아나톨리아 중부에서 시작되어, 고대 근동의 주요 강대국 중 하나로 자리 잡았다. 제국의 전성기는 기원전 14~13세기였으며, 오늘날의 튀르키예와 시리아 지역을 포함하는 광범위한 영역을 통치했다. 하지만 기원전 1200/1180년경, 속국과의 조약에 의존하던 제국은 갑작스럽게 붕괴하고 말았다.

▬ 히타이트 제국 권력의 정점

제국의 몰락은 여러 요인에 기인한다. 내부의 왕조적 다툼, 여러 전선에서의 전쟁, 시리아와 메소포타미아로의 무역로 손실, 그리고 기후 조건의 악화가 주요한 원인으로 제시된다. 이후 히타이트는 아나톨리아 중부에서 사라지거나 동화되었고, 일부 지역에서는 후기 히타이트 왕국으로 다시 살아나는 모습을 보였다.

▬ 문화와 사회 조직

히타이트인들의 문명은 풍부한 설형 문자 기록을 통해 드러난다. 수도 하투샤에서 발견된 약 33,000개의 설형 문자 조각은 히타이트인의 종교, 의식, 점술, 의학 등 다양한 분야의 지식을 제공한다. 제국은 "내부 땅"의 봉건 국가와 "외부 땅"의 가신 국가로 구성되었으며, 왕은 최고 사령관이자 사제, 판사로서 다방면에서 권력을 행사했다. 여왕도 정치적으로 활발히 참여할 수 있었고, 여성들은 상당한 권리를 누렸다.

▬ 법과 행정

히타이트의 입법과 사법 행정은 고대 근동 문화의 영향을 받으면서도 보복보다는 보상과 속죄의 원칙에 기반한 보다 진보적인 체계를 갖추고 있었다. 공무원들은 특정 기능을 수행하도록 훈련받아 국가의 행정을 담당했다. 농업을 주로 하는 인구와 함께, 상인과 장인이 도시의 중심을 이루었으며, 왕실과 사원도 영지를 소유하고 있었다.

▬ 군사와 전쟁

히타이트 군대는 주로 보병과 전차병으로 구성되어 있었으며, 이들은 고대 근동에서 강력한 군사력을 자랑하며 적에게 두려움의 대상이 되었다. 특히 히타이트의 전차는 빠른 기동성과 파괴력으로 유명했으며, 전차부대는 그들의 군사 전략에서 중요한 역할을 담당했다. 히타이트는 종종 속국과 동맹을 맺고 이들에 의존해 전쟁을 수행하거나, 그들의 권위를 강화했다. 이는 당시 고대 근동에서 흔히 볼 수 있었던 정치적·군사적 전략으로, 여러 나라들이 동맹을 맺고 상호 의존적인 관계를 통해 권력을 유지하거나 확대하는 방식을 사용했다.

▬ 종교와 의식

히타이트의 종교는 다양한 신들을 섬기는 다신교적 성격을 지녔으며, 왕과 왕비는 최고 사제로서 신성한 의식을 주관했다. 이들은 신과 인간, 죽음과 생명의 관계를 중시했고, 이러한 개념이 그들의 문화와 종교적 의례에서 중요한 역할을 했다. 왕실은 신들과의 밀접한 관계를 통해 통치의 정당성을 강화하며, 종교는 국가 운영에 중요한 영향을 미쳤다.

▬ 예술과 건축

히타이트 예술은 고대 근동과 이집트의 영향을 받아 발전했으며, 그들의 건축물은 주거지, 사원, 궁전 등 다양한 구조를 포함했다. 주로 불태우지 않은 진흙 벽돌로 지어졌고 평평한 지붕이 특징이었다. 특히 군사 건축은 정교한 방어 시스템으로 유명했으며, 성곽과 방어 시설이 제국의 방어에 중요한 역할을 했다. 이러한 건축 양식은 히타이트 제국의 군사력과 예술적 발전을 잘 보여준다.

▬ 메탈 워크와 무덤 문화

히타이트의 금속 가공 기술은 높은 수준에 도달하였고, 알라자휘육과 같은 중요한 중심지에서 발견된 유물들은 그들의 문명과 문화를 풍부하게 보여준다. 장례 의식에서는 희생된 동물들이 함께 묻히며, 이들은 죽은 자를 위한 잔치와 관련이 있었다.

히타이트 제국은 그들의 지역 전통과 외부 영향을 결합하여 독특한 문화를 만들어냈다.

이들은 기원전 3000년경부터 아나톨리아에 뿌리를 두고 발전해온 인도-유럽어를 사용하는 민족들이었다. 결국, 히타이트인들은 자신의 문화를 계승하고 발전시키면서도, 고대 근동의 중심으로 자리 잡았다.

그들의 역사와 문화는 오늘날까지 많은 교훈을 주며, 인류의 귀중한 유산으로 남아 있다.

히타이트 제국의 부흥과 몰락

▬ 부흥의 서사

히타이트 제국은 기원전 17세기 아나톨리아 중부에서 태동했다. 그들은 마치 신의 뜻을 받들어 황금기를 열듯, 기원전 14~13세기에는 오늘날의 튀르키예와 시리아를 아우르는 광활한 영토를 정복했다. "세상의 중심이 여기로!"라는 외침이 들리는 듯했다. 이 제국은 이집트, 바빌로니아, 아시리아와 함께 고대 근동의 주요 강대국 중 하나로 떠올랐다. 힘찬 전사들과 지혜로운 지도자들은 모든 곳에서 그들의 이름을 알렸다. 제국의 수도 하투샤에서는 왕과 왕비가 군림하며 신의 가호를 받아 군사적 영광을 누렸다.

▬ 어떻게 이렇게 갑자기…

하지만 이 모든 번영의 이면에는 복잡한 정치적 음모와 갈등이 존재했다. 제국이 커질수록 내부의 왕조적 다툼과 전선에서의 전투는 그들을 괴롭혔다. 평화의 부름이 절실했던 시기, 제국은 점점 속국과의 조약에 의존하게 되었다. 그러다 결국 기원전 1200/1180년경, 제국의 비극적인 붕괴가 시작되었다. "어떻게 이렇게 갑자기…"라는 탄식이 절로 나왔다. 다양한 이유가 제국의 몰락을 설명했지만, 기후 변화, 무역로 손실, 내전 등의 복합적인 원인들이 어우러져 힘을 잃은 제국은 천천히 사라져갔다.

남부 아나톨리아와 시리아에만 후세의 히타이트 문명이 겨우 남아 있었다. "그들이 잊혀지지 않기를…" 바라는 마음으로 역사는 그들의 이야기를 전하기 시작했다. 설형 문자판의 유물들은 과거의 소중한 단서로서, 그들의 종교와 의식, 문학과 과학을 밝혀주었다.

33,000개의 설형 문자 조각은 그들의 사회와 정치 구조를 드러내며, 이 전설적인 문명을 한층 더 깊이 이해할 수 있도록 해주었다.

■ 몰락의 서사

히타이트 제국의 몰락은 잔혹하고도 가슴 아픈 역사다. 내부에서의 왕조적 다툼과 갈등은 그들의 군사적 힘을 약화시키고, 결국 대외적인 압박으로 이어졌다. "이렇게 아름다웠던 나라가…"라는 애통함이 마음속에서 울려 퍼진다. 기후 변화는 농업과 무역에 부정적인 영향을 미쳤고, 시리아와 메소포타미아로의 무역로 손실은 그들을 더욱 고립시켰다.

우리는 다시 일어설 수 있다!

히타이트인들은 점차 아나톨리아 중부에서 사라지거나 동화되었다. 그들의 흔적은 시간이 흐르면서 희미해졌다. 하지만 여전히 남부 아나톨리아와 시리아에서는 후기 히타이트 왕국이 그들의 문화를 계승하며 부활의 기미를 보였다. "우리는 다시 일어설 수 있다!"는 희망의 외침이 과거의 잿더미 속에서 들려왔다.

영원한 신의 축복이여, 계속 내려주소서

설형 문자판에서 발견된 기록들은 그들의 문화와 종교에 대한 정보의 보고였다. 그들은 신들을 섬기며, 그들의 축제와 의식은 여전히 기억되고 있었다. "영원한 신의 축복이여, 계속 내려주소서!"라는 기도가 그들의 삶 속에 남아 있었다. 하지만, 정치적 결정은 귀족회의에서 논의되었고, 왕은 여러 사제들과 공무원들에 의해 지배되었다. 왕실 구성원들은 권력을 남용하지 않고, 국민의 안녕을 최우선으로 여겼다.

그렇기에 그들의 예술과 문화는 후세에까지 전해졌다. 도자기와 금속 작품들은 그들이 여전히 문화를 소중히 여겼음을 보여준다. "우리의 전통은 결코 사라지지 않는다!"는 자부심으로 그들은 역사의 길을 걸어갔다.

이렇게 아름다웠던 나라가…

히타이트 제국의 역사는 부흥과 몰락의 서사를 지닌 위대한 이야기다. 그들의 강력한 군사력과 독특한 문화는 고대 근동의 역사에서 빼놓을 수 없는 부분이다. "히타이트인들의 영혼은 결코 잊히지 않는다!"라는 외침이 울려 퍼지듯, 그들의 발자취는 오늘날에도 여전히 우리에게 감동을 준다. 과거의 이들의 영광을 기억하고, 그들의 지혜를 통해 우리가 나아가야 할 방향을 제시 받기를 소망한다.

■ 하투샤 라이언 게이트

그 웅장한 문은 고대의 경이로움을 간직한 채 우리를 맞이한다. 두 마리 사자가 지켜보는 가운데, 역사의 숨결이 느껴진다. 그 문을 열면 과거와 현재가 교차하는 순간, 신성한 힘과 인간의 꿈이 엮인 이야기가 펼쳐진다. 비밀스러운 세계로의 초대, 이곳에서 우리는 잊혀진 영광과 마주하며 경외심을 느낀다.

고대의 위엄이 깃든 문

높은 산을 넘어, 그 고된 등반 끝에 나타나는 것은 바로 고대 히타이트 제국의 수도 하투샤의 상징인 라이언 게이트다. 이곳은 단순한 입구가 아니다. 세월을 견뎌온 이 문은, 전설의 시대에 악령을 쫓아내던 위대한 사자들의 수호 아래, 불사의 기운을 담고 있다.

사자문의 두 개의 탑은 마치 고대 전사들이 지키고 있는 것처럼 당당하게 서 있다. 그 탑들은 각기 두려움과 위엄을 동시에 전달하며, 이를 지나가는 이들에게 고대의 권력을 느끼게 한다. 하지만 이 문을 지나기 전, 우리가 마주하는 것은 사자의 위엄을 부각하는 거대한 부조다. 두 개의 사자는 그 턱을 뾰루지게 세우고, 위엄 넘치는 눈빛으로 지나가는 이를 응시한다. 그들의 자세는 마치 이 문을 통과하는 모든 이에게 경외감과 두려움을 동시에 선사하는 듯하다.

이곳은 더 이상 평범한 장소가 아니다

사자의 눈빛이 전하는 메시지다. 고대의 기운이 느껴지는 이곳은, 단순한 유적지를 넘어 시간을 초월한 신비로 가득하다. 그 위대한 사자들은 히타이트 제국의 힘과 용기를 상징하며, 이 문을 지나는 모든 이들에게 경외의 감정을 불러일으킨다.

사람들이 라이언 게이트를 지나갈 때마다, 그들은 단순히 고대 유적을 지나치는 것이 아

니다. 그들은 고대 히타이트의 영광과 슬픔, 그리고 그들의 문화를 품은 채 이 문을 통과하는 것이다. 이 문을 지키는 사자들은 그들의 전쟁과 의식, 그리고 그들이 남긴 업적을 기억하며, 후세들에게 그들의 이야기를 전하고 있다.

여기가 하투샤구나!

감탄의 목소리가 저 멀리서 들려온다. 그 소리는 고대와 현대가 만나는 지점에서 우러나오는 찬탄이다. 이 문을 지나면서 느껴지는 미묘한 떨림은, 과거와 현재의 연결 고리로서 역사 속에 숨겨진 수많은 이야기들을 전해준다.

라이언 게이트는 단순한 구조물이 아니다. 그것은 고대 히타이트 제국의 영광과 권력의 상징이며, 역사 속에서 그들의 발자취를 찾는 모든 이들에게 진정한 감동을 선사하는 장소다. 문을 지나며 느끼는 경외감은, 그들의 이야기와 고대의 미스터리를 여전히 품고 있는 이

장소의 가치를 더욱더 높여준다.

"한 걸음 더 나아가자!" 그들은 말한다. 그리고 이 문을 지나, 고대의 영광을 마음속에 새기는 여행이 계속된다. 라이언 게이트는 오늘도 그 자리를 지키며, 수많은 방문객들의 발길을 맞이하고 있다. 여기서 시작된 이야기는 언제나 계속된다.

가파른 등반을 마친 후, 길은 유적지 남서쪽에 위치한 라이온 게이트로 이어진다. 이 문은 두 개의 탑 사이에 있으며, 사자문의 윗부분은 파괴된 상태이다. 양쪽의 타워는 게이트 챔버 측면을 가리고 있으며, 각 게이트 포스트의 전면에는 거대한 사자 부조가 새겨져 있다. 턱이 뾰족한 사자들은 무서운 위엄을 발휘하며 입구를 지키고 있다.

이곳은 악령을 겁주는 도시로 알려져 있으며, 강력한 상징성을 지닌 구조물이다.

■ 하투샤 라이언 게이트 성벽 아래 풍경

신전 터가 고요하게 자리 잡고 있다. 산능선을 따라 세워진 이 성벽은 마치 대지와 하나 되어 천년의 역사를 담고 있다. 성벽 아래 신전 터는 시간이 멈춘 듯한 경외감을 준다. 과거의 사제들은 이곳에서 신들에게 기도를 올렸을 것이다. 오늘날에도 그 터 위에 서면, 한때 번영했던 히타이트 제국의 숨결이 느껴진다. 하늘과 맞닿은 이 신성한 장소는 여전히 고대 문명의 신비를 속삭이고 있다.

❙ 하투샤 산능선 성벽 아래 신전 터

❙ 하투샤 능선의 성벽

■ 하투샤 스핑크스 게이트

고대의 신비가 깃든 문은 마치 시간을 초월한 수호자처럼 우뚝 서 있다. 세밀한 조각과 웅장한 형상이 눈을 사로잡고, 그 뒤에 숨겨진 이야기가 속삭이는 듯하다. 지나가는 이들을 향해 열려 있는 이 문은 과거의 영광과 지혜를 담아, 우리에게 경외와 감탄을 안겨준다. 스핑크스의 신비로운 눈빛 속에서 우리는 잊혀진 역사와 마주하게 된다.

들어가자! 신성한 세계와 맞닿을 수 있을 거야!

하투샤, 그 고대의 숨결이 느껴지는 도시의 한복판에서, 우리는 스핑크스 게이트라는 신비로운 문을 만난다. 이 문은 단순한 구조물이 아니라, 고대 히타이트의 신화와 역사를 품고 있는 상징적 존재이다. 스핑크스의 형상은 우리를 매혹적인 신의 세계로 안내하며, 그곳에 숨겨진 무수한 이야기들을 암시한다.

문을 바라보며 우리는 경탄의 숨을 내쉰다. "이것이 바로 스핑크스 게이트라니!" 우리의 눈 앞에 우뚝 서 있는 스핑크스는 고대 히타이트의 신들과 여신들을 상징하는 날개 달린 존재로, 그 위엄과 신비로움에 압도당한다. 특히, 이 스핑크스는 아리나의 태양 여신을 떠올리게 하며, 신성한 빛을 발산하는 듯하다. 아리나는 힘과 아름다움의 화신으로, 그녀의 존재는 하투샤 전역에 신의 은혜를 전하는 메신저로 여겨졌을 것이다.

우리가 스핑크스 게이트를 지나려 할 때, 마치 그 문이 고대의 의식에 우리를 초대하는 듯한 느낌을 받는다. "들어가자! 이곳에서 우리는 신성한 세계와 맞닿을 수 있을 거야!" 누군가의 목소리가 희망적으로 외친다. 이 순간, 고대 히타이트의 신화와 전설이 살아나는 듯, 우리의 가슴 속에 뜨거운 열정이 솟구친다.

▬ 스핑크스, 너는 우리를 인도해 줄 것이라 믿어!

스핑크스의 날개는 힘과 보호의 상징이며, 그 옆에 놓인 아리나의 모습은 생명과 빛을 의미한다. 우리의 마음 속에서 희망의 빛이 번쩍인다. 스핑크스 게이트는 단순히 통과하는 문이 아니다. 그것은 신과 인간, 과거와 현재가 교차하는 경계선이다.

문을 통과할 때, 우리의 마음 속에는 긴장과 설렘이 교차한다. 이곳은 신들의 세계로 나아가는 관문이며, 그들은 항상 우리를 지켜보고 있다는 것을 느낀다. "하투샤에서 우린 신의 기운을 느낄 수 있어!" 감탄의 목소리가 퍼져 나가고, 그 소리는 마치 고대의 신들이 다시 살

▎하투샤 스핑크스 게이트 아래 건물 터

▌하투샤 스핑크스 게이트 성벽 아래 풍경

▌하투샤 스핑크스 게이트 아래 신전 터

아나는 듯한 느낌을 준다.

스핑크스 게이트를 지나면서, 우리는 고대 히타이트의 이야기를 더욱 깊이 느낀다. 그들의 신앙, 문화, 그리고 여신 아리나에 대한 경외감이 우리를 감싸 안는다. 이곳에서 우리는 단순히 과거를 탐험하는 것이 아니라, 그들의 믿음과 영혼을 함께 나누는 것이다.

“스핑크스, 너는 우리를 인도해 줄 것이다!” 우리의 마음속에서 그 기도가 울려 퍼진다. 그리고 이 문을 지나며, 우리는 잊혀진 전설을 다시 불러일으키고, 스핑크스의 여신과 함께 고대의 신비로운 여정을 시작한다. 스핑크스 게이트는 오늘도 과거의 숨결을 지키며, 미래를 향한 신성한 연결고리로 자리 잡고 있다.

■ 하투샤, 보가즈칼레, 코룸

베를린 박물관에서 가져온 스핑크스 게이트의 내부 게이트 동쪽 스핑크스는 보가즈코이 박물관에 전시되어 있다. 여신을 상징하는 날개 달린 스핀은 아마도 히타이트 신들, 여신들 사이에서 중요한 위치를 차지한 아리나의 태양 여신을 불러일으킬 것이다.

▬ 하투샤 스핑크스 게이트 후면

하투샤의 스핑크스 게이트 후면 초석, 그 독특한 형상은 마치 오랜 세월을 살아온 사람의 얼굴을 닮아 있다. 자연의 풍화에 견디며 자리 잡은 이 돌은, 마치 과거의 이야기를 속삭이는 듯하다. 그 고요한 미소는 수천 년의 세월을 간직한 채, 우리를 반갑게 맞아주는 듯한 느낌을 준다. 신비로운 시간의 흐름 속에서 잊혀진 과거와의 연결을 느끼게 해주며, 감탄의 탄성을 자아내게 한다. 이 신비로운 모습은 단순한 유물이 아닌, 인류의 역사와 기억을 담고 있는 상징으로, 우리에게 깊은 여운을 남긴다.

▎초석이 사람 얼굴 닮았다.

■ 하투샤 예르카피 북문

▬ 하투샤 예르카피(Yerkap in Hattusa) 북문 지하 터널

예르카피(Yerkap)는 단순한 터널이 아니다. 그것은 과거와 현재를 연결하는, 고대 히타이트의 정신이 깃든 상징적인 통로이다. 이곳에서 우리는 역사와 신화를 함께 나누며, 그들의 이야기를 다시금 불러일으키는 소중한 여정을 이어간다.

고대 히타이트 방어의 중심지로 사용되었으며, 과거의 전쟁과 평화의 이야기를 담고 있다. 동굴 내부의 통로는 방문객에게 잊혀진 역사와의 연결을 선사한다. 이곳에서 우리는 고대인의 지혜를 다시금 느낀다.

▬ 예르카피: 땅 속의 터널 문, 고대의 숨결

하투샤 요새의 남쪽 끝에 자리한 예르카피, 그 이름은 '땅 속의 문'을 의미하며, 이 고대 도시의 본질을 정확히 담아내고 있다. 우리는 이곳에 다가갈수록 가슴이 설레인다. "이곳이 바로 하투샤의 숨겨진 통로란 말인가!" 그 순간, 예르카피의 위엄에 감탄하지 않을 수 없다.

높이 15m, 길이 250m에 달하는 인공 제방은 마치 하늘을 향해 뻗어 있는 거대한 성벽 같다. 그 위에서 도시의 방어는 탄탄히 이루어지고 있으며, 스핑크스 문을 통해 우리는 고대 히타이트의 세계로 들어갈 수 있다. 터널의 입구에 다가서자, 우리는 그 신비로운 길이 70m의 터널이 눈앞에 펼쳐진다. "와, 이 거대한 바위로 지어진 구조물이 이렇게 오랫동안 존재했군!" 우리의 목소리는 경이로움으로 가득 차오른다.

예르카피 터널은 한때 무언가 특별한 의미를 지닌 장소였을 것이다. 아마도 방어의 역할보다는 도시의 상징적 의미가 더 컸을지 모른다. 역사학자들이 여전히 이 주제에 대해 의견이 분분한 가운데, 우리는 이 터널이 고대 히타이트인들의 뛰어난 건축 기술을 보여주는 산물임을 깨닫는다. "히타이트인들은 정말 대단한 건축가들이야!" 감탄의 목소리가 터널의 벽을 따라 울려 퍼진다.

기원전 14세기 초에 완성된 이 인상적인 건축물은 코벨 볼트를 기반으로 하여, 아치를 만들어내지 못했던 히타이트인들이 선택한 독창적인 방법이다. 그들의 코벨링 기법은 단순한 구조를 넘어, 이 터널이 3천 년이 지난 지금도 여전히 통행이 가능하다는 사실을 말해준다. "이렇게 오랜 시간이 지나도 여전히 여기에 서 있을 수 있다니, 경이로운 일이야!"

터널의 외부 출구는 잘 보존되어 있고, 그곳에 서면 하투샤 전역과 주변 평야의 웅장한 경관이 시야를 가득 채운다. "이곳에서 바라보는 경치가 정말 장관이야!" 넓은 평야는 고대 히타이트 시대의 농업을 떠올리게 하며, 그곳에서 일하는 농부들은 전쟁 중에도 이 성벽 안에서 피난처를 찾았을 것이다. 하투샤의 방어는 그들이 안전하게 살아갈 수 있는 터전이었음을 알게 된다.

"이제 계단을 올라가 스핑크스 문을 통과하면, 우리는 다시 하투샤의 품으로 돌아갈 수 있어!" 기대와 설렘이 가득한 우리의 마음은 이 순간을 놓치고 싶지 않다. 예르카피를 지나며 우리는 고대의 숨결을 느끼고, 그곳에 살았던 사람들의 삶을 엿보는 듯하다. 그들의 고난과 영광이 이 터널과 함께 오늘날까지 이어져 오는 것처럼, 우리는 그들로부터 힘과 용기를 얻는다.

예르카피는 '땅 속의 문'을 의미하며, 하투샤 요새의 이 부분의 본질을 아주 정확하게 포착한다. 그것은 도시 성벽의 남쪽 끝을 형성하는 인공 제방 안에 있다. 그 제방은 높이 15m, 길이 250m, 바닥 너비 80m이다. 그 위에는 도시 성벽이 있으며, 스핑크스 문을 통해 도시로 접근할 수 있다. 예르카피 터널은 길이가 70m이다. 거대한 바위로 지어졌고, 그 후 인공 제방으로 덮였다. 이 거대한 구조물의 외부 정면은 석회암 블록으로 덮여 있었다. 터널은 제방을 가로질러 뻗어 있으며, 경사도는 15도이다. 지금까지 고고학자들은 하투샤 요새 아래에서 12개의 유사한 터널을 발견했다. 그러나 예르카피는 그 중에서도 가장 잘 보존된 구조물이다. 예르카피는 방어적인 역할이 아니라 대표적인 역할을 했을 가능성이 있지만, 역사가들은 이 주장에 대해 동의하지 않는다.

인상적인 예르카피 건축물은 기원전 14세기 초에 완성되었다. 히타이트인들은 진정한 아치를 만들 수 없었기 때문에 코벨 볼트를 기반으로 한다. 대신 그들은 구조물의 공간을 가로지르는 코벨링 건축 기법을 사용하는 방법을 적용했다. 이 방법을 적용했다고 해서 히타이트의 건축적 사고력이 얕잡아 보이는 것은 아니다. 그들의 터널은 3천 년이 넘은 지금도 여전히 통행이 가능하다. 터널과 외부 출구는 잘 보존되어 있다. 안타깝게도 내부 출구를 장식하는 세부 사항은 파괴되었다. 터널은 도시의 가장 높은 지점에 위치하므로 하투샤 전체와 주변 평야의 웅장한 전망을 즐길 수 있다. 이 평야는 히타이트 시대에 경작되어 수도에 식량을 제공했다. 전쟁 중에 이 밭에서 일하는 농부들은 하투샤 성벽 안에서 피난처를 찾을 수 있었다. 성벽 밖에서 예르카피를 통과한 후 계단을 타고 제방으로 올라가 스핑크스문을 통과하여 하투샤로 돌아갈 수 있다.

▬ 하투샤 예르카피 북문 동굴 안의 사람 모양 바위

히타이트인들이 수호신으로 기축 돌로 세워놓은 것 같다.

▬ 하투샤 예르카피 북문 동굴 안의 사람 모양 돌

고대의 신비를 간직한 자연의 조각품이다. 그 독특한 형상은 마치 과거의 영혼이 살아 숨 쉬는 듯, 관람객을 감동시킨다. 희미한 빛 속에서 드러나는 섬세한 디테일은 사람의 이야기를 속삭이며, 역사의 깊은 울림을 전한다.

하투샤 지하 터널 입구

하투샤 히타이트의 길

하투샤 히타이트 건물터

▎하투사 히타이트 성벽의 건물 터

▬ 성벽의 남동쪽에 있는 왕의 문

울라산 왕 카피의 위치, 모양 및 치수는 아슬란히 카피와 비슷하다. 두 개의 탑 사이에 위치한 게이트 룸은 약 5미터 높이의 뾰족한 아치형 두 개의 문 통로를 가지고 있다. 1907년에 수행된 발굴에서, 안쪽 문 왼쪽에는 손에 도끼를 들고 있는 차축처럼 보이는 남성 부조, 나선형 모티브로 장식된 기술을 가진 뾰족한 미펴가 부조가 발견되었다.

하투샤 왕의 문

하투샤의 왕의 문은 성벽 남동쪽에 위치해 있으며, 울라산 왕 카피와 유사한 형태와 치수를 지닌다. 두 개의 탑 사이에 자리한 게이트 룸은 약 5미터 높이의 뾰족한 아치형 두 개의 문 통로로 구성되어 있다. 1907년 발굴에서는 안쪽 문 왼쪽에 손에 도끼를 든 남성 부조와 나선형 모티브로 장식된 뾰족한 미퍼 부조가 발견되어, 고대의 예술과 기술을 엿볼 수 있다.

■ **하투샤 성벽 출입구 기둥위의 둥근돌 얼굴상**

샨리우르파 박물관의 1만 2천 년 전 신석기 시대 조각 얼굴상과 닮았다.

■ 하투샤 성벽의 신비: 고대와 현재를 잇는 둥근 돌

하투샤 성벽의 출입구에 다가서면, 우리는 마치 고대의 역사가 우리를 부르는 듯한 느낌을 받는다. 성벽의 거대한 기둥 위에 우뚝 서 있는 둥근 돌, 그 모습은 어딘가 익숙하다. "이 둥근 돌은 샨리우르파 박물관의 신석기 시대 조각상과 닮았어!" 감탄이 절로 나온다. 그 둥글고 부드러운 형태는 마치 시간의 흐름을 초월한 듯, 과거와 현재를 연결해주는 상징적인 존재처럼 보인다. 기둥 위의 돌은 단순한 장식이 아니다. 그것은 1만 2천 년 전 신석기 시대의 예술가들이 남긴 숨결이 서려 있는 물체다. "여기서도 그들의 영혼을 느낄 수 있어!" 고대의 이 조각상이 지금의 우리와 어떻게 연결되는지, 그 신비로움에 감정이 북받친다. 그들은 먼 과거의 세계에서 사람들과 교감하며, 오늘날의 우리에게도 그들의 이야기를 전하고 있다.

하투샤 성벽은 역사 속에서 굳건한 방어의 역할을 해왔지만, 이제 우리는 그곳에서 더 깊은 의미를 찾는다. "이 돌은 과거의 기억을 간직하고 있어. 그 시대 사람들의 꿈과 바람이 이곳에 새겨져 있겠지!" 둥근 돌이 기둥 위에 있는 모습은 마치 그들이 살아 있었던 순간을 재현하는 듯하다. 우리는 과거의 존재들이 오늘날의 우리가 잊지 말아야 할 교훈을 전하고 있음을 느끼게 된다. 이곳에서 우리는 단순히 고대의 유적을 바라보는 것이 아니다. "이 성벽과 둥근 돌은 서로 연결된 이야기를 품고 있어!" 우리의 눈앞에서 펼쳐지는 신석기 시대의 예술과 하투샤의 건축이 하나로 어우러진다. 그들은 세월을 넘어 같은 공간에서 소통하고 있으며, 이 순간의 가치가 더욱 빛난다.

기둥 위의 둥근 돌은 단순한 조각상이 아니다. 그것은 인류의 역사와 문화를 잇는 교량이다. 우리가 이 돌을 바라보며 느끼는 감정은 고대와 현대의 경계를 허물고, 시간과 공간을 초월하는 특별한 경험으로 이어진다. "이곳에서 우리는 잊혀진 이야기들을 다시 불러내고, 그들의 숨결을 함께 나누는 것이야말로 진정한 역사의 흐름을 이해하는 것 아닐까?"

하투샤의 성벽과 둥근 돌은 우리에게 과거의 지혜를 일깨워주며, 앞으로 나아갈 길에 대한 통찰을 선사한다. 오늘도 우리는 그들이 남긴 이야기를 가슴에 새기며, 이 역사적인 공간에서 우리의 발자국을 남기고 있다.

하투샤 히타이트 성벽 터

하투샤 히타이트 신전 터

하투샤 히타이트 신전 터

하투샤 포스턴 벽의 문

2. 히타이트 제왕의 기도처 '야즐르카야'

천신(千神)을 모신 신전

하투샤의 야즐르카야 유적: 신과 왕의 만남

▬ 신성한 공간의 개막

하투샤의 야즐르카야 유적지, 그곳은 기원전 13세기, 인간과 신이 만나는 신성한 성소였다. "이곳에서 왕의 즉위식과 봄축제가 거행되었다니!" 그리움을 자아내는 이 공간의 깊은 역사에 감탄이 절로 나온다. 이곳은 왕과 신이 같은 공간에서 축복받는 순간들이 펼쳐졌던 곳이다. 하늘을 찌르는 절벽과 푸른 하늘 아래, 고대인들은 신의 축복을 받기 위해 이곳에 모였다.

▬ 신화의 조각들

두 개의 부조는 그 신성함을 더욱 드러낸다. 한쪽에는 히타이트 판테온의 최고신 테슈브의 아들 샤루마가 왕을 팔로 감싸며 걷는 모습이 새겨져 있다. "오, 샤루마여! 당신은 죽음을 넘어 왕을 인도하는 구원의 신이군요!" 그 모습은 권력의 상징으로, 인간의 고난과 신의 은총을 동시에 상징하고 있다. 바로 옆에는 죽음의 신 네르갈이 사자 네 마리를 거꾸로 매단 채 큰 갈을 휘두르는 장면이 자리하고 있다. "무섭고도 위엄 있는 모습이여! 과연 네르갈의 힘은 대단하다!"

신화학자들은 이 장면이 무덤에서 깨어난 왕을 네르갈에게 인노하는 모습을 나타낸다고 주장한다. "투달리야 4세, 당신의 영혼이 평화롭게 이끌어질 수 있도록!" 기원전 1237년에서 1209

년까지 히타이트 제국을 다스렸던 그의 위대한 순간을 다시금 떠올리며 경외감이 느껴진다.

■ 샤루마의 신비로움

그러면, 샤루마는 어떤 신인가? 그는 히타이트가 채택한 후르리족의 산신으로, 폭풍의 신 테슈브와 여신 헤파트의 아들이다. "그의 이름이 '왕'을 의미하는 아카드어 '샤리'와 관련이 있다니, 그 깊은 연관성에 놀랍습니다!" 그는 호랑이나 검은 표범을 타고 도끼를 들고 있는 모습으로 묘사된다. "샤루마여, 당신의 위엄이 오늘도 느껴진다!"

그의 아내는 용 일루얀카의 딸로, 신화 속에서 더욱 화려한 이야기를 만들어간다. "이 신화 속 인물들은 단순한 신이 아니라, 인류의 역사와 문화의 산물이다!"

■ 성소의 구조와 중요성

야즐르카야 유적의 구조는 고대 히타이트인들의 신앙심과 기술력을 보여준다. "이곳의 부조 갤러리는 두 개의 챔버로 이루어져 있다니! 그 크고 신성한 공간에서, 과연 어떤 예배가 이루어졌을까요?" 부조 갤러리를 포함한 이 성소는 단순한 건축물이 아닌, 영혼이 함께하는 성스러운 공간으로 여겨진다.

■ 현대의 연결고리

오늘날 주차장에서 벽을 넘어 A실로 이어지는 길은 원래 경로의 흔적을 따라서 이어진다. "이 길을 걸으며 과거와 현재가 연결되는 느낌이 드네요!" 수천 년 전의 히타이트인들이 이 길을 걸으며 기도를 드렸던 순간을 상상해본다.

■ 전형적인 히타이트 인물의 표현

모든 인물은 전형적인 히타이트 방식으로 표현되어 있으며, 그 모습은 생동감 넘친다. "여성 인물은 한쪽 팔을 앞으로 뻗고, 남성 인물은 가슴을 드러내며 고귀한 자세를 취하고 있군요!" 그들은 모두 서로 연결되어, 이곳의 신성함을 더욱 강조한다.

하투샤의 야즐르카야 유적은 단순한 고대 유적이 아니다. 그것은 신과 인간, 과거와 현재가 만나는 공간이다. "이곳에서 우리는 잊혀진 역사 속 인물들과 함께 숨 쉬고, 그들의 이야기를 들으며 경외감을 느낍니다!" 과거의 지혜가 오늘날에도 여전히 우리의 삶을 이끌어 주고 있음을 잊지 말아야겠다.

히타이트, 히티, 후르리인의 종교: 신과 인간의 경계

▬ 시대의 포착

아시리아 식민지 시대의 끝과 하티 왕국의 최초 기록 사이, 그 짧은 수십 년은 소아시아 역사의 전환점을 맞이하게 된다. "기원전 1700년에서 1200년 사이, 이 땅에서 무슨 일이 있었던 걸까요?" 여러 민족이 모여 사는 이 땅은 각자의 문화와 신앙으로 가득 차 있었다. 중앙의 히타이트인, 남쪽과 서쪽의 루위족, 북쪽의 팔레이족은 인도유럽어족 언어를 사용하며 서로의 문화와 신앙에 영향을 주고받았다.

▬ 후르리인의 도착

그러나 남동쪽에서 늦게 도착한 후르리인은 또 다른 색채를 이 땅에 더했다. "후르리아인은 무엇을 가져왔을까요?" 그들의 신앙과 관습은 히타이트와 하티의 종교에 지대한 영향을 미쳤다. 하티족은 이미 멸종된 언어를 사용하며, 이 땅의 최초 주민으로 여겨진다.

▬ 신들의 다양성과 개별성

각 나라는 고유의 판테온과 개별적인 신앙 중심을 갖추고 있었다. "신의 이름이 이렇게도 많다니, 과연 어떤 의미를 지니고 있을까요?" 히타이트의 신학자들은 각 도시의 신을 개별적인 인격으로 여겼고, 이는 그들의 복잡한 종교적 상징성의 패턴으로 나타난다. 날씨의 신, 태양의 신, 달의 신 등, 이들은 단순한 신의 표현이 아닌, 각각 독립적인 존재로 여겨졌다.

심지어 번개, 구름, 비, 궁전, 왕족, 홀, 군대의 날씨 신들까지! "이런 특별한 날씨의 신들이 이렇게 많다니, 그들은 과연 어떤 역할을 했을까요?" 이 모든 신들은 곤봉과 무기로 상징적으로 표현되었고, 그들은 고대인들의 삶에 깊숙이 뿌리내렸다.

신화의 중심, 하티의 모신

학자들은 히타이트 창조 신화가 하티의 모신으로 알려진 여성을 중심으로 전개되었다고 믿고 있다. "이 위대한 여신이 신석기 유적지 아탈 히크에서 발견되었다니, 그 신성함은 대체 무엇인가?" 이 여신은 아나톨리아의 폭풍신의 배우자로, 제우스와 토르와 같은 신화적 존재들과 연결되어 있다. "그녀는 아마도 모든 창조의 시작을 상징하는 존재일 것입니다!"

후르리의 영향

히타이트의 종교와 신화는 후르리인의 신앙과 관습에 크게 영향을 받았다. "이처럼 다양한 문화와 종교가 상호작용하며 발전한 것이라니, 정말 놀랍습니다!" 히타이트와 후르리의 교류는 그들의 신앙을 더욱 풍부하게 만들었다.

신의 경계에 서다

결국, 히타이트, 하티, 후르리인의 종교는 신과 인간의 경계를 허물고, 고대인들이 자연과 신에게 경배하며 살아갔던 모습을 드러낸다. "과거의 그들은 어떤 신들을 숭배하며 그들의 삶을 영위했을까요?" 신들의 복잡한 세계와 인간의 존재는 오늘날에도 여전히 우리의 영혼을 자극하고, 깊은 감동을 선사한다.

❙ 야즐르카야 신전 가는 길

▬ 야즐르카야 신전 입구

고대의 신비가 숨 쉬는 장소로, 웅장한 돌 구조물에 새겨진 세밀한 조각들이 감탄을 자아낸다. 문을 지나면 신성한 기운이 감돌며, 시간의 흐름을 잊게 한다. 입구에 서면 과거의 신들과의 대화가 시작되는 듯, 경외감이 마음 깊이 스며든다. 이곳은 역사와 신화가 얽혀 있는 신비로운 경계, 영혼을 울리는 경이로움이 깃든다.

▎야즐르카야 신전 입구 풍경

▌야즐르카야 신전 입구

▌야즐르카야 신전 B 입구 계단

판테온: 신과 인간의 심연

▬ 하늘을 가르는 날씨의 신

"아, 날씨의 신, 타르훈이여! 당신은 비옥한 아나톨리아의 심장을 움켜잡고 계시니, 과연 그 힘이 어떠하신가?" 히타이트에서 가장 널리 숭배된 신은 분명 날씨의 신이었다. 그는 하티의 날씨의 신이라는 이름으로 공식 판테온의 정점에 서 있었고, 왕권을 수호하며 전쟁에서의 승리를 이끌어냈다. 이집트와의 조약은 "태양신과 날씨의 신이 영원한 관계를 맺기 위해 수립한 것"이라니, 그 신성한 연합은 얼마나 경이로운가!

▬ 타르훈의 이름과 상징

루위안어와 히타이트어로 그의 이름은 타르훈, 하티어로는 타루, 후리어로는 테슈브였다. "신성한 황소와 함께하는 타르훈은 과연 어떤 모습일까?" 그는 신성한 황소와 깊은 연관이 있으며, 그의 신성한 황소가 끄는 전차는 우뚝 솟은 산을 넘는 기념물로 그려진다. 이 종교에서 그는 황소로 표현되기도 했다.

▬ 아린나, 국가의 수호신

타르훈의 여신, 아린나 시의 위대한 여신은 국가의 수호신으로 추대되었다. "하, 그녀의 이름은 하티안어로 우르세무(Wurusemu)였으며, 히타이트인들은 그녀를 아리리티(Arinnitti)라 부릅니다!" 그녀는 태양 여신으로서, 태양 원반은 그녀의 숭배에서 상징으로 자리잡았다. 그러나 그녀가 지하 세계의 특성을 가졌을지도 모른다는 사실이 더욱 흥미롭다. 지구의 태양 여신으로서, 그녀는 지하 세계의 통치자 렐와니(Lelwani)와 동일시되기도 했다. 왕과 여왕은 그녀의 대제사장이자 여사제였다.

▬ 신들의 가족과 후계자

네리크라는 날씨의 신은 이 부부의 아들로 여겨졌고, 그들에게는 메줄라와 훌라라는 딸과 진투히라는 손녀가 있었다. "텔리피누는 또 다른 날씨의 신으로, 그의 역할은 어떻게 다를까요?" 그는 히타이트 신화의 중심 인물로 자리 잡았다. 아린나의 태양 여신과는 다른 남성 태양신 이스타누(Istanu)는 물속의 태양으로, 호수의 물에 비친 태양으로 여겨졌다.

▬ 달과 전쟁의 신들

히타이트와 루위아의 달의 신은 아르마로 불렸지만, 그 역할은 미미했다. 도상학에서 태양신은 "나의 태양"이라는 칭호를 가진 왕의 로브로 표현되었고, 달의 신은 헬멧에 초승달을 가진 날개 달린 인물로 묘사되었다. 전쟁의 신 자바바는 메소포타미아의 전쟁 신으로, 그의 하티어 이름 우룬카티는 "땅의 왕"을 의미했다.

▬ 사랑과 전쟁의 여신

사랑과 전쟁의 여신은 바빌로니아의 이슈타르(Ishtar)와 동일시되었다. "그녀는 대단한 존경을 받았고, Hattusilis III(하투실리스 3세)의 특별한 보호자였군요!" 그녀의 후르리아 이름은 샤우슈카로, 전사의 여신으로서 사자 위에 서 있는 모습으로 표현되었다.

▬ 신들과 인간의 관계

신들은 자신의 삶을 가진 존재로 여겨졌고, 그들도 신도들의 봉사가 필요했다. "아, 신전에서 사는 그들은 과연 어떤 존재일까요?" 신들은 기도와 마법으로 스스로를 비우고, 신이 돌아오도록 유도했다. 인간과 신의 관계는 하인과 주인의 관계와 유사했다. "하인이 범죄를 저질렀을 때, 주인은 그에게 원하는 대로 할 수 있지만…" 고백과 속죄는 현존하는 왕의 기도의 주요 주제를 이루었다.

▬ 신과 인간의 공명

히타이트의 판테온은 신과 인간이 서로 의존하고, 함께 살아가는 복잡한 관계의 상징이다. "신들은 인간의 소원을 듣고, 인간은 신의 필요를 채우며…" 이 경이로운 상호작용은 고대인들에게 큰 의미를 지니며, 오늘날에도 여전히 우리에게 많은 것을 가르쳐준다.

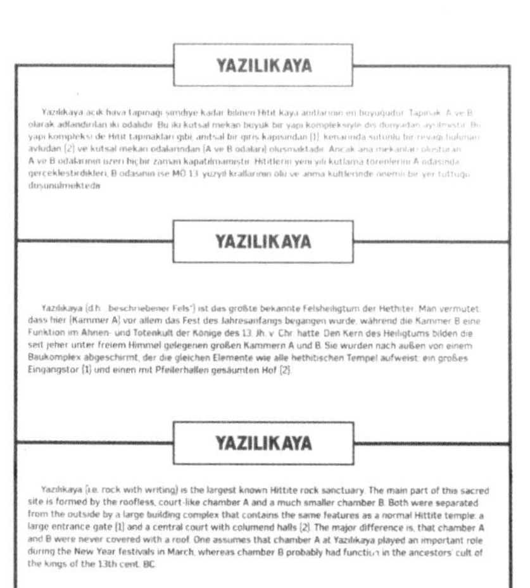

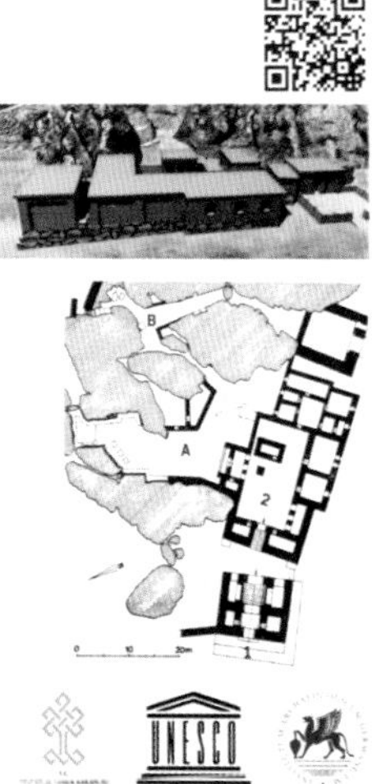

▎야즐르카야 신전 B 입구 계단

▌야즐르카야 신전 B 입구 건물 터

히타이트인의 석재 건물 야즐르카야의 비밀

▬ 암석의 성소, 야즐르카야의 탄생

"아, 신비로운 야즐르카야! 그곳은 어떻게 생겼을까?" 이 암석 성소는 한때 평범한 자연의 일부였으나, 이제는 경이로운 부조의 세계로 변화하기 위해 준비되었음을 암시한다. 벽면은 부조 조각에 적합하도록 설계되었고, 그러나 자연 상태에서 모든 벽이 직선적이거나 평평하지는 않았다. 일부 지역은 실질적으로 수정이 필요했으며, 상공에서 바라본 A실의 모습은 그 노력을 잘 보여준다.

▬ 돌을 다루는 장인의 손길

"여기저기서 노동자들은 자연의 균열을 이용하여 큰 암석 덩어리를 뽑아내었겠지!" 야즐르카야의 암석 상부 지역에서 관찰되는 많은 균열은 히타이트인들이 돌을 작업하는 데 있어 지혜를 발휘했음을 나타낸다. 그러나 이러한 준비 작업이 끝난 후, 그들은 막대한 양의 암석을 제거해야 하는 힘든 작업에 착수하게 된다.

▬ 석공의 도구, 돌 망치의 비밀

"하, 그들은 돌로 만든 망치를 사용했겠구나!" 히타이트인들은 돌 망치의 힘을 알고 있었다. 부조와 하투샤의 정밀하게 조각된 벽 블록은 그들의 뛰어난 기술을 보여준다. 그러나 이들 도구는 짧은 시간 안에 석공의 레퍼토리에서 사라지게 될 것이었다. 당시 적합한 금속 끌이 부족했기 때문에, 돌로 만든 망치는 필수 불가결한 도구였다.

▬ 금속의 한계와 석재의 힘

"철이 있었음에도 불구하고, 그들은 왜 청동으로 만든 끌을 선택했을까?" 히타이트인들은 철을 알고 있었지만 여전히 귀한 자원으로 여겨졌다. 반면, 청동으로 만든 끌은 부드럽고 빠르게 마모되어 대량의 암석을 제거하는 데 적합하지 않았다. 이러한 상황에서 돌 망치는 그들의 손길을 도와주었다. 손에 쥐거나 나무 샤프트에 놓인 망치는 돌을 다루는 데 있어 기적 같은 역할을 했다.

돌의 충격과 마법 같은 과정

"아, 둥근 망치의 충격이 뾰족한 모양을 만들어내다니!" 에너지는 충돌 지점에서 암석으로 진행되며, 원뿔 모양으로 방사된다. 이러한 과정은 타격의 힘과 돌의 구성에 따라 달라진다. 서로 가까이 놓인 일련의 망치 타격은 마모되며, 그들은 이 힘겨운 작업을 통해 야즐르카야의 비밀을 드러내게 된다.

노동의 경이로움

히타이트인의 석재 작업은 단순한 노동을 넘어선 예술의 경지에 도달했다. "그들의 땀과 노력으로 탄생한 야즐르카야는, 이제 경이로운 부조와 신비한 의식을 품은 성소로 우뚝 서 있구나!" 이처럼 그들은 자연과 기술을 조화롭게 결합시켜, 후세에 영원한 유산을 남겼다.

야즐르카야:신비로운 성역의 비밀

겸손한 외관의 위대함

"아, 이 야즐르카야의 성소가 그 위대함을 감추고 있다니!" 수도의 성소는 그 거대하고 기념비적인 성격에도 불구하고, 외관은 상대적으로 겸손하게 보인다. 과연 이 성소는 어떻게 사람들의 경외심을 자아냈을까? 건축물의 디자인이 심오한 의도를 담고 있을 수 있다는 점에서, 히타이트인들은 새로운 구조를 세우는 데에 진지하게 고려했을 것이다.

역사와 건축의 상호작용

"하투샤의 성벽 안에 발굴된 사원들이 기원전 14세기와 13세기 사이에 지어지지 않았다는 주장은 이제 오래된 것처럼 느껴진다." 고 고고학적 발견들은 과거의 가정을 뒤엎고 새로운 사실을 드러낸다. 초기 사원들이 존재했다는 증거가 나타나면서, 우리는 야즐르카야에서 건축 순서를 다르게 해석할 수 있게 되었다

▬ 관문과 사원의 비밀

"과연, 먼저 세운 것은 사원인가, 아니면 관문인가?" 이 질문은 그들의 건축 의도와 목적을 드러낸다. 관문은 사원 앞에 정사각형으로 설치되지 않고 비스듬히 지어졌고, 이는 성역으로 가는 길이 비뚤어진 모습을 만들어냈다. 그러나 이 이상한 배치가 과연 우연이었을까? 건설 순서가 아마도 반대였던 것이 아닐까?

▬ 과거의 흔적을 추적하며

"관문은 벽과 정렬되어 있지만, 사원 건물은 그 사이에 삽입되었을 것이다!" 이 새로운 해석은 야즐르카야의 복잡한 건축 역사를 밝혀준다. 관문이 아닌 사원 건물이 바위 바로 앞에서 더 많은 공간을 필요로 했을 것이라는 사실은 우리가 놓치기 쉬운, 그러나 중요한 단서가 된다.

▬ 건축의 유사성과 시대의 연대

"흥미롭게도, 이 관문의 건축 양식은 하투샤의 그레이트 템플과 유사하다!" 굴착기들은 그레이트 템플이 기원전 13세기로 측정된다고 보고했지만, 그보다 훨씬 더 오래된 유사성이 쿠삭/사리사에서 발견되었다. 이 마을의 사원은 기원전 16세기 후반으로 거슬러 올라가며, 이 사실은 히타이트 건축의 기원을 새롭게 바라보게 만든다.

▬ 성소의 기능과 의미

"그러나 야즐르카야가 성역으로서 어떻게 사용되었는지는 여전히 미스터리다!" 이곳에서 어떤 의식이 열렸는지, 어떤 도구가 사용되었는지에 대한 명확한 정보는 존재하지 않는다. 히타이트 설형 문자 텍스트는 의식 장소에 대한 많은 이야기를 담고 있지만, 오늘날 우리가 부르는 야즐르카야에 대한 명확한 언급은 찾을 수 없다.

▬ 역사적 탐구의 지속적인 과제

"과연, 이 성역의 기능과 의미는 무엇일까?" 모든 주장은 추측과 유추에 기반하고 있으며, 이로 인해 논쟁의 여지가 많다. 발견과 특징의 부족은 정확한 가능성을 제한하지만, 야즐르카야의 신비는 여전히 우리를 끌어당긴다. 우리는 이 성소가 과거에 어떤 역할을 했는지를 알고 싶어하며, 그 신비를 파헤치기 위해 계속해서 탐구를 이어가야 할 것이다.

■ 미스터리의 여운

"야즐르카야, 너는 여전히 미지의 세계로 남아있구나!" 이 성소는 우리가 아는 것보다 훨씬 깊은 역사를 품고 있으며, 그 비밀은 여전히 인류의 탐구를 기다리고 있다. 과거와 현재가 만나는 지점에서, 우리는 이 신비로운 성역의 진실을 밝혀내기 위해 계속해서 나아가야 할 것이다.

야즐르카야:하투샤의 기원과 신성한 변모

하투샤의 푸른 언덕을 감싸고 있는 야즐르카야, 이곳은 석회 신석기 시대의 유산이 스며든 신비로운 땅이다. 기원전 5000년, 인류의 손길이 처음으로 이곳을 감싸 안았고, 그곳에는 작고 유동적인 공동체가 모여들어 그들의 삶의 터전을 다졌다. 이 시대의 흔적들은 이후 고대 하티아인들의 발자취로 이어지며, 끊임없이 변화하는 공동체의 삶을 증언하고 있다.

이 땅은 기원전 3000년경, 초기 청동기 시대에 하티아인들로 채워지며 더욱 활기를 띠었다. 하투샤의 도시 지역은 이 시기를 거쳐 정착촌의 연대기를 쓰기 시작했다. 그러나 야즐르카야에서의 발견은 그저 몇 개의 파편에 불과하다. 깊은 움푹 들어간 곳에서 발견된 유물들은 이곳이 과거에도 중요한 장소였음을 암시하고 있다.

야즐르카야의 언덕을 뒤덮은 기념비적 유적들은 그리 단순하지 않다. 시간이 흐르면서 이 지역은 성소로서의 특별한 의미를 띠기 시작했다. 기원전 2000년대 초, 하투스는 해트족의 통치 아래에 놓였고, 아시리아 상인들에 의해 교역소가 세워지며 도시는 더욱 번영했다. 그러나 그 번영의 뒤에는 치열한 권력 투쟁과 갈등이 존재했다. 히타이트 통치자들이 이 땅에 도착하였을 때, 야즐르카야는 그들의 신성한 공간으로 탈바꿈하게 된다.

기원전 13세기, 하투샤의 신성한 공간: 성소의 변모

하투샤, 그곳은 고대 제국의 심장부로서 역사적이고 신성한 이야기의 집합체였다. 그리고 그 중심에 자리한 성소는 후리아 문화의 심오한 영향을 고스란히 품고 있었다. 이 성소는 한때 대왕 핫투실리 3세와 그의 아내 푸두헤파, 그리고 그들의 아들 대왕 투달리야 4세의 통치 아래에서 더욱 빛을 발했던 곳이었다. 이들은 메소포타미아의 후리아 영토와의 연결고리로, 하투샤의 궁정에 신성한 메시지를 전하는 가교 역할을 했다.

기원전 13세기, 성소는 어떻게 생겼을까? 이 질문은 고대의 신비로운 숨결을 간직한 장소를 상상하게 한다. 그러나 지금의 모습은 세월의 흐름 속에 부조들이 풍화되고, 건물들이 무너져 내리며, 바위 자체가 자연의 침식으로 인해 모양을 잃어버린 상태이다. 성소의 아름다움은 과거에 비해 크게 퇴색하였지만, 그곳의 정수를 느끼고자 하는 사람들에게는 여전히 매혹적인 신비로 남아있다.

루돌프 나우만은 성소 A 챔버의 재구성을 시도하며, 그곳이 한때 어떤 모습이었는지를 엿볼 수 있는 단서를 제공한다. 그의 도면 속에서 우리는 석판으로 포장된 바닥과 매끄러운 암벽이 장식된 벽면을 발견할 수 있다. 이 벽들은 단순한 채석장 돌이 아닌, 정교하게 다듬어진 석조의 매끄러운 가장자리에서 우러나오는 자연과 인공의 조화로움을 담고 있었다.

우아함이란 흘러 넘친다!

"우아함이란 이곳에서 흘러 넘친다!" 고백하는 이들은 그 벽들이 가졌던 원래의 건축적 느낌을 상상하며 경탄을 금치 못한다. 암석의 갈라진 틈들은 천천히 수놓아진 듯한 장식으로 덮여 있었고, 내부 공간은 경건함과 신성함이 어우러져 그 자체로 신의 은총을 받고 있었다.

그러나 오늘날 우리가 마주하는 것은 그 시절의 찬란함을 간직한 반쪽짜리 기억일 뿐이다. 성소의 벽은 균일한 짙은 회색으로 물들어 있으며, 손대지 않은 상부 섹션이 이곳의 과거를 속삭이고 있다. 이러한 색상 차이는 성소가 가진 원래의 장엄함과 신성함을 더욱 부각시킨다.

"여기, 신과 인간이 만나는 성스러운 공간이 있었음을 기억하라." 그곳의 유적들은 고대의 대왕들과 그들의 신들, 그리고 후리아 여사제들의 이야기로 가득 차 있다. 성소는 더 이상 사람들의 발길이 닿지 않는 버려진 공간이지만, 여전히 그 안에는 과거의 숨결이 남아 있다.

하투샤의 성소는 비록 시간이 지나면서 그 아름다움을 잃었지만, 그 기억은 여전히 사람들의 가슴 속에서 살아 숨쉬고 있다. 과거의 영광과 신성함을 간직한 이곳에서, 우리는 고대의 신비를 느끼고, 그 이야기를 다시금 되새길 수 있다. 이 성소는 단순한 유적이 아닌, 시간이 쌓인 기억의 저장소로서, 후리아 문화와 하티 궁정의 영혼을 담아내고 있는 신성한 장소이다.

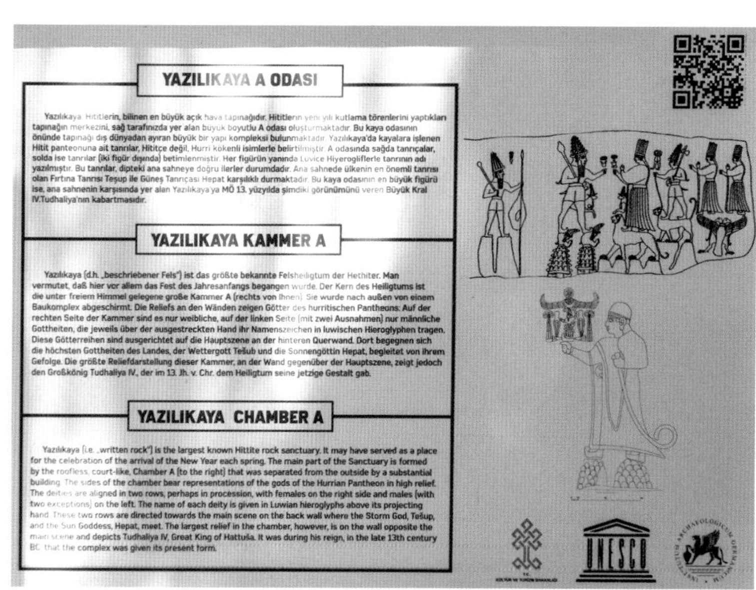
YAZILIKAYA A ODASI
Yazılıkaya Hititlerin, bilinen en büyük açık hava tapınağıdır. Hititlerin yeni yılı kutlama törenlerini yaptıkları tapınağın merkezini, sağ tarafınızda yer alan büyük boyutlu A odası oluşturmaktadır. Bu kaya odasının önünde tapınağı dış dünyadan ayıran büyük bir yapı kompleksi bulunmaktadır. Yazılıkaya'da kayalara işlenen Hitit panteonuna ait tanrılar, Hititçe değil, Hurri kökenli isimlerle belirtilmiştir. A odasında sağda tanrıçalar, solda ise tanrılar (iki figür dışında) betimlenmiştir. Her figürün yanında Luvice Hiyerogliflerle tanrının adı yazılmıştır. Bu tanrılar, dipteki ana sahneye doğru ilerler durumdadır. Ana sahnede ülkenin en önemli tanrısı olan Fırtına Tanrısı Teşup ile Güneş Tanrıçası Hepat karşılıklı durmaktadır. Bu kaya odasının en büyük figürü ise, ana sahnenin karşısında yer alan Yazılıkaya'ya MÖ 13. yüzyılda şimdiki görünümünü veren Büyük Kral IV.Tudhaliya'nın kabartmasıdır.
YAZILIKAYA KAMMER A
Yazılıkaya (d.h. „beschriebener Fels") ist das größte bekannte Felsheiligtum der Hethiter. Man vermutet, daß hier vor allem das Fest des Jahresanfangs begangen wurde. Der Kern des Heiligtums ist die unter freiem Himmel gelegene große Kammer A (rechts von Ihnen). Sie wurde nach außen von einem Baukomplex abgeschirmt. Die Reliefs an den Wänden zeigen Götter des hurritischen Pantheons: Auf der rechten Seite der Kammer sind es nur weibliche, auf der linken Seite (mit zwei Ausnahmen) nur männliche Gottheiten, die jeweils über der ausgestreckten Hand ihr Namenszeichen in luwischen Hieroglyphen tragen. Diese Götterreihen sind ausgerichtet auf die Hauptszene an der hinteren Querwand. Dort begegnen sich die höchsten Gottheiten des Landes, der Wettergott Tešub und die Sonnengöttin Hepat, begleitet von ihrem Gefolge. Die größte Reliefdarstellung dieser Kammer, an der Wand gegenüber der Hauptszene, zeigt jedoch den Großkönig Tudhaliya IV., der im 13. Jh. v. Chr. dem Heiligtum seine jetzige Gestalt gab.
YAZILIKAYA CHAMBER A
Yazılıkaya (i.e. „written rock") is the largest known Hittite rock sanctuary. It may have served as a place for the celebration of the arrival of the New Year each spring. The main part of the Sanctuary is formed by the roofless, court-like, Chamber A (to the right) that was separated from the outside by a substantial building. The sides of the chamber bear representations of the gods of the Hurrian Pantheon in high relief. The deities are aligned in two rows, perhaps in procession, with females on the right side and males (with two exceptions) on the left. The name of each deity is given in Luwian hieroglyphs above its projecting hand. These two rows are directed towards the main scene on the back wall where the Storm God, Tešup, and the Sun Goddess, Hepat, meet. The largest relief in the chamber, however, is on the wall opposite the main scene and depicts Tudhaliya IV, Great King of Hattuša. It was during his reign, in the late 13th century BC, that the complex was given its present form.
UNESCO

야즐르카야 신전 A 입구

챔버 A: 신들의 행렬과 신성한 공간의 비밀

하투샤의 신성한 공간, 챔버 A는 신비와 경외로 가득한 장소이다. 이곳의 벽을 장식한 두 신의 부조는 단순히 나란히 서 있는 모습이 아니다. 그들은 행렬을 이루며, 마치 신성한 의식을 위해 나아가는 듯한 동작으로 묘사되어 있다. 이러한 행렬의 형상은 우리를 고대 신들의 축제의 현장으로 안내한다. 이곳의 신들은 후리아의 이름을 지닌 히타이트 제국의 신들로, 단순한 존재가 아닌, 그들의 신성한 권위를 드높이는 주체들이다.

하지만 이들이 함께 나란히 서 있다는 단순한 사실이 주는 의미는 무엇일까? 이 신들은 행진하며, 마치 지하세계의 열두 신처럼, 함께 속한 존재로 강조되고 있다. 그들은 서로 겹치지 않도록 발을 다리 위치에 맞추어, 그들의 관계와 함께하는 존재감을 더욱 확고히 한다. 그 모습은 마치 신성한 의식의 한 장면을 연상시킨다.

신들의 축제: 새해의 시작

챔버 A의 기능에 대한 해석은 두 가지 상호 보완적인 의견으로 나뉜다. 첫 번째 해석은 이곳이 봄 축제의 일부로서, 새해 축제를 거행하던 장소였다는 것이다. "하늘과 땅의 큰 축제는 폭풍의 신을 위해 축하되었다." 이 고대의 설형 문자 텍스트는 신들이 모여 폭풍의 신과 그의 배우자를 맞이하는 장면을 생생히 묘사한다. 이 신성한 대회는 바빌로니아 전통과도 유사한 면모를 지니고 있으며, 신들의 형상이 축제의 의식으로 모이는 모습은 경건함과 함께 신성한 힘을 드러낸다.

그러나, 이러한 축제가 하투샤 외곽의 장소에서 열렸다는 명확한 언급은 없다. 그렇다면, 이곳이 바로 후와시 신사라면 어떨까? 두 번째 해석은 챔버 A가 후와시 신을 위한 신사로 기능했음을 가정한다. 왕이 후와시로 들어가거나 나오는 것을 기록한 텍스트는 이 공간이 단순히 구조가 아닌, 신성을 지닌 장소임을 강조한다. 후와시에서의 의식은 대규모 행렬의 일환으로 이루어졌으며, "대 집회"는 신들 앞에서 다양한 의식을 진행했다.

의식의 장소: 잃어버린 기억의 탐구

하투샤의 매년 KI.LAM 축제와 관련된 설명은 이 신사에서 진행된 의식의 면모를 드러낸다. 하지만 아쉽게도 챔버 A에는 이러한 의식을 명확히 재구성할 수 있는 고고학적 발견이나 텍스트가 부족하다. 방문객들이 사원 건물의 안뜰을 지나 곧바로 이 신성한 공간으로 들어섰을 것이라는 가정은, 이곳이 신과 인간의 접점을 이루는 중요한 장소였음을 암시한다.

그렇다면, 부조들이 배치된 위치는 무엇을 의미할까? 신들의 형상이 성소로 옮겨졌다면, 그들은 이 부조 앞에서 제물을 받으며 신성한 축제를 맞이했을 것이다. 그러나, 이 모든 것은 추측에 불과하다. 챔버 A의 깊은 비밀 속에서 우리는 신들과 인간의 교류가 이루어졌던 공간을 발견하고, 그곳에서 벌어진 신성한 의식과 그 흐름을 상상하게 된다.

챔버 A는 단순한 유적이 아니다. 그것은 고대 신들의 위엄과 인간의 경외심이 얽힌 장소로, 과거의 이야기를 속삭이며 오늘날 우리에게 깊은 영감을 준다. 그 신비로운 벽은 과거와 현재를 잇는 연결고리로서, 우리를 다시 한 번 신성한 존재들의 세계로 초대한다. "여기, 신과 인간이 만나는 신성한 공간이 있었다." 이러한 기억 속에서, 우리는 고대의 숨결을 느끼며, 그들의 이야기를 다시금 되새길 수 있다.

야즐르카야 신전A 히타이드 수호신들 부조

▬ 야즐르카야 야외 사원

하투샤, 보가즈칼레, 코룸.

▬ 야즐르카야 야외 사원, 하투샤의 태양신 귀넷 타니시

하투샤의 태양신 귀넷 타니시(Güne Tan si)는 반쯤 둥근 머리와 긴 망토를 입고 있다. 그는 손에 팁이 달린 키브닉을 들고 있으며, 아래로 향한 막대기를 쥐고 있다. 그의 머리 위에는 태양 원반(Sun Disk)이 자리 잡고 있어, 신성한 존재감을 더한다. 이 모습은 신화 속에서 태양의 힘과 영광을 상징하며, 고대 히타이트 문명의 경이로움을 고스란히 전해준다. 이곳에서 신은 빛과 생명의 주재자로 우뚝 서 있다.

▬ 히타이트 야즐르카야 신전. 태양의 시비니 신 부조

'야질르카야'는 튀르키예어로 '새겨진 바위'를 의미하며, 야외 자연 바위에 정교하게 조각된 신들의 조각이 있다.

달의 신 쿠수

날씨와 폭풍의 신 테슈바

대지의 여신 헤팟

테슈바와 헤팟의 아들 샤룸마

날씨의 신 테슈바는 고대 중동 전역에서 여러 이름으로 알려져 있다. 바빌론의 마르두크, 아시리아의 아다드, 그리고 가나안의 바알이 그 예이다. 신전에서 태양신은 반쯤 둥근 모자와 긴 코트를 입고 있으며, 삐뚤어진 막대기를 아래로 들고 있다. 그의 머리 위에는 'Sun Disk'가 있다. 이집트의 태양신 라와 유사한 신이다. 야즐르카야 신전은 히타이트 수도 하투샤에서 약 3㎞ 떨어져 있으며, 히타이트 왕만 출입할 수 있는 특별한 성소이다. 이곳은 제국의 안녕과 풍년을 기원하는 기도처로 알려져 있다. 또한, 투쉬파는 시비니 신의 숭배지로, 시비니 신은 태양신으로 그의 상징은 날개 달린 둥근 접시이다. 이 접시는 태양을 의미하며, 태양의 일식 때 검은 점으로 보이는 태양과 그 주변에서 흩어지는 빛을 형상화한 것이다. 이를 'Winged Sun'이라고 부른다.

❙ 야즐르카야 신전A 히타이트 수호신들 부조

▬ 야즐르카야 야외 사원: 신의 발걸음

하투샤, 보가즈칼레, 그리고 코룸의 신성한 경계 속에서, 야즐르카야 야외 사원은 고대의 신들이 현대의 우리를 다시 한번 불러들이는 듯한 장소이다. 이곳에서 우리의 시선은 뾰족한 원뿔 형태의 남성 인물에게로 향한다. 그의 높이는 86센티미터, 그의 존재는 신성함을 상징하며, 열려 있는 앞 망토는 그를 감싸고 있는 신비로움을 더욱 돋보이게 한다. 그의 어깨 위에는 두 개의 날개가 펼쳐져, 마치 하늘을 가로지르는 신의 사자로서의 위엄을 나타낸다.

그가 지닌 짧은 치마는 기품과 신성을 동시에 느끼게 하며, 그의 모습은 여신 사우스카(Sauska)의 남성 외모와 묘사되어 있다. 이 신은 전쟁과 사랑을 다스리는 여신으로, 그의 형상 속에 숨겨진 힘은 그저 아름다움에 국한되지 않는다. 그의 몸짓 하나하나에서 신성한 권위가 느껴지고, 그를 따르는 수많은 하인들은 그의 길을 밝히며 경의를 표한다.

여기에서 우리는 여성 하인 쿨리타와 니나타의 존재를 발견하게 된다. 그들은 사우스카를 따라 메인 스테이지로 걸어가고 있으며, 이 상황은 마치 고대의 의식이 지금 이 순간에도 이어지고 있다는 듯한 느낌을 준다. 이들은 신의 의도를 수행하며, 무대 위에서 펼쳐지는 신성한 드라마의 일부분으로 자리 잡는다.

▬ 신성한 서사: 고대의 기운을 느끼다

야즐르카야의 야외 사원은 단순한 유적이 아니라, 고대 신화와 의식이 살아 숨쉬는 공간이다. 이곳에서의 모든 요소는 신성한 이야기를 전달하며, 우리를 그들의 세계로 초대한다. 신들이 머물렀던 자리에서 우리는 과거의 목소리를 들을 수 있으며, 그들의 사연은 여전히 우리에게 중요한 메시지를 던진다.

신성한 인물의 행렬, 하인들의 동반, 그리고 여신 사우스카의 위엄은 마치 시간을 초월한 만남을 이루며, 우리가 잃어버린 신성함을 다시 찾도록 이끌어준다. 야즐르카야의 하늘 아래, 우리는 그들처럼 신성한 의식을 경험하고, 고대의 여운을 느끼며, 우리의 영혼이 그들과 연결되어 있음을 깨닫는다.

이 공간은 찬란한 과거와 현재가 얽혀 있는 장소로, 우리가 잊고 있었던 것들을 다시금 되새기게 한다. "여기, 신들의 발걸음이 여전히 울려 퍼진다." 이러한 상징적인 순간 속에서, 우리는 그들의 이야기를 듣고, 그들의 기운을 느끼며, 우리의 존재에 대한 깊은 성찰을 하게 된다. 야즐르카야, 신들의 성소에서 우리는 다시 한 번 신성한 의식의 주인공이 되는 것이다.

▬ 천둥과 비의 신

히타이트인들이 가장 높이 숭배했던 신은 천둥과 비의 신이었던 테슈브(Teshub)였다. 이 테슈브의 이름은 히타이트인들과 같은 인도-유럽어족 계통에 속하는 켈트족한테로 전해져서 갈리아인과 브리튼인과 아일랜드인들이 숭배했던 천둥의 신 타라니스(Taranis)가 되었다.

야즐르카야 야외 사원

하투샤, 보가즈칼레, 코룸.

갤러리 입구의 오른쪽 상단에 위치한 부조 번호 64는 다른 것들과 크기가 다르다. 이 부조는 길이 2.7미터로, 투달리야(Tudhaliya) 왕을 묘사하고 있다. 그는 목도리가 달린 긴 코트와 반쯤 둥근 모자를 쓰고, 지팡이(리투우스)를 들고 두 산 꼭대기에 서 있다.

❙ 야즐르카야 신전A 히타이트 위대한 왕 투달리야 4세 부조

야즐르카야 야외 사원: 투달리야의 신성한 부조

하투샤, 보가즈칼레, 코룸의 고대 풍경 속에 우뚝 솟은 야즐르카야 야외 사원. 그곳의 갤러리 입구 오른쪽 상단, 특히 주목할 만한 부조 번호 64가 시선을 사로잡는다. 길이 2.7미터에 이르는 이 부조는 다른 것들과 차별화된 웅장함을 지니고 있으며, 그 속에서 위대한 왕 투달리야 4세가 생생하게 살아 숨쉬고 있다.

투달리야는 왼손에 목도리가 달린 긴 코트를 휘감고, 반쯤 둥근 모자를 쓰고 있다. 그의 모습은 두 개의 산 꼭대기에 그려져, 고독하게 서 있는 듯한 인상을 준다. 그의 손에는 지팡이 리투우스가 들려 있으며, 이는 신성한 권위를 상징한다. 마치 산과 하늘을 연결하는 사자로서, 그는 고대 히타이트 왕국의 정신적 중심을 이루고 있다.

그의 복장은 단순한 왕의 옷이 아니다. 그의 사제 칭호에 의해 태양의 신의 복장을 닮았다는 점에서, 투달리야의 모습은 인간과 신의 경계를 넘나드는 신비로움을 지닌다. 이러한 상징적 의미는 그가 단순한 통치자를 넘어서, 신성한 존재로 여겨졌음을 나타낸다. 오른손 윗부분에는 "위대한 왕"을 의미하는 상형 문자 비문이 새겨져 있다. 이 글자는 그의 위엄과 권위를 찬미하며, 그의 죽음 이후 신격화된 사실을 더욱 강조한다.

영원한 위엄 : 투달리야의 신격화

부조 속의 투달리야는 그저 한 시대의 왕이 아니다. 그는 영원히 기억될 위대한 존재로, 그의 존재는 시간의 흐름을 초월하여 오늘날의 우리에게도 깊은 감동을 안겨준다. 그의 모습은 단순한 조각이 아닌, 신의 길을 걷는 인간의 이야기로, 우리의 마음 속에 새겨진다.

그의 위엄과 경건함은 우리를 신성한 세계로 초대하며, 고대 히타이트의 역사 속에서 그의 위대한 업적을 다시금 상기시킨다. 우리는 그 앞에서 경의를 표하며, 그가 남긴 유산이 우리의 삶에 어떤 의미를 지니는지를 고민하게 된다.

야즐르카야의 부조 64는 단순한 예술작품이 아니다. 그것은 신성한 순간의 기록이자, 우리의 존재에 대한 질문을 던지는 상징이다. “위대한 왕”의 모습은 영원히 우리의 기억 속에 살아 숨쉬며, 우리의 영혼을 고양시키는 원천이 된다. 이 부조는 고대의 지혜와 신성을 간직한 장소에서, 우리가 여전히 신과 연결되어 있음을 상기시켜준다.

Ⅰ 신의 아내 테슈브-헤팻, 아리나의 태양 여신, 신 샤루마, 알란주, 헤팻의 딸, 테슈브와 헤팻의 손녀

▬ 야즐르카야 야외 사원 하투샤, 남성 외모의 여신 사우스카

86㎝ 높이의 남성 인물이 뾰족한 원뿔에 뿔이 달린 모습을 볼 수 있다. 그는 열린 앞 망토와 네 어깨에 두 개의 날개를 가지고 있으며, 짧은 치마를 입고 있다. 이 모습은 여신 사우스카(Sauska)가 남성적인 외모로 묘사된 것이다. 템플 록 블로그에서는 여성 하인 쿨리타와 니나타가 그 신을 따라 메인 스테이지로 걸어가는 장면이 설명되어 있다.

▍야즐르카야 신전A 히타이트 수호신들

■ 야즐르카야 야외 사원, 메인 무대 신들의 등장

하투샤, 보가즈칼레, 코룸

메인 무대에는 히타이트 제국의 신들과 여신들이 등장한다. 왼쪽에는 히타이트의 가장 위대한 여신이자 테수브 신의 아내인 헤팻(Hepat)과 아리나의 태양 여신이 서 있으며, 그 뒤로는 신 샤루마(Sarruma), 헤팻의 딸 알란주(Alanzu), 그리고 테수브와 헤팻의 이름 없는 손녀 스탈란누스(Stalannus)가 줄지어 서 있다. 이들은 모두 히타이트 신화에서 중요한 역할을 하는 신성한 존재들이다.

■ 신의 아내 테슈브-헤팻

고대 히타이트 신화에서 중요한 역할을 맡은 여신으로, 아리나의 태양 여신이다. 그녀는 신 샤루마와 관련이 있으며, 알란주와 헤팻의 딸로 알려져 있다. 테슈브와 헤팻의 손녀로서, 그녀는 생명과 번영의 상징으로 여겨지며, 고대 사회에서 여성의 역할을 강조하는 중요한 인물이다. 이러한 신화적 연관성은 히타이트 문명의 복잡한 신앙 체계를 보여준다.

■ 야즐르카야 야외 사원: 신성과 여신의 경연

하투샤, 보가즈칼레, 코룸의 신성한 공간, 야즐르카야 야외 사원. 이곳은 고대 히다이트의 신들과 여신들이 한자리에 모인, 신성한 축제의 현장이다. 메인 무대 위, 장엄하게 조각된 모습들이 우리를 맞이한다. 그 중에서도 왼쪽에는 히타이트 제국의 가장 위대한 여신인 테수브의 아내, 헤팻이 우뚝 서 있다.

이 고귀한 여신은 아리나의 태양 여신으로서, 그녀의 눈빛은 태양의 찬란함을 담고 있으며, 세상을 비추는 따스한 광채를 발산한다. 그녀의 뒤에는 강력한 신 샤루마가 자리하고 있으며, 그의 존재는 이들 신의 위엄을 더욱 부각시킨다. 또한, 알란주가 그 옆에서 따뜻한 미소로 가득 찬 모습으로 어머니 헤팻을 지켜보고 있다.

하지만 이 장면은 단순히 여신들의 연합이 아니다. 왼쪽의 자리를 지키고 있는 테수브와 헤팻의 손자, 이름이 밝혀지지 않은 스탈라누스가 있다. 그의 모습은 젊은 혈기와 신성한 잠재력을 상징하며, 이 가족의 연결 고리로서 역사 속에서 이어질 영광의 상징이다.

■ 신들의 경이로운 대화

메인 장면에서 펼쳐지는 이 신성과 여신들의 만남은 단순한 조각이 아니다. 그것은 각 신의 역할과 권위를 상징적으로 드러내며, 그들이 함께 하는 축제의 경연을 암시한다. 이곳에서 여신들과 신들은 각자의 역사와 이야기를 나누고, 서로의 위엄을 경배하며, 우주의 조화를 이루는 존재들로서 그 자리에서 살아 숨쉬고 있다.

신성과 여신들의 줄지어 선 모습은, 그들 사이에 존재하는 강력한 연대감을 상징한다. 이들은 서로를 지지하고 존중하며, 히타이트 제국의 신성한 질서를 유지하는 중심이 된다. 우리의 눈앞에서 펼쳐지는 이 경이로운 장면은 마치 영원한 시간을 초월한 듯한 느낌을 주며, 고대의 힘이 여전히 살아있음을 느끼게 한다.

▬ 신의 영광과 인간의 경외

이 부조는 단순한 예술작품 이상의 의미를 지닌다. 그것은 인간의 삶에 신성함을 더해주는 상징이자, 신과 인간이 함께 만들어가는 세계의 조화를 나타낸다. 우리가 이 장면을 바라볼 때, 그 안에 담긴 신의 영광과 인간의 경외심이 교차하며 우리의 마음속에 깊은 감동을 불러일으킨다.

야즐르카야의 메인 무대는 과거와 현재가 만나는 장소이며, 신들과 여신들이 함께 하는 이 신성한 순간은 우리가 잊고 있던 신의 힘과 경이로움을 일깨운다. 이들은 시간의 흐름 속에서도 변치 않는 존재들로, 우리에게 영원한 위안과 희망을 안겨준다.

❙ 야즐라카야 신전 B 입구 동굴

▎아즐라카야 신전 B 히타이트 신 부조

챔버 B: 왕의 영광과 신성한 상징

야즐르카야의 신성한 공간, 챔버 B는 고대 히타이트 왕국의 위대한 왕 투달리야 4세의 영광과 신성한 의미가 얽힌 복잡한 장소이다. 이곳은 단순한 공간이 아니라, 신과 왕의 교류가 이루어지는 신성한 전당으로서, 역사의 무게를 고스란히 지니고 있다.

챔버 B의 벽을 장식한 부조들은 이곳의 독특한 기능을 암시한다. 위대한 왕 투달리야 4세의 카르투슈가 대담하게 새겨져 있으며, 그 위에 그의 보호신 사루마가 그를 이끌고 있다. 이 신의 팔은 투달리야의 어깨에 두르고, 그의 손목을 부드럽게 잡고 있는 모습은 단순한 동상이 아니라 신의 인도 아래 의로운 행동을 하겠다는 확고한 다짐을 상징한다. 이는 왕의 통치가 신에게 의해 승인 받았음을 드러내는 중대한 메시지다. 투달리야 4세는 이곳에서 신의 손길을 느끼며, 그의 행동이 정의롭고 신성하다는 것을 확신할 수 있다.

▬ 사후세계의 비밀과 신성한 의식

그러나 이곳의 기능은 단순한 찬양의 공간에 그치지 않는다. 챔버 B의 또 다른 부조는 사후세계와의 연결을 시사한다. 벽에 새겨진 모습들은 네르갈과 같은 지하세계의 신들을 나타내며, 이는 히타이트의 의식에서 언급되는 "열두 신"의 맥락에서 더욱 의미를 더한다. 이러한 요소들은 챔버 B가 영안실과 관련이 있을 것이라는 가설을 뒷받침하며, 투달리야 4세가 사후에도 그의 숭배를 이어갔음을 암시한다.

이것은 자연스럽게 챔버 B가 단순한 기념관인지, 아니면 왕의 무덤인지에 대한 질문을 제기한다. 이곳에서 발견된 돌 블록과 카르투슈는 그 용도가 단순한 기념비에 그치지 않고, 왕의 신성한 공간으로서의 의미를 더욱 강화한다. "신성한 돌 집"이라는 개념은 단순한 무덤을 넘어 왕의 영혼이 영원히 거주할 장소를 의미한다.

▬ 영원한 존재의 기념

챔버 B의 구조와 기능은 단순히 고대 왕국의 역사적 의미에 그치지 않고, 오늘날에도 여전히 경외감을 불러일으킨다. 위대한 왕 투달리야 4세의 기념비는 그의 아들 수필룰리우마 2세에 의해 조각되고, 그의 업적을 세상에 알리는 장치로서 존재한다. 이는 그가 살아 있을 때와 마찬가지로 죽음 이후에도 왕으로서의 위엄을 유지할 수 있음을 의미한다. 그의 동상이 세워진 장소는 후세에 대한 그의 메시지를 남기는 중요한 역할을 한다.

그러나 이러한 상징성 뒤에는 실질적인 문제도 존재한다. 대형 조각상을 세우는 것, 특히 무게가 상당한 현무암 블록을 옮기는 것은 당시의 기술로도 쉽지 않은 일이었음을 우리는 알고 있다. 이를 위해서는 고도의 기술과 인내가 필요했을 것이며, 그 노력은 투달리야의 위대한 명성과 연결된다. 왕의 무덤이 이곳에 존재했는지 여부는 확실하지 않지만, 그의 업적이 남아 있는 한 그 존재는 영원할 것이다.

▬ 왕과 신의 영원한 연대

챔버 B는 단순한 공간이 아닌, 왕과 신이 영원히 연결된 성소로서의 의미를 지닌다. 그곳에서 발견되는 모든 요소들은 투달리야 4세의 통치와 그가 남긴 유산, 그리고 사후의 세계와의 연결을 이야기한다. 우리가 이곳을 방문할 때마다, 우리는 고대 히타이트의 신들과 왕의 영광을 다시금 느끼게 된다. 역사 속에서 잊혀질 수 없는 위대한 왕의 발자취는 오늘날에도 여전히 우리의 마음속에 살아 숨 쉬고 있다.

야즐르카야 신전 B 히타이트 12신 부조

신전의 공간은 이들 신을 경배하는 의식의 중심지로, 고대 문명과 신앙의 깊이를 느낄 수 있는 특별한 장소다. 각 신의 특징과 역할을 생생하게 드러내며, 고대 히타이트의 종교적 신념을 엿볼 수 있는 중요한 유적이다. 섬세한 디테일과 생동감 있는 표현이 인상적이며, 신들의 모습은 신성함과 위엄을 동시에 전달한다.

야즐르카야 야외 사원 하투샤

갤러리의 서쪽 벽에 있는 지하세계의 열두 신. 그것들은 갤러리 A에 있는 1-12번 숫자와 닮았다. 지하세계의 12명의 신들의 높이가 74㎝에서 81㎝ 사이로 다양해 보인다. 그들은 뿔이 달린 뾰족한 원뿔형 모자, 짧은 튜닉, 넓은 벨트를 착용하고, 오른손에 낫 같은 검을 들고 있다.

야즐르카야 신전 B 히타이트 투달리야 4세 왕

왕의 권위와 신성함을 강조하며, 그가 신들과의 연결을 통해 국가의 번영을 기원하는 모습이 담겨 있다. 투달리야 4세는 신전의 주요 건축과 종교적 의식을 통해 고대 히타이트 문명에 큰 영향을 미쳤다. 신전 내부에서 그의 위엄이 느껴지며, 고대인의 믿음과 역사적 중요성을 동시에 드러낸다. 이곳은 왕과 신의 조화로운 관계를 상징하는 중요한 유적이다.

▌야즐르카야 신전 B 히타이트 투달리야 4세 왕

▌야즐르카야 신전 B 히타이트 투달리야 4세 왕 부조 중 태양의 신

■ 하늘의 신과 왕의 연합: 야즐르카야의 감동적 순간

하늘이 넓고 푸르른 날, 야즐르카야 야외 사원의 신성한 공간에서 위대한 왕 투달리야 4세와 그의 보호신 샤루마가 만나 하나의 장면을 이루고 있다. 부조의 크기는 1.7 x 1.4 미터, 그 속에는 신과 왕의 깊은 연대가 담겨 있다.

신 샤루마는 하늘의 신 테슈브의 아들로, 왕의 오른쪽 손목을 부드럽게 잡고 있으며, 그의 왼팔은 왕의 어깨 위에 얹혀 있다. 이 장면은 단순한 동작 이상의 의미를 지닌다. 신이 왕을 보호하고, 그의 길을 인도하는 모습을 통해, 두 존재 사이의 강력한 연합과 신성한 의도를 상징한다. 왕이기에 앞서, 그는 신의 은총 아래에 있다는 사실을 우리는 깨닫게 된다.

샤루마는 뾰족한 신발을 신고, 그의 짧은 튜닉은 그가 가진 신성한 위엄을 강조한다. 그의 키는 1.64미터, 하지만 그 크기는 결코 그의 존재감을 줄이지 않는다. 그가 지닌 힘과 지혜는 왕국의 모든 것을 아우르는 신성한 기운으로 가득 차 있다.

반면, 투달리야 4세는 그의 긴 외투를 휘날리며 검과 리투스를 든 위엄 있는 모습으로 서 있다. 그의 손에 쥐어진 무기는 단순한 전투의 도구가 아니다. 그것은 그가 세상을 지키고, 정의를 수호하겠다는 결단을 상징한다. 왕의 모습은 강력한 리더십을 드러내며, 그의 눈빛은 미래에 대한 확신을 담고 있다.

보호와 인도의 상징

이 장면은 그 자체로 한 편의 서사시를 이룬다. 신과 왕의 밀접한 관계는 신의 의도가 왕에게 가닿고, 왕의 통치가 신의 뜻을 따르는 모습을 드러낸다. 이들은 단순한 개인이 아니라, 히타이트 제국의 운명을 함께 짊어진 존재들이다. 이곳에 새겨진 모습은 후세에게 그들의 영원한 연합을 상기시키며, 고대의 신과 인간이 얼마나 깊이 연결되어 있는지를 보여준다.

이 감동적인 부조는 단순한 예술작품이 아니다. 그것은 역사 속에서 잊혀질 수 없는 왕과 신의 깊은 연대, 그리고 그들이 이루어낸 위대한 문명에 대한 경의다. 이들은 서로의 길을 밝혀주고, 그들이 걸어간 길은 오늘날까지 이어진다.

이제 우리도 이 신성한 공간에 발을 들여, 그들의 이야기를 듣고 싶어진다. 하늘과 땅이 연결된 이곳에서, 우리는 왕과 신의 영원한 의지를 느낄 수 있다. 고대의 지혜와 현재의 경외가 어우러져, 우리는 다시 한번 그들의 신성한 유산을 되새기게 된다.

야즐르카야 신전 B 히타이트 하늘의 신 테슈브의 아들인 샤루마 신

샤루마는 전쟁과 힘을 상징하며, 그의 모습은 강력한 존재감을 드러낸다. 신전에서의 샤루마는 신성한 보호자로서 신들과 인간을 연결하는 역할을 맡고 있으며, 고대 히타이트의 신앙 체계에서 중요한 위치를 차지한다. 그의 부조는 섬세한 디테일로 표현되어, 신성함과 전통을 동시에 느낄 수 있는 귀중한 유산이다.

야즐르카야 신전 B 히타이트 사자 프로톰, 지하 세계 네르갈 신

네르갈은 죽음과 지하 세계를 관장하는 신으로, 그의 모습은 강렬한 힘과 신비로움을 전달한다. 이 부조는 네르갈의 위엄을 강조하며, 고대 히타이트의 종교적 신념을 반영한다. 신전은 그를 경배하는 공간으로, 지하 세계의 신이 인간 세계와 어떻게 연결되는지를 보여준다. 네르갈의 존재는 생명과 죽음의 순환을 상징하며, 신전의 신성한 분위기를 한층 더 돋보이게 한다.

■ 야즐르카야 야외 사원 하투샤, 검의 신 네르갈

이 부조는 길이가 3.39미터에 이르며, 땅에 심어진 거대한 검을 묘사하고 있다. 검의 손잡이 끝에는 신의 모습을 한 구체가 있으며, 이 구체는 상징적인 요소로, 신성한 힘이나 권위를 표현하는 역할을 한다. 손잡이 몸체는 두 개의 연속된 사자 프로톰으로 장식되어 있다. 손잡이 아래쪽에는 두 마리의 대칭적인 사자가 아래를 향해 매달려 있다. 이 "검의 신"이라 불리는 상징은 지하 세계의 신 네르갈에게 속한 것으로 믿어진다.

❙ 야즐르카야 야외 사원 하투샤, 검의 신 네르갈

▎야즐르카야 신전 B 히타이트 사자 프로톰, 지하 세계의 신 네르갈

■ 신성한 검: 야즐르카야의 위엄

야즐르카야 야외 사원의 웅장함 속에서, 한눈에 들어오는 부조가 우리의 시선을 사로잡는다. 이곳에서 빛나는 검은 단순한 무기가 아니다. 그 길이는 무려 3.39미터에 달하며, 땅에 굳건히 심어져 있다. 이 검은 신성함과 힘의 상징으로, 그 자체로 전설을 품고 있다.

검의 손잡이 위에는 신의 형태를 한 공이 자리잡고 있다. 이는 신성을 나타내며, 무기의 주인으로서 신의 권위를 상징한다. 이 손잡이의 몸체는 두 개의 연속된 사자 프로톰으로 이루어져 있어, 힘과 용기의 이미지를 더욱 부각시킨다. 사자는 왕의 상징이자, 보호의 상징으로 고대 문명에서 중대한 의미를 지닌다. 그들의 눈빛은 마치 우리의 영혼을 꿰뚫어 보는 듯하다.

아래쪽에는 두 마리의 대칭적인 사자가 매달려 있다. 그들은 검의 힘을 받쳐주며, 사원의 웅장한 분위기를 더욱 강화한다. 이들은 단순히 조각된 형상일 뿐만 아니라, 수천 년의 역사를 지켜온 경이로운 존재들이다. 그들의 위엄은 신의 보호를 느끼게 하며, 이 검을 다루는 자에게 큰 힘을 부여할 것이라는 믿음을 전한다.

이 부조의 기원은 신비로운 전설로 가득하다. "검의 신"이라 불리는 이 힘은 지하 세계의 신인 네르갈에게 속한다고 믿어진다. 네르갈은 전투와 죽음의 신으로, 그의 이름이 불리면 전쟁의 불길이 타오르고, 그의 분노가 임할 것이라는 경고가 담겨 있다. 검은 단순히 물리적 전투의 도구가 아니라, 신과 인간 사이의 깊은 관계를 나타내는 상징으로 여겨진다.

■ 힘과 경외의 상징

이곳에서 우리는 검을 통해 신성과 인간의 결합을 느낀다. 검이 땅에 심어져 있는 모습은, 인간의 삶과 죽음이 신의 뜻에 의존하고 있음을 암시한다. 신의 힘이 우리의 삶 속으로 스며들며, 우리는 그들의 보호 아래에 있다는 사실을 잊지 않게 된다.

이 부조를 바라보는 순간, 우리는 과거의 전쟁과 전투, 그리고 그 속에서 이어진 신과 인간의 끈을 느낀다. 신의 형태를 한 검 손잡이와 사자들은 우리의 심장을 뛰게 하며, 고대의 전설을 다시금 상기시킨다.

야즐르카야의 신성한 검은 그 자체로 하나의 서사시가 된다. 그것은 신의 힘과 인간의 의지가 결합된 장소에서 태어난 영원한 상징이다. 이 검의 앞에서 우리는 고대의 문명이 지닌 경외감과 존경심을 다시금 느끼게 된다. 이곳에서, 신과 인간의 이야기는 끝없이 이어질 것이다.

▎야즐르카야 신전 B 출구 동굴

▬ 야즐르카야 신전 B 출구 바위, 별자리 성혈

고대 히타이트인들의 천문학적 지식과 신앙을 반영하며, 별자리의 상징적 의미를 담고 있다. 신전의 출구에서 이 조각은 신성한 공간을 떠나는 방문객에게 우주와의 연결을 상기시키는 역할을 한다. 이러한 요소는 고대의 신앙과 자연의 조화를 엿볼 수 있는 중요한 유산이다.

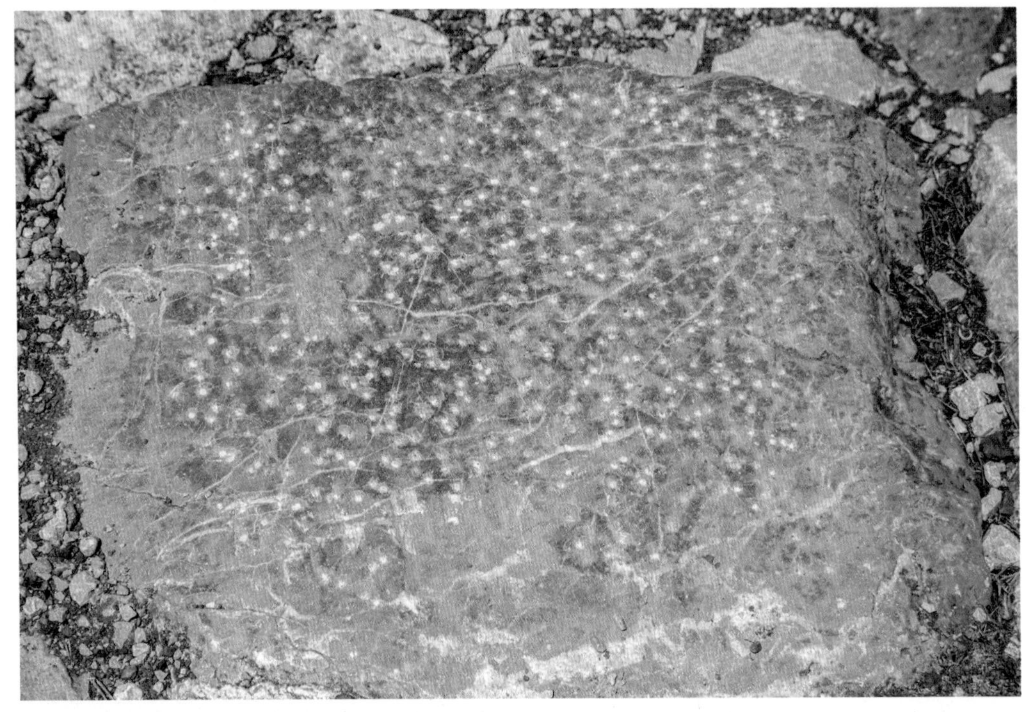

▎야즐르카야 신전 A 히타이트의 신

▌야즐르카야 신전 A 히타이트의 신

▎야즐르카야 신전 A 히타이트의 12신

3. 알라자휘육 유적
히타이트 제국의 옛 수도

알라자휘육: 고대의 신비와 예술의 만남

앙카라에서 동쪽으로 160㎞ 떨어진 중앙 아나톨리아 평야에 위치한 알라자휘육 유적지는, 그 누구의 눈에도 쉽게 띄지 않는 숨어 있는 보석과 같다. 하지만 이곳은 무시할 수 없는 고대 문명의 중심지로, 수천 년의 역사를 품고 있다. 이곳에서 우리는 히타이트와 신비로운 하티 문화를 만날 수 있으며, 그들의 뛰어난 예술작품과 경이로운 유물을 통해 고대 아나톨리아의 심장을 느낄 수 있다.

알라자휘육은 원래 금석 시대에 정착되었으며, 초기 청동기 시대에 절정을 이루었다. 하티족은 이곳을 수도로 삼고, 아나톨리아에서 가장 화려한 예술 작품을 제작했다. 이곳의 문화는 이후 히타이트 제국에 의해 계승되었으며, 하티의 예술적 유산은 그들의 손에 의해 더욱 발전하였다.

이제, 알라자휘육의 첫 번째 경이로움인 스핑크스 게이트를 바라보자. 이 거대한 문은 히타이트의 상징적인 기념물로, 두 개의 스핑크스 조각상이 대칭적으로 자리 잡고 있다. 원래 하투샤의 스핑크스와 유사하지만, 이곳의 스핑크스는 오히려 더 잘 보존된 본래의 형태이다. 이 조각들은 신에게 바쳐진 제물과 의식을 그려내며, 고대 히타이트의 축제와 종교적 풍경을 생생히 재현한다. 왼쪽 벽에는 왕과 여왕이 제단 앞에서 기도하는 모습이 그려져 있으며, 황소는 폭풍의 신을 상징한다.

알라자휘육의 유적지에는 수많은 흥미로운 장면들이 존재한다. 사다리 옆에서 음악을 연주하는 음악가들의 모습, 정형조각과 장식 조각이 여전히 그 자리에 남아 있는 유일한 히타이트 시대 유적지로, 이곳의 유물들은 과거의 풍경을 생생히 드러낸다.

특히, 이곳에서 발견된 청동 태양 원반은 하티 문화의 상징으로, 폭풍의 신과 그의 신화적 아내를 나타내는 귀중한 유물이다. 이 원반은 의식 때 사용되었을 가능성이 있으며, 그 소리는 고대의 경배를 이끌었을 것이다.

■ 과거의 영혼이 깃든 땅

알라자휘육의 땅 아래에는 기묘한 비밀이 감춰져 있다. 13개의 무덤이 존재하는 이곳은 하티족의 왕과 여왕, 승려와 수녀들이 묻힌 신성한 공간이다. 이들 무덤은 돌로 지어져 있으며, 나무 판자로 덮인 후 흙에 묻혔다. 모든 시신은 태아 자세로 놓여 있었고, 각각의 구덩이에는 황소 머리와 함께 다양한 금속 유물들이 발견되었다. 이러한 발견은 하티 문화의 예술성과 기술적 진보를 여실히 보여준다.

알라자휘육에서 발견된 다양한 유물은 오늘날 앙카라의 아나톨리아 문명 박물관에 전시되어 있으며, 그 중 상당 부분은 알라자휘육에서 기인한다. 이곳에서 우리는 고대 아나톨리아의 뛰어난 예술성과 문화의 깊이를 엿볼 수 있다.

고고학자들은 알라자휘육의 고대 터널인 포스터너를 통해 이 지역의 비밀을 더듬어간다. 이 터널은 3,000년 이상 그 자리를 지키며, 예전에는 공식 입구로 사용되었다. 이곳의 구조는 청동기 시대의 도시가 어떻게 요새화되었는지를 잘 보여준다.

■ 과거의 이야기를 이어가는 현주소

알라자휘육은 그 자체로 하나의 서사시다. 이곳은 고대 하티족의 문화와 예술이 어떻게 후에 히타이트 제국으로 계승되었는지를 보여주는 중요한 유적지이다. 스핑크스 게이트와

다양한 유물들은 그들의 삶과 신앙, 그리고 예술을 연결하는 고리가 된다.

우리는 이곳을 방문함으로써 과거의 영혼을 만날 수 있다. 그들은 우리에게 고대 아나톨리아의 역사를 이야기하며, 그들의 뛰어난 예술과 문화를 통해 감동과 경이로움을 안겨준다. 알라자휘육은 단순한 유적지가 아닌, 고대의 신비와 예술이 살아 숨 쉬는 장소이다. 이곳에서 우리는 과거의 목소리를 듣고, 그들의 이야기를 함께 나눌 수 있다.

구약 성경에 히타이트(헷 족속)로 기록되어 흔히 히타이트라고 불리지만 학계에서는 하투샤 왕국이라는 명칭을 주로 사용한다. 인도 유럽어족에 속하는 히타이트 인들이 언제 아나톨리아로 이수해 왔는지 정확히 알려져 있지 않다.

■ 알라자휘육 가는 길의 아나톨리아 평원 풍경

알라자휘육으로 향하는 아나톨리아의 풍경은 감동적이다. 끝없이 펼쳐진 언덕과 넓은 하늘, 그 아래로 흐르는 강은 고요함과 생명력을 동시에 느끼게 한다. 이 길을 따라가는 순간, 고대 문명의 숨결을 느끼며 마음속에 설렘과 기대감이 싹튼다. 흙길을 따라 펼쳐지는 들판은 평범해 보이지만 그 안에 숨겨진 역사의 깊이와 자연의 조화가 감탄을 자아낸다. 알라자휘육이 눈앞에 다가올수록 그곳에 담긴 시간의 무게가 상징적으로 다가와 잔잔한 울림을 남긴다.

알라자휘육 가는 길의 아나톨리아 평원 풍경

❙ 알라자휘육 가는 길 아나톨리아 풍경

알라자휘육 유적 입구 우물

히타이트 제국의 부상과 전쟁

- **역사적 배경**: 히타이트 제국은 기원전 16세기부터 12세기까지 중앙 아시아, 메소포타미아, 동지중해 지역에서 전략적으로 존재했던 고대 제국이다. 이 시기에 히타이트는 강력한 군사력과 정치적 조직을 통해 세력을 확장하였다.
- **전쟁 기술**: 히타이트는 이륜 전차를 군사 전략의 핵심으로 사용하였다. 이 전차의 도입은 빠른 기동성과 높은 사격 능력을 제공하여 전투의 판도를 크게 변화시켰고, 적군에게 큰 위협이 되었다.
- **영토 확장**: 히타이트는 바빌론을 정복함으로써 제국의 영토를 대폭 확장하였다. 이 과정에서 메소포타미아 문명에 강력한 정치적, 문화적 영향을 미쳤으며, 다양한 지역과의 상호작용을 통해 자신의 문화를 발전시켰다.
- **전술 발전의 영향**: 히타이트 전쟁에서의 교훈은 아시리아와 같은 후속 제국들이 군사 전술을 발전시키는 데 중요한 기초가 되었다. 이들은 히타이트의 전략을 연구하고 개선하여 자신들의 군사력 강화에 기여하였다.

말과 전차의 발전

- **군사적 우위**: 청동기 시대의 유목민들은 전차를 통해 전투에서 뛰어난 성과를 거두었다. 전차의 기동성과 사격 능력 덕분에 유목민들은 전투에서 우위를 점할 수 있었으며, 이는 그들의 사회 구조와 이동 방식에 큰 변화를 가져왔다. 전차의 사용은 군사적 조직을 더욱 전문화하고 효율적으로 만들었다.
- **상업적 활용**: 전차는 단순한 이동 수단을 넘어서 전투 효율성을 높였다. 또한, 상업적 거래에서도 중요한 역할을 하였고, 다양한 상품을 신속하게 운반할 수 있는 수단으로 사용되었다. 이를 통해 경제적 활동이 활성화되었고, 상업 네트워크가 확장되었다.
- **문화적 교류**: 전차와 말의 발전은 유목민과 정착민 간의 상호작용을 촉진하였다. 이들은 전투뿐만 아니라 무역과 문화적 교류에서도 협력하게 되었으며, 서로의 기술과 문화를 공유하게 되었다. 이러한 교류는 다양한 문화적 요소의 융합을 가져오고, 인근 지역의 문명 발전에 기여하였다.

안드로노보 문화

- **문화적 융합**: 안드로노보 문화는 중앙 아시아의 유목민들이 이란어계와 알타이어 계열의 문화적 요소를 융합하여 형성한 복합 문화이다. 이 문화는 다양한 민족적 배경과 전통이 결합되어 풍부한 문화적 유산을 만들어냈다.
- **경제적 기반**: 이 지역의 유목민들은 동물 사육과 농업을 통해 경제적 기반을 마련하였다. 농업과 목축의 결합은 그들의 생활 방식을 변화시켰고, 일부는 정착 생활을 시작하게 되었다. 이를 통해 지역 사회의 경제적 안정성이 강화되었다.
- **적응력**: 안드로노보 문화의 유목민들은 극한의 환경에서도 생존할 수 있는 능력을 키웠다. 그들의 이동성과 적응력은 새로운 환경에 빠르게 적응하게 하였고, 이는 인근 지역의 문화와 경제에 중요한 영향을 미쳤다. 이러한 특성은 다른 문화와의 상호작용을 통해 더욱 발전하게 되었다.

농경문화와 도시화

- **사회 구조 변화**: 인도-이란계 유목민들이 농경 문화를 수용하면서 그들의 사회 구조와 생활 방식은 급격히 변화하였다. 농업의 도입은 정착 생활을 촉진하고, 계층적 구조와 사회 조직의 발전을 가져왔다.
- **농업의 발전**: 박트리아-마르지아나 농경 문화와의 접촉은 이들 유목민이 농업 중심의 생활로 전환하는 데 중요한 역할을 하였다. 이 과정에서 새로운 농업 기술과 재배 방법이 도입되었고, 이는 생산성을 크게 향상시켰다.
- **도시 형성**: 농업 발전은 안정적인 식량 공급을 가능하게 하여 인구 증가와 도시 형성으로 이어졌다. 안정적인 식량 자원은 인구의 밀집을 촉진하고, 이는 곧 상업과 문화 활동의 중심지로서 도시의 발전을 가져왔다. 이러한 도시들은 상업, 정치, 문화의 중심지로 기능하게 되었다.

유목민의 이동과 통합

- **문화적 영향**: 기원전 1500년경, 인도-아리안과 후리안의 유입은 미탄니 왕국을 형성하였다. 이들 유목민의 이동은 지역 문화에 깊은 영향을 미쳤으며, 새로운 언어, 종교, 관습이

도입되었다. 이러한 문화적 융합은 미탄니 왕국의 정치적 및 사회적 구조에도 큰 변화를 가져왔다.

- **유전자 연구**: 최근의 유전자 연구는 초기 인류의 역사와 그들이 유라시아 대륙에 확산된 과정을 밝히는 데 중요한 기초 자료가 되고 있다. 이러한 연구는 유목민의 이동 경로와 그들의 유전적 다양성을 이해하는 데 도움을 주며, 고대 사회의 상호작용과 연결성을 규명하는 데 기여하고 있다. 이로 인해 인류 문명의 발전을 더욱 깊이 이해할 수 있는 기회를 제공하고 있다.

고대 문명 간의 상호작용

- **유목민의 역할**: 고대 유목민의 이동과 전쟁은 인류 문명 형성에 지대한 영향을 미쳤다. 이들은 새로운 지역으로의 이동을 통해 다양한 문화적 요소를 전파하고, 기존 문명과 융합하는 중요한 역할을 수행하였다. 유목민의 활동은 정치, 경제, 사회 구조에 깊은 변화를 가져왔으며, 그 결과 다양한 문화적 교류가 이루어졌다.
- **상호작용 사례**: 히타이트 문명과 그 주변 문명 간의 상호작용이 특히 두드러진다. 히타이트는 농업 사회와의 접촉을 통해 새로운 사회적 구조를 형성하였다. 이러한 상호작용은 경제적 거래뿐만 아니라, 군사적 동맹 및 문화적 교류로 이어졌으며, 각 문명의 발전에 기여하였다. 이처럼 유목민과 정착민 간의 관계는 고대 문명의 복잡성을 더욱 풍부하게 만들었다.

박트리아와 고조선의 연결

- **무역과 문화 전파**: 박트리아 왕국은 5천 년 전부터 수메르와의 무역 거래를 통해 청동기 문명을 조기에 발전시켰다. 이 지역은 동서양의 무역로에 위치해 있어, 다양한 문화적 요소와 기술이 전파되는 중요한 역할을 하였다. 이러한 무역은 경제적 번영뿐만 아니라 문화적 교류를 촉진하였다.
- **역사적 사건**: 알렉산더 대왕의 박트리아 정복과 이후 그리스 도시 건설은 이 지역의 문화적 융합을 보여준다. 그리스 문화와 박트리아 문화의 융합은 새로운 사회 구조와 경제 체제를 형성하였으며, 이는 지역 주민들에게 깊은 영향을 미쳤다.

- **고조선과의 유사성**: 한반도의 마한, 신라, 가야에서 발견된 유물들은 히타이트와 유사한 점이 있다. 이러한 유사성은 중근동 문명이 유목민을 통해 한반도에 전파되었음을 시사한다. 이는 유목민의 이동과 문화적 교류가 인류 문명의 발전에 기여했음을 보여주는 중요한 사례로 여겨진다.

■ 심화 연구: 유목민의 이동과 인류 문명에 미친 영향

유목민들은 그들의 이동 경로를 통해 농업 사회와의 접촉을 이루었다. 이 과정에서 그들은 자신들의 유목 생활 방식을 농업 문화와 결합시키며 새로운 사회적 구조를 형성했다. 예를 들어, 기원전 1900년경 인도-이란계 유목민들이 박트리아 지역에 도착했을 때, 그들은 농업 문화를 접하면서 새로운 사회를 세우게 된다. 이 과정에서 그들은 자신들의 목축 기술과 농업 기술을 융합시켜 생산성을 극대화했다.

이러한 변화는 당시 유목민들이 문화적, 경제적으로도 성공을 거두게 했음을 보여준다. 그들은 농업 지역으로의 침입이 아닌, 서로 다른 생활 방식을 이해하고 수용하는 과정을 통해 문명 발전에 기여했다. 이는 후에 도시 문명의 발전으로 이어졌으며, 그들의 이동은 문화적 다양성을 촉진했다.

■ 비교 분석: 히타이트와 이집트 문명 간의 상호작용

히타이트와 고대 이집트는 서로 다른 문화적 배경을 지닌 두 강대국이었으나, 그들 간의 상호작용은 고대 근동 지역의 정치적, 군사적 균형을 크게 변화시켰다. 카데시 전투는 이러한 갈등의 상징적인 사례로, 이 전투에서 사용된 이륜 전차는 두 문명 간의 군사적 우위를 가르는 중요한 요소였다.

하지만 전투 외에도 두 문명 간의 문화적 교류는 매우 활발했다. 히타이트는 이집트의 예술과 종교를 차용하며, 반대로 이집트 또한 히타이트의 군사 전략과 무기 기술을 받아들였다. 이러한 상호작용은 두 문명이 서로의 문화적 요소를 흡수하며 고유한 정체성을 형성하는 데 기여했다. 이처럼 갈등과 교류는 동시다발적으로 발생하며, 두 문명은 서로의 문화를 이해하고 영향을 주고받았다.

■ 현대적 시사점: 유목민의 이동과 문화적 융합이 주는 교훈

고대 유목민의 이동과 문화적 융합은 현대 사회에도 여러 교훈을 제공한다. 오늘날의 세계는 글로벌화와 이민으로 인해 다양한 문화가 혼합되고 있는 상황이다. 이러한 흐름은 고대 유목민들이 다른 문화와의 접촉을 통해 새로운 사회를 형성한 과정을 연상시킨다. 특히 현대 사회에서 문화적 다양성은 중요한 자산으로 평가 받고 있다. 서로 다른 배경을 가진 사람들 간의 상호작용을 통해 새로운 아이디어와 혁신이 창출될 수 있다. 또한, 문화적 융합은 다양한 사회적 갈등을 해결하는 데도 도움을 줄 수 있다. 과거의 사례에서처럼, 문화적 이해와 존중은 서로 다른 민족과 문명이 조화롭게 공존할 수 있는 기반이 될 것이다.

결국, 고대 유목민의 이동과 그로 인한 문화적 융합은 단순한 역사적 사건이 아니라, 현대 사회에서도 여전히 유효한 교훈을 제공한다. 과거와 현재를 잇는 이러한 이해는 인류의 발전과 상생을 위한 중요한 발판이 될 것이다. 고대 메소포타미아 문명은 인류 역사에서 중요한 역할을 해왔다. 그러나 기원전 15세기경 히타이트 제국이 바빌론을 정복하면서 그 시대는 막을 내리게 된다. 이 전환의 중심에는 최신형 무기인 이륜 전차가 있었다. 이 전차는 말과 청동병거가 결합된 형태로, 전투에서 주력으로 사용되었다. 특히 기원전 1275년 카데시 전투에서 히타이트와 고대 이집트 간의 전투에서 이 전차의 위력이 드러났다.

이륜 전차의 기원은 기원전 2600년경 수메르인들이 바퀴가 장착된 수레를 만들어 당나귀가 끌도록 한 데까지 거슬러 올라간다. 그러나 말과 전차의 결합은 후에 이루어졌다. 말을 처음 길들인 증거는 현재 카자흐스탄의 보타이 유적에서 발견되었고, 그곳의 마차와 함께 묻힌 무덤이 전차의 발명을 뒷받침한다.

청동기 시대의 유목민들은 이 혁신적인 운송수단을 통해 유라시아 초원을 누비며 그들의 삶을 영위했다. 중앙아시아 대초원은 현재 러시아, 카자흐스탄, 우즈베키스탄 지역에 해당하며, 이곳은 다양한 문화가 얽혀 있는 복잡한 지역이다. 러시아의 고고학자들은 이 지역의 청동기 유적을 '안드로노보 문화'라고 부르지만, 이는 다양한 문화적 배경을 가진 민족들을 모두 포괄하기에는 부족하다.

고대 유목민들이 정착 생활을 하면서도 이동을 계속했다!

안드로노보 문화의 연구는 고대 유목민들이 정착 생활을 하면서도 이동을 계속했다는 사실을 드러낸다. 이들은 씨족 단위로 이동하며, 무덤에서는 다양한 생활용품과 무기가 발견되었다. 특히, 마차를 끄는 말이 함께 묻힌 대규모 무덤은 그들이 기마민족의 조상이었음을 보여준다. 이러한 유목민들은 농경 사회로 전환하며 도시 문화를 형성하는 데 기여했다. 기원전 1900년경 인도-이란계 유목민들은 박트리아 지역에서 농업 문화를 접하게 되고, 이로 인해 새로운 문명이 태어난다. 이러한 변화는 인도 아리안으로 이어져 인도 대륙에서도 큰 영향을 미친다.

특히 기원전 1500년경 메소포타미아에 등장한 미탄니 왕국은 인도-아리안과 후리안의 혼합으로 이루어졌으며, 이들의 기록에서 산스크리트어의 흔적이 발견된다. 이는 중앙아시아와 메소포타미아 문명 간의 복잡한 연결 고리를 나타낸다. 현재 고고학자들은 중앙아시아 유목민들이 기마 문화와 농업 문화를 통해 세계사를 어떻게 바꿔놓았는지 연구하고 있다. 이들은 각기 다른 지역에서 다양한 문화적 교류를 이루며, 인류 문명의 발전에 기여한 것으로 평가받고 있다. 이러한 문화적 융합은 고대 문명의 형성과 발전에 중요한 영향을 미쳤으며, 그 유산은 오늘날에도 인류의 문화와 역사에 깊이 뿌리내리고 있다.

▎알라자휘육 유적 조감도

▬ 알라자휘육의 남쪽 스핑크스 게이트

고대 히타이트 문명의 손길이 닿은 이 문을 지나면, 마치 시간 속으로 걸어 들어가는 듯한 설레임이 느껴진다. 스핑크스 조각은 고요하지만 그 속에 담긴 상징성과 힘이 감탄을 자아낸다. 과거와 현재를 연결하는 이 게이트는 평범해 보이지만, 그 안에 역사와 신비로움이 조용히 흐르고 있어 더욱 의미 깊다.

▎알라자휘육의 남쪽 스핑크스 게이트.

▎알라자휘육의 남쪽 스핑크스 게이트

알라자휘육 스핑크스

▌알라자휘육 스핑크스 아래 그리핀 부조

▌알라자휘육 유적 부조

알라자휘육의 음율: 고대의 음악과 신성한 제물

알라자휘육의 신비로운 풍경 속에서 우리는 고대 하티족의 생활을 느낄 수 있는 장면을 마주한다. 조각된 오르토스타트 앞에 서면, 한 인물이 기타와 유사한 악기를 연주하고 있는 모습이 눈에 들어온다. 그의 손끝에서 나오는 음율은 마치 과거의 기억을 깨우는 마법과도 같다. 악기의 줄기는 프린지로 장식되어, 풍성한 음색을 만들어내며 이 공간의 신성함을 더욱 고조시킨다.

그의 곁에는 동물을 든 또 다른 인물이 있다. 그의 표정은 경건함과 경외감으로 가득 차 있다. 동물은 고대 제물로서의 상징성을 지니며, 신에게 바쳐질 준비가 되어 있다. 이 장면은 단순한 음악 연주를 넘어, 영혼을 신에게 바치는 의식의 일환으로, 과거의 신앙을 느끼게 한다.

오르토스타트의 왼쪽은 불완전하지만, 그 결함은 오히려 이 유물의 역사적 깊이를 드러낸다. 세월의 흐름 속에서 비워진 자리는 고대의 이야기를 담고 있으며, 그 결함조차도 이곳에 남아 있는 시간의 흔적을 상기시킨다.

■ 고대의 울림

이 조각은 우리에게 고대 하티족의 문화와 그들의 음악적 영혼을 전한다. 음악은 단순한 소리의 조합이 아니라, 인간의 감정을 표현하고 신과 소통하는 방법이었음을 일깨운다. 그들은 음악을 통해 신에게 다가가고, 삶의 기쁨과 슬픔을 나누었다.

이곳에서 우리는 그들의 세계로 발을 내딛고, 그들이 남긴 유산을 통해 과거의 목소리를 듣는다. 각 음은 한 시대의 이야기를 품고 있으며, 고대의 영혼과 현재의 우리가 연결되는 순간을 만들어낸다. 알라자휘육에서의 이 경험은 단순한 탐험이 아닌, 고대의 음악과 신성한 제물이 어우러진 경이로운 여행이 된다.

시간이 멈춘 듯한 이곳에서, 우리는 고대의 음율을 느끼고, 그들이 신에게 바쳤던 희망과 기도를 함께 나누게 된다. 알라자휘육의 오르토스타트는 단순한 조각이 아닌, 과거와 현재를 잇는 다리이며, 우리를 신성한 음율로 안내하는 길잡이인 것이다.

■ 알라자휘육의 공연: 신비로운 예술의 장면

알라자휘육의 고대 유적 속에서, 우리는 시간의 흐름을 초월한 예술의 경이로움을 발견하게 된다. 부조의 높이 116㎝에 위치한 이 장면은, 저글러와 곡예사들이 펼치는 신비로운 공연으로 우리를 초대한다.

왼쪽에 서 있는 저글러는 긴 머리를 소유하고 있으며, 짧은 드레스를 입고 있다. 그녀의 몸짓은 우아하면서도 강렬하다. 그녀가 단발을 삼키는 모습은 마치 세상의 모든 것을 담아내려는 듯한 열정과 역동성을 보여준다. 저글러의 시선은 관객을 매료시키며, 그녀가 던지는 물체들이 공중에서 춤을 추듯이 빛난다. 그녀의 눈빛 속에는 자신감과 끈기가 가득 차 있다.

오른쪽에는 작은 곡예사들이 계단을 오르고 있다. 그들은 붙잡지 않고, 마치 공중을 나는 듯한 동작으로 경이로운 기술을 선보인다. 각 곡예사는 서로 다른 국적의 사람들처럼 보이며, 그들 사이의 차이점은 더욱 다양한 문화를 담아내는 듯하다. 그들의 모습은 협력과 조화를 상징하며, 서로 다른 배경 속에서도 함께 예술을 창조하는 아름다움을 보여준다.

모든 인물들은 뿔이 달린 머리 장식과 귀에 거대한 고리를 단 귀걸이를 착용하고 있다. 이 화려한 장식은 그들의 신분과 예술적 정체성을 드러내며, 그들이 무대 위에서 어떤 특별한 이야기를 전달하고 있는지를 더욱 돋보이게 한다. 뿔은 힘과 권위를 상징하며, 귀걸이는 그들의 개성과 독창성을 부각시킨다.

고대 하티족의 예술적 열정

이 부조 속 공연은 단순한 즐거움을 넘어, 과거의 다양한 문화와 예술적 전통이 융합된 경이로움이다. 우리는 이 조각을 통해 저글러와 곡예사들이 자신들의 이야기를 어떻게 세상에 전하고 있는지를 느낄 수 있다. 그들은 각자의 배경과 문화를 가지고 있으면서도, 함께 공연을 펼치는 그 모습은 인간의 협력과 연대를 상징적으로 보여준다.

알라자휘육 유적 부조

알라자휘육의 이 장면은 고대 하티족의 예술적 열정을 고스란히 담고 있으며, 현재의 우리에게도 여전히 강력한 메시지를 전달한다. 과거와 현재가 연결되는 순간, 우리는 예술의 힘을 느끼고, 그 안에 담긴 이야기의 깊이를 음미하게 된다.

이러한 예술의 만남은 단순한 조각이 아닌, 고대와 현대를 잇는 다리이자, 사람들의 마음속에 있는 공감과 연대의 감정을 불러일으키는 원천이 된다. 저글러와 곡예사의 공연은 그저 눈앞의 볼거리가 아니라, 우리의 마음에 남는 깊은 감동으로 남는다.

■ 알라자휘육 악사와 함께 동물을 바치는 사람

기타와 비슷한 악기를 연주하는 인물이 등장하며, 그 뒤로 동물을 들고 있는 또 다른 인물이 따라가고 있다. 악기에는 장식이 달려 있다.

■ 알라자휘육, 저글러와 곡예사들

이 부조는 높이 116㎝로, 저글러와 곡예사들이 묘사되어 있다. 왼쪽에는 긴 머리에 짧은 드레스를 입은 저글러가 단검을 삼키는 모습이 있고, 오른쪽에는 작은 곡예사들이 손을 사용하지 않고 계단을 오르고 있다. 모든 인물들은 뿔이 달린 머리 장식과 거대한 귀걸이를 착용하고 있으며, 이 저글러와 곡예사들은 아마도 다른 국적의 사람들일 것으로 추정된다.

■ 알라자휘육의 태양을 향한 경배

알라자휘육의 태양을 향한 경배 형상은 고대 하티 문화의 심오한 종교적 신념을 반영하는 작품이다. 133㎝의 인물은 태양을 향해 서 있으며, 그의 왼손에 흐르는 긴 꼬리 망토는 신성함을 상징한다. 인물은 하늘과 땅을 잇는 제물을 들고 있으며, 그 시선은 태양에 고정되어 경외와 신뢰를 표현한다. 이 형상은 단순한 예술작품을 넘어, 생과 사의 순환과 공동체의 기도를 상징하며, 희생과 경배의 주제를 통해 현대에도 유효한 메시지를 전달한다.

뿔이 잡힌 염소의 길, 알라자휘육

인물은 긴 꼬리 망토를 두르고, 오른손에 뿔을 들고 염소를 끌고 간다. 이 모습은 고대 의식을 상징하며, 단순한 장면 속에 숨어있는 상징성과 깊이가 감탄을 자아낸다. 이 부조는 과거 제사의 순간을 그대로 담아낸 고대인들의 신앙과 의식을 담아내고 있다. 평범해 보이지만 뿔이 잡혀 끌려가며 주춤하는 염소의 몸짓에서 긴장감이 묻어난다.

천둥신 제단 앞의 왕과 여왕, 알라자휘육

오른쪽 작은 패널에는 천둥신의 신성한 황소가 그려져 있다. 황소는 천둥신의 신성한 동물로, 위에서 아래로 나누어진 바닥 위에 위치해 있다. 짧고 쪼그리고 앉은 다리와 큰 뿔이 특징이며, 근육은 도식적으로 표현되어 있다. 왼쪽 패널에는 왕과 여왕이 제단 앞에 묘사되어 있다. 왕은 긴 드레스와 망토를 입고 있으며, 오른손에 왕실의 홀인 리투스를 들고 있다. 그의 왼손은 앞으로 뻗어 있고, 해골 모양의 머리 장식이 독특한다. 여왕은 장식된 드레스와 전체 길이의 망토를 착용하고 있으며, 두 인물 모두 큰 고리 귀걸이를 착용하고 있다.

▬ 베일을 쓴 여신, 알라자휘육

여신은 왼쪽에 등받이가 없는 의자에 앉아 있다. 그러나 인물의 머리와 얼굴은 완전히 파괴되어 있다. 그녀는 긴 베일을 머리에 쓰고 있으며, 전체 길이의 드레스를 입고 있다. 그녀가 신은 신발은 발가락이 구부러진 디자인이다. 여신은 오른손으로 그릇에서 무언가를 마시고, 왼손으로는 손잡이가 달린 잔을 들어 올리고 있다.

❙ 알라자휘육 유적 건물 터

■ 알라자휘육 성혈 유적

구조물이 성혈일지, 기둥 지지대일지에 대한 해석은 그 형태와 사용된 위치에 따라 달라질 수 있다. 성혈은 주로 종교적 의식과 관련된 상징적 기능을 가진 것으로, 제물의 피를 담거나 신성한 액체를 사용하는 제의 장소에서 발견된다. 만약 해당 구조물이 특정한 위치에 있으며 그 주위에 종교적 활동이 있었음을 암시하는 부조나 유물이 발견된다면, 성혈로 해석될 가능성이 크다. 반면에 기둥 지지대는 건축적 용도로 사용되며, 건물의 무게를 지탱하기 위한 구조물이다. 기둥 지지대라면 그 주위의 다른 건축적 요소들과의 관계, 기둥 또는 지붕을 지탱하는 위치에 있다는 점이 중요할 것이다.

따라서 그 구조물이 제의적 장소에서 발견되었는지, 또는 건축적 기능을 갖는 곳에 위치했는지에 따라 성혈 또는 기둥 지지대로 해석될 수 있을 것이다.

단순한 자비의 행위가 아니라 그 사회의 도덕적 기준

히타이트 제국의 사회생활은 복잡하고 다층적인 봉건적 구조 속에서 발전했다. 이 제국은 다양한 왕국들로 구성되어 있었으며, 왕은 그 중앙에 군림하면서 세금으로 왕국을 통제했다. 왕은 단순한 군주 이상의 역할을 수행했다. 그는 대제사장으로서 신들과 소통하고, 최고 사령관으로서 전쟁을 이끌며, 판사로서 정의를 수호했다. 그의 모든 결정은 귀족들로 이루어진 "판쿠"라는 의회의 승인을 받아야 했고, 이 의회는 왕의 권력을 견제하는 중요한 역할을 했다.

여왕은 왕과 함께 중요한 결정을 내리며 자신의 인장을 통해 권력을 행사했다. 이는 단순한 상징을 넘어 왕국 운영에 있어 여왕의 역할이 얼마나 중대한지를 보여주는 사례였다. 사회의 여러 계층이 함께 어우러져 있는 이 시스템에서, 상인과 공무원, 공예가는 도시를 구성하고, 농업에 종사하는 이들은 마을에서 생활했다. 이러한 계층 구조 속에서도 전쟁 포로였던 노예들도 법에 따라 일부 권리를 가졌다는 점은 주목할 만하다. 이들은 고난 속에서도 최소한의 존엄성을 유지할 수 있는 기회를 가졌다.

히타이트 종교는 다신교로, 왕이 대제사장을 겸임하며 신들과의 연결고리를 만들었다. 폭풍의 신과 태양의 여신은 이 사회의 핵심 신들로 여겨졌으며, 이들은 인간의 삶에 깊은 영향을 미쳤다. 이렇게 히타이트 제국의 사회생활은 단순한 정치적 구조를 넘어 종교와 문화가 얽혀 있는 복합적인 형태로 발전했다.

서판에 새겨진 "그들에게 빵을 주세요; 병자를 도우세요, 그들에게 빵과 물을 주세요."라는 메시지는 히타이트 사회의 인간애를 강조한다. 배고픈 사람에게 빵을 주고, 병든 자에게 약을 주며, 가난한 자에게 옷을 주는 것은 단순한 자비의 행위가 아니라 그 사회의 도덕적 기준이었다. 이러한 원칙들은 왕과 귀족, 일반 시민 모두에게 깊이 새겨져 있었고, 히타이트 제국을 강하게 만드는 윤리적 기반이 되었다.

결국, 히타이트 제국의 사회생활은 복잡한 정치적 체계와 함께 인간의 존엄성을 지키기 위한 노력으로 가득 차 있었다. 이는 단순한 역사적 사실이 아닌, 오늘날에도 여전히 중요한 교훈을 전해 준다.

SOSYAL HAYAT

Bir Hitit Tabletinden:
Onların eline ekmek ver; hasta olana yardım et, ona ekmek ve su ver.
Aç olana ekmek, hastaya merhem, çıplağa giyecek ver!

Feodal bir yapıya sahip Hitit İmparatorluğu, vergi vermeye yükümlü kıldığı bir dizi krallığı egemenliği altında tutuyordu. Kral, başkomutan, başrahip ve yargıç görevlerini de yürütüyordu. Kralın verdiği kararlar "panku" adı verilen soylular meclisi tarafından onaylanıyordu. Kraliçe de kendine ait mührüyle bazı kararlarda krala eşlik ediyordu.

Devlet işleri memurlarca yürütülmekte, tapınaklar da kendi personelleri ile çalışmaktaydı. Tüccarlar,memurlar,zanaatkarlar şehir halkını oluştururken,ziraat ile geçinen halk köylerde oturmaktaydı. Savaş esirlerinden oluşan köleler de kanunlar karşısında bazı haklara sahipti.

Kralın aynı zamanda başrahip görevini de yürüttüğü Hitit dini çoktanrılı bir dindi. Ülkenin en büyük tanrıları Fırtına tanrısı ile Güneş tanrıçasıdır.

SOCIAL LIFE

From a Hittite Tablet:
Give them bread; help the sick, give them bread and water.
Give bread to the hungry, medicine to the sick, clothes to the poor!

The Hittite Empire had a feudal structure and control over a series of kingdoms through tax. The king was the chief commander, high priest and a judge at the same time. An aristocratic assembly called "panku" approved the king's decisions. The queen accompanied the king in some decisions with her own royal seal.

Officials governed the state affairs while the temples had their own staff. Merchants, officials and craftsmen occupied the cities while people making a living from agriculture inhabited villages. Slaves were prisoners of war who had certain rights before justice.

The Hittite religion was a polytheistic religion in which the king was the high priest. The Storm God and Sun Goddess were the greatest gods of the country.

ALACA HÖYÜK KRONOLOJİSİ

Eski TunçÇağı ve Hitit Döneminde çok önemli bir sanat ve kült merkezi olan Alacahöyük'te 4 kültür katı tespit edilmiştir.

Geç Kalkolitik, Eski Tunç, Hitit, Frig gibi ana kültür katmanları dışında. Helenistik, Roma, Bizans, Selçuklu ve Osmanlı dönemlerine ait yerleşmeler de tespit edilmiştir.

KÜLTÜR KATI	DÖNEM	YAPI KATLARI	
	Geç Osmanlı	0	19. Yüzyıl
I	Geç Frig	1	M.Ö. 650-400
II	Hitit	2	M.Ö. 1400-1200
		3a	M.Ö. 1550-1400
		3b	
		4	M.Ö. 1810-1550
III	Eski Tunç	5	M.Ö. 2500-2050
		6	
		7	
		8	
IV	Geç Kalkolitik	9	M.Ö. 4000-3000
		10	
		11	
		12	
		13	
ANA TOPRAK			

CULTURAL STRATUM	PERIOD	BUILDING PHASE	
	Late Ottoman	0	19th century
I	Late Phrygian	1	650-400 B.C.
II	Hittite	2	1400-1200 B.C.
		3a	1550-1400 B.C.
		3b	
		4	1810-1550 B.C.
III	Early Bronze Age	5	2500-2050 B.C.
		6	
		7	
		8	
IV	Late Chalcolithic	9	4000-3000 B.C.
		10	
		11	
		12	
		13	
BEDROCK			

ALACA HÖYÜK CULTURAL STRATA

At Alaca Höyük, an important art and cult centre during the Early Bronze Age and Hittite Period, four cultural strata have been identified.

Alongside the Late Chalcolithic, Early Bronze, Hittite, and Phrygian cultural layers, traces of settlement dating back to the Hellenistic, Roman, Seljuk and Ottoman periods have also been recorded.

■ 알라자휘육 유적, 좌측 왕의 돌덧널 무덤 5개소

Ⅰ 알라자휘육 유적, 좌측에 왕의 돌방 무덤 5개소가 있다.

■ 알라자휘육 유적 지하 돌터널

이 터널은 지하수 유입을 목적으로 설계되었으며, 성곽 외부로부터 물자와 자원을 조달하기 위해 축조되었다. 고대에는 전쟁이나 포위 상황에서 물과 필수 물자를 확보하는 것이 매우 중요했기 때문에, 이 터널은 성 내부의 생존을 위해 필수적이었다. 돌터널의 존재는 알라자휘육 성곽이 단순한 방어 시설을 넘어, 실용적인 생존 시스템을 갖추고 있었음을 보여준다.

▌알라자휘육 유적 지하 돌터널

▌알라자휘육 유적 독항아리

▌알라자휘육 유적 전시장

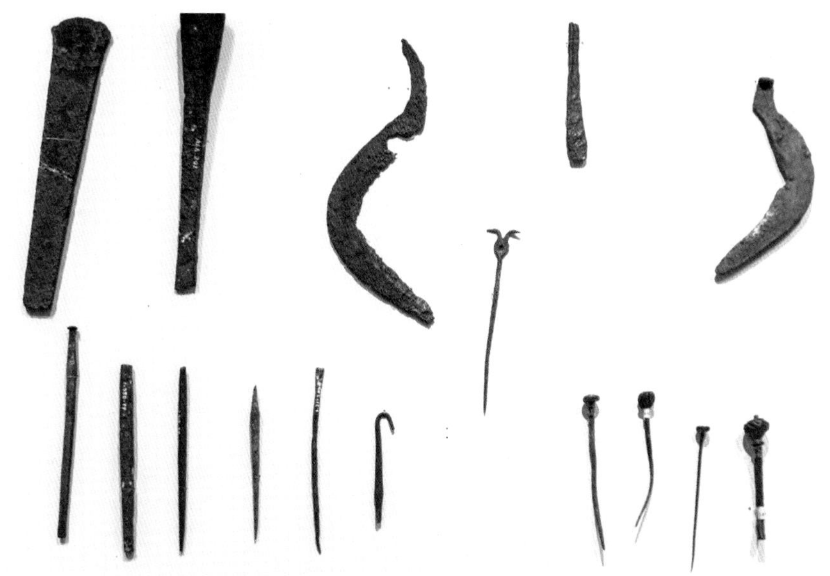

▌알라자휘육 유적 전시장 / 낫 및 각종 철제 용품

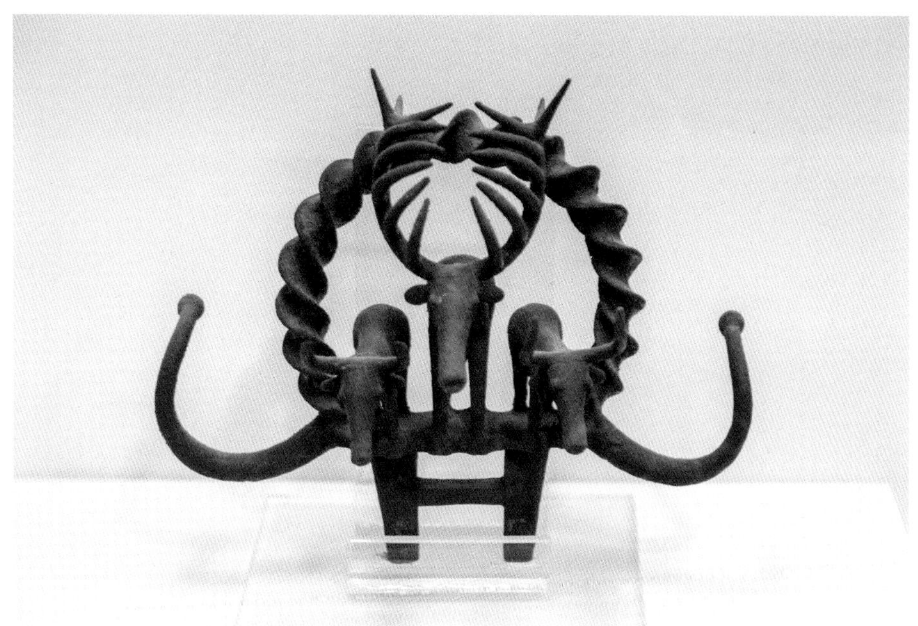

▌알라자휘육 유적 전시장 / 청동 사슴과 소 장식품

▌알라자휘육 유적 전시장 / 청동 사슴 장식품

▌유적 전시장, 맷돌

▌유적 전시장, 오리 토기

▎유적 전시장, 주전자 병 토기

▌유적 진시장, 각종 토기

❙ 유적 전시장, 문양이 있는 주전자 토기

유적 전시장, 호리병 토기
고대 히타이트 문명의 일면을 엿볼 수 있다. 이 호리병 토기는 독특한 형태와 장식으로 주목받으며, 고대 사람들의 생활 방식과 예술적 감각을 반영한다. 호리병 토기는 고유의 미적 감각을 드러낸다. 형태는 기능성과 아름다움을 동시에 고려하여 제작되었다.

유적 전시장, 문양이 있는 토기

유적 전시장, 용 문양 항아리 토기

유적 전시장, 양 귀 손잡이 토기 : 고조선 미송리 토기와 유사하다.

▎유적 전시장, 굽다리 접시 외 각종 토기

4. 히타이트와 고대한국 유물의 연관성

마한, 신라, 가야의 굽다리 접시, 철기, 왕의 옹관묘, 사자상

알라자휘육 왕의 돌방 무덤

▌알라자휘육 왕의 돌방 무덤의 부장품, 굽다리 접시도 보인다.

▌알라자휘육 왕의 돌방 무덤의 사슴 머리 청동 부장품

알라자휘육 왕의 돌방 무덤

알라자휘육 히타이트 왕의 돌덧널 무덤, 옹관묘

히타이트 왕의 무덤 구조

히타이트 문명은 고대 아나톨리아 지역에서 번성한 문명으로, 그들의 종교적 신념과 사회적 지위, 장례 문화에 대한 중요한 단서를 제공한다. 돌덧널 무덤과 돌덧널 옹관묘는 이 문명에서 흔히 발견되는 매장 방식이다.

- **돌덧널 무덤**: 돌을 쌓아 만든 구조로, 일반적으로 왕이나 고위 귀족의 시체를 보관하는 데 사용되었다. 내부는 여러 개의 방으로 나누어져 있으며, 시체와 함께 다양한 부장품이 함께 묻히기도 했다.
- **돌덧널 옹관묘**: 돌로 만든 옹관에 시체를 넣고 덮는 방식이다. 고위층의 매장 형태로, 정교한 장식과 함께 발견되는 경우가 많다.

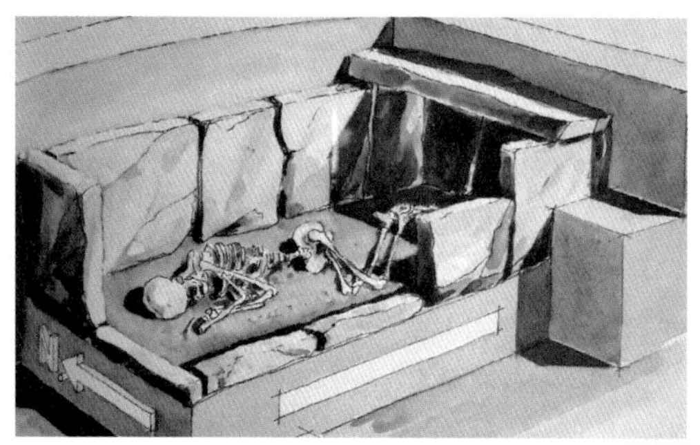

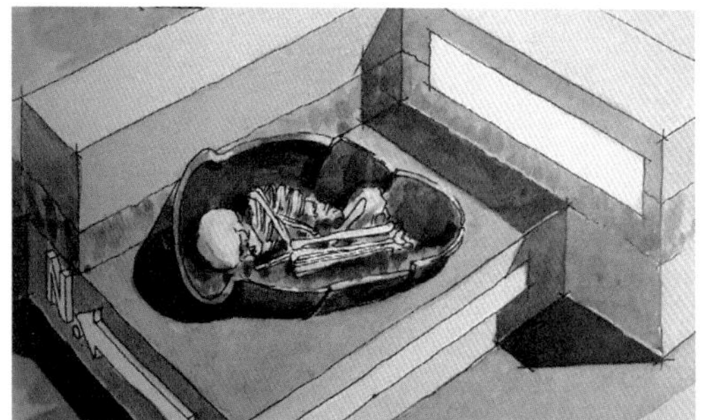

사진출처 : 아나톨리아 박물관 도록

나주 복암리 7호 돌방무덤 옹관묘

히타이트 알라자휘육 왕 무덤 방식과 유사하다. 고대 한국의 대표적인 무덤 형태 중 하나로, 특히 신라 시대의 특징을 잘 보여준다. 이 무덤은 굴식 돌방식 구조로 지하에 설치되어 있으며, 입구는 굴을 통해 연결되어 있다.

■ 한국 마한 나주 복암리 7호 돌방 무덤 옹관묘 고분

구조: 돌방식은 단단한 돌로 제작되어 있어 무덤의 내구성과 방어력을 높인다. 내부에는 시신을 안치할 수 있는 공간이 마련되어 있다.

- **유물 출토**: 이곳에서는 다양한 유물들이 발견되는데, 이는 고대인의 장례 문화와 사회적 지위, 삶의 방식에 대한 중요한 단서를 제공한다. 유물에는 도자기, 금속기, 장신구 등이 포함된다.
- **장례 의식**: 굴식 돌방식은 고대 사회에서 사후 세계에 대한 믿음과 함께, 사망자의 지위를 존중하는 장례 의식을 반영한다. 무덤의 구조와 유물들은 고대인의 신앙과 사회적 관습을 잘 나타낸다.

▬ 튀르키예 고대도시 다라의 돌덧널무덤

고대 도시 다라는 기원전 505년에 페르시아 왕 카바드 1세가 동쪽에서 주의를 빼앗긴 사이, 아나스타시우스 1세 황제가 재건한 곳이다. 이 도시는 니시비스에서 서쪽으로 18㎞, 페르시아 국경에서 5㎞ 떨어진 전략적 위치에 있어 군대가 쉬고 무기를 준비할 수 있는 피난처로 기능했다. 또한, 페르시아인과 사라센인의 침략으로부터 아랍인의 나라를 지키기 위해 세워졌다. 메소포타미아 전역에서 모인 석공과 노동자들은 새로운 도시 건설에 매진하였다. 다라는 세 개의 언덕 위에 세워졌으며, 가장 높은 언덕에는 성채가 위치하고, 큰 창고와 공중 목욕탕, 물 저장소가 갖추어져 있었다.

▬ 단순한 방어의 요새가 아닌, 희망의 상징!

기원 전 505년, 역사적 전환점이 다가왔다. 페르시아 왕 카바드 1세가 동쪽에서 주의를 빼앗기는 사이, 아나스타시우스 1세 황제는 용감한 결단을 내렸다. 그는 니시비스에서 불과 18㎞, 페르시아와의 국경에서 겨우 5㎞ 떨어진 다라 마을을 재건하기로 했다. 이곳은 단순한 마을이 아니었다. 황제는 다라를 "군대가 쉬고 무기를 준비할 수 있는 피난처이자, 페르시아인과 사라센의 침략으로부터 아랍인의 나라를 지키는 곳"으로 만들겠다는 목표를 품었다.

메소포타미아 전역에서 석공과 노동자들이 모여들었다. 그들은 단순한 노동자가 아니었다. 그들은 미래를 위한 건축가, 역사의 기록자들이었다. 이들은 수많은 돌을 다듬고, 수고를 아끼지 않으며, 고된 노동 속에서도 새로운 도시의 탄생을 위해 힘을 모았다. 다라의 새 도시는 세 개의 언덕 위에 세워졌다. 가장 높은 곳에는 성채가 솟아 있었고, 그 주변에는 큰 창고와 공중 목욕탕, 물 저장고가 즐비했다.

이 성채는 단순한 방어 시설이 아니었다. 그것은 다라의 심장이자, 사람들의 꿈과 희망이 담긴 상징이었다. 높은 성벽 위에서 바람을 가르며 서 있는 성채는 위엄 있게 주변을 내려다보았고, 그곳에서는 용감한 전사들이 군사훈련에 매진하며 국가를 지킬 준비를 했다. 아랍인들과 사라센의 위협에 맞서 싸울 군대의 결의는 강하고도 확고했다.

그리고 이곳, 다라에서의 삶은 힘과 연대의 상징이 되었다. 사람들은 함께 모여, 서로의 고난을 나누고, 기쁨을 나누며 새로운 역사를 만들어 나갔다. 아침 해가 솟아오를 때, 성채의 모습은 황금빛으로 빛났고, 그 모습은 마치 전사들의 헌신과 꿈을 담은 신성한 깃발처럼 보였다.

다라는 그 땅에서 사람들은 함께 꿈꾸고, 함께 싸우며, 앞으로 나아갔다.

일본 규슈 요시노가리 청동기 유적 돌덧널 옹관묘

일본 고대의 중요한 무덤 형태 중 하나로, 청동기 시대의 특징을 잘 보여준다. 이 유적지는 약 3,000년 전으로 거슬러 올라가며, 당시의 사회, 문화, 기술적 발전을 연구하는 데 중요한 자료를 제공한다.

- **구조**: 요시노가리의 돌덧널 옹관묘는 주로 돌로 만들어진 덧널로, 지하에 배치되어 있다. 이러한 구조는 시신을 보호하고 외부의 침입으로부터 방어하는 기능을 한다.
- **유물 출토**: 이 무덤에서는 다양한 유물이 발견되었으며, 특히 청동기 제작에 사용된 도구와 장신구, 도자기, 그리고 제사에 사용된 기물들이 포함된다. 이러한 유물은 고대 일본인의 생활상과 신앙, 사회적 지위를 이해하는 데 큰 도움을 준다.
- **장례 의식**: 돌덧널 옹관묘는 고대 일본에서 사후 세계에 대한 믿음을 나타내며, 장례 의식에서 사망자의 지위와 중요성을 강조하는 역할을 한다. 무덤 구조와 출토된 유물들은 그 당시의 장례 문화와 사회적 관습을 반영한다.

▬ 그리스 산토리니섬 아크로티리 유적 독항아리

아크로티리는 고대 미노스 문명의 중요한 유적지로, 기원전 17세기경에 번성했다. 이곳에서 발견된 독항아리는 주로 저장 용기로 사용되었으며, 특유의 디자인과 장식이 특징이다. 독항아리는 보통 두 개의 손잡이가 있는 형태로, 주로 오일이나 와인 같은 액체를 저장하는 데 사용되었다. 아크로티리 유적은 화산 폭발로 인해 잘 보존된 상태로 남아 있어, 당시의 생활상과 예술을 이해하는 데 중요한 자료가 되고 있다.

사진 출처 https://murrayfoote.com

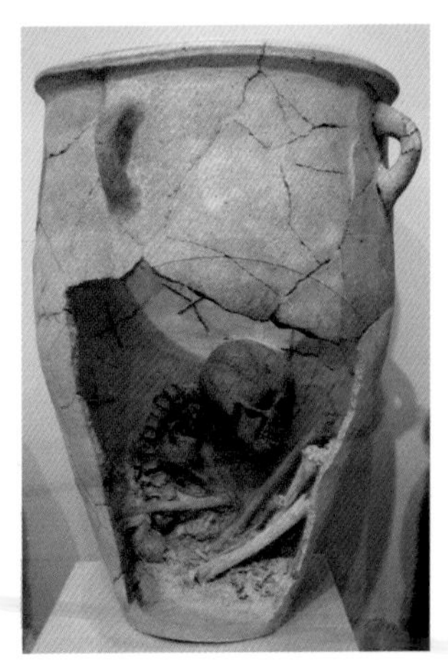

▬ 크레타섬 미노스 문명의 장례식 항아리

크레타섬은 미노스 문명의 중심지로, 이곳에서 발견된 장례식 항아리는 주로 고인의 유해를 보관하거나 부장품을 담는 데 사용되었다. 미노스 문명의 장례식 항아리는 독특한 장식과 형태로 유명하며, 종종 신화적인 장면이나 자연을 모티프로 한 그림들이 새겨져 있다. 이러한 항아리는 미노스 문명의 종교적 신념과 장례 관습을 이해하는 데 중요한 역할을 한다.

사진출처 https://murrayfoote.com

❙ 알라자휘육 유적 전시장, 히타이트 굽다리 접시는 고대 한국과 유사하다.

■ 함안 아라가야의 불꽃문양 굽다리 접시

불꽃문양 굽다리 접시는 고대 한국의 독특한 문화와 미적 감각을 보여주는 유물이다. 이 접시는 굽이 달린 형태로, 그 표면에는 불꽃을 연상시키는 문양이 새겨져 있다. 불꽃문양은 당시 왕실과 귀족들의 권위와 신성함을 상징했을 가능성이 크다. 정교한 문양과 세련된 형태는 아라가야의 뛰어난 도예 기술과 예술적 감각을 보여주며, 고대 가야 문명의 번영과 문화적 교류의 흔적을 담고 있다.

▬ 고령 대가야 왕가의 식탁 장면

고령 대가야의 왕실 식탁은 당시 권력과 부를 상징하는 화려한 장면이었다. 왕과 귀족들은 정교하게 만들어진 금속 그릇과 도자기로 차려진 음식을 즐겼으며, 그 식탁에는 고기, 곡물, 과일 등 풍성한 음식들이 올려졌다. 연회는 단순한 식사가 아닌 외교와 권력 과시의 장이었으며, 왕은 종종 신하들과 중요한 정치적 결정을 내렸다. 음악과 춤이 곁들여진 이 장면은 대가야의 번영과 문화적 역동성을 상징하며, 그들의 세련된 미각과 사치스러운 생활을 엿볼 수 있는 순간이었다.

■ 한국의 고대 굽다리 접시와 메소포타미아 굽다리 접시

메소포타미아의 굽다리 접시와 한국의 고대 굽다리 접시는 각각의 문화에서 중요한 식기류로 기능하며, 독특한 형태와 장식이 돋보인다. 메소포타미아의 굽다리 접시는 주로 점토로 제작되었고, 일반적으로 넓고 얕은 형태로, 음식의 담음새를 강조하는 디자인이다. 이 접시는 고대 메소포타미아에서 중요한 의식이나 연회에서 사용되었으며, 주로 세밀한 문양이나 그림으로 장식되어 시각적으로도 매력적이다.

반면, 한국의 고대 굽다리 접시는 도자기나 청동으로 제작되었으며, 굽다리가 뚜렷하게 올라온 형태가 특징이다. 이는 음식의 향을 보존하고 식사할 때의 편리함을 제공한다. 한국의 굽다리 접시 또한 장식적인 요소가 가미되어 있으며, 고대 사회의 미적 감각과 실용성을 동시에 반영하고 있다.

두 접시는 각각의 문화적 배경 속에서 발전하며, 식사의 중요성과 사회적 관습을 나타내는 중요한 유물로서의 가치를 지닌다. 이러한 공통점과 차이점은 두 지역의 식문화와 생활 방식을 이해하는 데 도움이 된다.

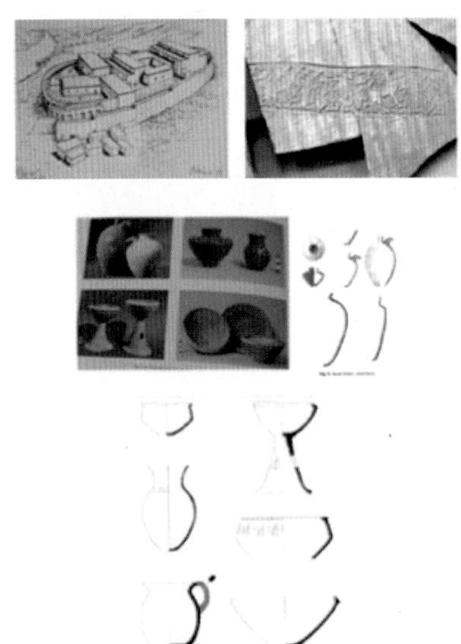

▍메소포타미아 굽다리 접시

▍한국의 고대 굽다리 접시

■ 합천 가야 다라국 원통모양 그릇 받침

고대 가야 시대의 대표적인 유물로, 그 시대의 생활상과 문화적 특징을 이해하는 데 중요한 자료이다.

- **형태**: 원통형의 디자인으로, 안정적인 지지력을 제공하며, 그릇을 올려놓기에 적합한 형태이다. 이러한 구조는 사용의 편리함을 고려한 것으로 보인다.
- **재료와 제작 기술**: 일반적으로 점토로 만들어지며, 고대의 도자기 제작 기술이 잘 반영되어 있다. 그릇 받침은 구운 후 질감이나 색깔을 통해 그 시대의 미적 감각을 드러낸다.
- **용도**: 이 원통 모양 그릇 받침은 주로 음식이나 음료를 담는 그릇의 지지대로 사용되었으며, 고대 가야인의 일상생활에서 중요한 역할을 했다.
- **문화적 의미**: 다라국의 그릇 받침은 당시의 음식 문화와 식생활을 이해하는 데 기여하며, 가야 시대의 상업과 교류를 반영하는 중요한 유물이다.

■ 고성 새 무늬 청동기

고성 새 무늬 청동기는 한국 청동기 시대의 대표적인 유물 중 하나로, 새를 모티프로 한 독특한 디자인이 특징이다. 이와 유사하게 히타이트의 그리핀 독수리상도 중요한 상징성을 지니고 있으며, 각각의 문화에서 중요한 의미를 갖는다.

- **형상**: 두 유물 모두 새를 형상화하고 있으며, 이로 인해 자연과 신성한 힘을 연결짓는 역할을 한다. 그리핀 독수리상은 일반적으로 독수리의 몸체에 사자의 머리를 갖추고 있어 두 동물의 특성을 결합한 형태를 띤다.
- **상징성**: 고성의 새 무늬 청동기는 주로 제사와 관련된 의식에서 사용되었으며, 자연의 힘과 조화를 이루려는 고대인의 신앙을 반영한다. 반면, 히타이트의 그리핀 독수리상은 권력과 위엄을 상징하며, 신성한 존재와의 연결을 나타낸다.
- **문화적 배경**: 두 유물은 각각 한국과 히타이트라는 서로 다른 문화에서 유래하였지만, 고대 사회에서 자연을 존중하고 신앙을 표현하는 공통적인 흐름을 공유하고 있다. 이는 고대인들이 동물 형상을 통해 자신들의 신념과 가치를 표현하려 했음을 보여준다.

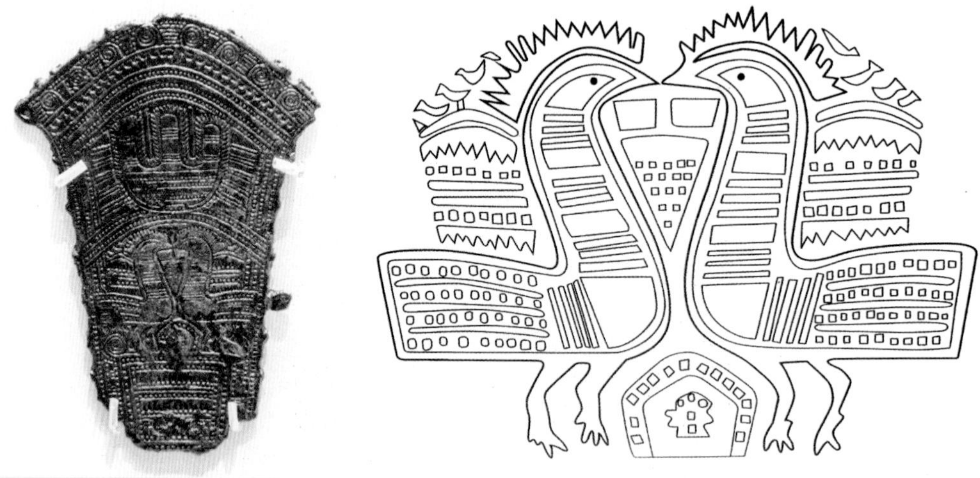

▬ 합천 가야 다라국 봉황문양고리자루 철제검

고대 가야의 뛰어난 금속 제작 기술과 독특한 문화적 상징성을 보여주는 중요한 유물이다.

- **형태**: 고리자루 철제검은 검의 자루 부분에 봉황 모양의 장식이 있는 형태로, 봉황은 전통적으로 권력과 신성함을 상징하는 동물이다. 이는 검이 단순한 무기를 넘어, 상징적인 의미를 지니고 있음을 나타낸다.
- **재료와 제작 기술**: 철제검은 강철로 제작되어 내구성이 뛰어나며, 세밀한 조각 기술이 적용되어 봉황 문양이 아름답게 표현되어 있다. 이는 고대 가야의 금속 가공 기술이 상당히 발전했음을 보여준다.
- **문화적 의미**: 봉황 문양은 고대 사회에서 권위와 신성성을 상징하며, 이 검은 주로 전사나 귀족의 소유물로 사용되었을 가능성이 높다. 검은 전투에서의 무기로서 뿐만 아니라, 의식이나 제례에서 중요한 역할을 했을 것으로 추정된다.
- **역사적 가치**: 이 유물은 가야 시대의 군사적, 사회적 구조와 신앙을 이해하는 데 중요한 단서를 제공하며, 당시 사람들의 삶과 가치관을 엿볼 수 있는 귀중한 자료로 평가 받고 있다.

▬ 김해 금관가야 돌덧널무덤 토기 항아리와 철제 부장품

토기 항아리와 철제 부장품은 고대 가야의 독특한 장례 문화를 보여준다. 토기 항아리는 주로 식량 저장이나 제사 용도로 사용되었으며, 철제 부장품은 고대 귀족의 지위와 권력을 상징한다. 이 유물들은 가야 시대의 생활상과 신앙을 이해하는 데 중요한 역할을 한다.

▬ 김해 금관가야 돌덧널무덤 축조 방식

주로 큰 돌을 사용하여 지하에 조성된다. 이 구조는 돌로 된 덧널을 통해 시신을 안전하게 안치하며, 주변에 흙과 돌을 덮어 보호한다. 이러한 축조 방식은 고대인의 장례 문화와 사회적 지위를 반영하며, 무덤 내부에는 다양한 부장품이 함께 배치되어 사후 세계에 대한 신앙을 나타낸다.

▬ 김해 금관가야 철제 생산 용광로 작업

김해 금관가야의 철제 생산 용광로 작업은 당시 기술력과 경제적 힘을 상징하는 중요한 현장이었다. 불꽃이 타오르는 용광로 앞에서 숙련된 장인들이 철광석을 녹여 무기와 농기구를 제작했다. 이 작업은 가야의 철기 문화를 이끌었으며, 금관가야가 주변 세력들과 교류하고 상업적 번영을 이루는 데 중요한 역할을 했다. 철을 다루는 기술은 가야의 군사적 우위를 뒷받침했고, 이러한 용광로 작업 현장은 가야 문명의 강력한 경제 기반과 그들의 첨단 기술력을 상징하는 중심지였다.

■ 김해 금관가야 토기 생산 가마 작업

토기 가마는 점토를 가공하여 만든 도자기를 구워내는 데 사용되었다. 이 가마는 대개 두 개의 챔버로 구성되어 있으며, 온도 조절이 용이해 고온에서 질 좋은 토기를 생산할 수 있었다. 다양한 형태와 문양이 특징인 토기는 주로 일상 용기나 제사용으로 사용되었다. 김해 금관가야의 토기 생산 가마는 고대 가야의 문화 발전에 중요한 역할을 하였으며, 당시 사람들의 기술적 역량과 예술적 감각을 드러내는 귀중한 유물로 평가 받고 있다.

▎성산 대가야 철제와 토기 생산 작업장

■ 김해 금관가야 병사의 철제 투구와 목 가리개

병사의 철제 투구와 목 가리개는 고대 전사의 용기와 헌신을 강렬하게 상징하는 유물이다. 이 투구는 전투에서 필수적인 방어구로, 전사의 얼굴을 지켜주며 강인함과 결단력을 드러낸다. 매끄러운 철의 표면은 빛을 받아 반짝이며, 전투의 긴박함 속에서도 전사의 정신을 고양시킨다. 목 가리개는 단순히 부상을 방지하는 실용적인 장비일 뿐만 아니라, 전사로서의 자부심과 충성을 상징하는 중요한 요소다.

이 두 유물은 전투의 긴장감 속에서도 고대 가야의 영웅적 정신을 잃지 않으려는 병사의 의지를 상기시킨다. 그들은 고난 속에서도 조국을 지키기 위해 싸웠으며, 자신의 생명을 아끼지 않았다. 그들의 희생과 결단은 오늘날까지 이어지는 가야의 위대한 역사로 기록된다.

이러한 유물들은 단순한 방어구를 넘어, 가야인의 혼과 정신을 간직한 소중한 유산이다. 병사들의 이야기는 현대인들에게도 강한 감동을 주며, 그들이 남긴 역사적 유산은 오늘날까지도 많은 이들에게 영감을 주고 있다.

▎김해 금관 가야 병사의 철제 투구와 목 가리개

▎김해 금관가야 병사의 철제 투구

■ 김해 금관 말 얼굴 철제 가리개

말 얼굴 철제 가리개는 고대 가야의 뛰어난 금속 제작 기술과 독특한 문화적 상징성을 보여주는 중요한 유물이다. 이 가리개는 말의 얼굴을 보호하는 기능을 하며, 전투나 행렬 시에 사용되었을 것으로 추정된다. 정교하게 조각된 가리개의 디테일은 당시의 금속 가공 기술을 반영하며, 말의 위엄을 강조한다.

가리개에 새겨진 문양은 가야인의 신앙과 자연에 대한 존경을 나타내며, 말은 고대 사회에서 중요한 존재로 여겨졌다. 이 유물은 단순한 방어구 이상의 의미를 지니며, 가야의 전통과 귀족 문화의 상징으로 기능했다. 말과 함께 행진하던 전사들은 그들의 힘과 용기를 상징하며, 고대 가야의 전투 의식을 뒷받침하는 요소가 되었다.

김해 금관가야의 말 얼굴 철제 가리개는 고대인들의 삶과 신념을 이해하는 데 중요한 단서를 제공하며, 현재에도 많은 이들에게 깊은 감동을 주는 역사적 유산이다.

▬ 김해 금관가야 병사의 철제 갑옷

병사의 철제 갑옷은 고대 가야의 군사적 기술과 전쟁 문화를 보여주는 중요한 유물이다. 이 갑옷은 강철로 제작되어 전사들을 외부 공격으로부터 보호하며, 전투에서의 생존 가능성을 높이는 역할을 했다. 독특한 디자인과 정교한 제작 기술이 돋보이며, 각 부분은 철저하게 다듬어져 전투 시의 민첩성을 고려했다.

갑옷의 내부 구조는 착용자의 편안함을 위해 설계되어 있으며, 전투의 긴박한 상황에서도 효율적인 움직임을 가능하게 했다. 또한, 갑옷의 외부에는 가야의 상징적인 문양이나 장식이 새겨져 있어, 단순한 방어구를 넘어 전사의 자부심과 소속감을 표현하고 있다.

이 갑옷은 전사로서의 정체성을 상징하며, 가야의 군사력과 전투 정신을 고스란히 담고 있다. 고대 가야의 병사들은 이 갑옷을 입고 조국을 지키기 위해 싸웠으며, 그들의 희생과 용기는 오늘날에도 많은 이들에게 깊은 감동을 준다. 김해 금관가야의 철제 갑옷은 단순한 전투 장비 이상의 의미를 지니며, 가야인의 역사와 문화에 대한 소중한 기록으로 남아 있다.

▬ 김해 금관 가야 병사의 철제 장검

고대 가야의 군사적 역량과 기술적 발전을 보여주는 귀중한 유물로, 가야인의 강한 전투 정신과 역사의 한 장면을 생생히 증언하는 소중한 유산이다.

병사의 철제 장검은 가야 시대의 뛰어난 무기 제작 기술과 전사의 용맹을 상징하는 중요한 유물이다. 이 장검은 전투에서 적을 제압하기 위한 주력 무기로, 길고 날카로운 검신이 특징이다. 검은 단단한 철로 제작되어 내구성이 뛰어나며, 세밀한 손잡이 디자인과 균형 잡힌 무게로 전사의 효율적인 사용을 가능하게 했다.

철제 장검은 단순한 무기를 넘어, 병사의 용기와 전사의 명예를 상징했다. 검의 표면에는 가야의 상징적 문양이나 장식이 새겨져 있어, 전사의 신분과 자부심을 표현하는 역할도 했다. 이 장검은 가야 병사들이 전투에서 생명을 걸고 싸우며 조국을 지키는 데 중요한 역할을 했으며, 그들의 희생과 용기를 고스란히 담고 있다.

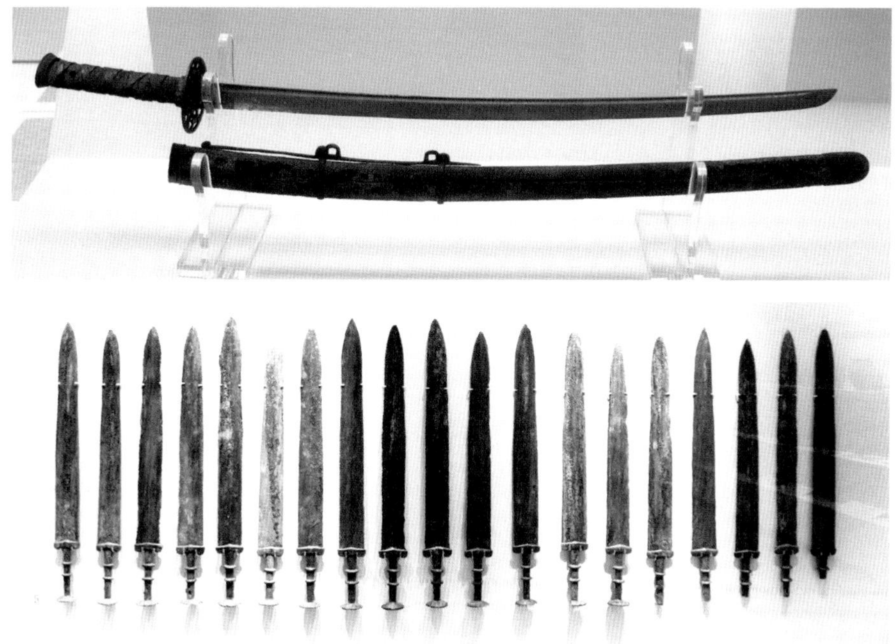

Ⅰ 김해 금관 가야 병사의 철제 장검

■ 김해 금관가야 병사의 철제 화살촉과 창날검

철제 화살촉과 창날검은 고대 가야의 무기 제작 기술과 전투 전략을 보여주는 중요한 유물이다. 철제 화살촉은 주로 원거리에서 적을 공격하는 데 사용되었으며, 날카롭고 견고해 높은 정확도를 자랑했다. 창날검은 근접 전투에서 적을 제압하는 무기로, 길고 뾰족한 날이 특징이다. 이 두 무기는 가야 병사들의 전투력을 강화하는 중요한 역할을 했으며, 당시의 뛰어난 금속 가공 기술과 전사의 용맹을 상징하는 귀중한 유산이다.

▬ 김해 금관가야 철 장식품

고대 가야인의 정교한 금속 가공 기술과 미적 감각을 보여주는 중요한 유물이다. 철을 이용해 제작된 이 장식품들은 주로 벨트, 무기, 말 장비 등에 부착되어 전사의 지위와 권위를 나타내는 역할을 했다. 철 장식품에는 섬세한 문양과 상징적 의미가 담겨 있어, 단순한 장식 이상의 의미를 지니고 있었다. 이 유물들은 가야 사회의 예술성과 기술력을 엿볼 수 있는 소중한 증거로, 가야인의 문화와 생활을 이해하는 데 중요한 단서를 제공한다.

▬ 덩이쇠

덩이쇠는 당시 사람들의 경제적, 사회적, 문화적 생활에 중대한 영향을 미친 핵심 요소였다. 덩이쇠는 철기 제작의 중요한 원재료로, 평균 길이 48.4㎝, 두께 0.3㎝의 얇고 길쭉한 형태를 가지고 있다. 이 덩이쇠는 가공이 용이하여 다양한 철기류, 즉 농기구와 무기 등을 제작할 수 있다. 또한, 교역 시 화폐로 사용되기도 하여 소유자의 부와 권력을 나타내는 지표가 된다.

- **원재료 제공**: 다양한 철기류 제작에 사용됨.
- **가공의 용이성**: 쉽게 가공 가능하여 생산성을 높임.
- **기술 발전 촉진**: 철기 제조 기술의 발전을 이끌어냄.
- **경제적 가치 증대**: 생산된 제품들이 상업적 가치를 높여 지역 경제에 기여.

▬ 가야 철공 작업장

고대 가야 사회의 경제적, 군사적 중심지로 중요한 역할을 했다. 이 작업장에서는 철광석을 채굴하여 용광로에서 높은 온도로 녹인 뒤 다양한 도구, 무기, 장식품 등을 제작했다. 특히 가야는 철제 무기 제작에 뛰어난 기술을 보유하고 있어, 철제 장검, 창, 화살촉 등 고도의 전투 장비를 생산했다. 이러한 철기 제작 기술은 가야의 군사력을 뒷받침하고 주변 국가와의 무역에서도 큰 이점을 제공했다.

작업장은 주로 산지나 철광석이 풍부한 지역에 위치했으며, 수많은 숙련된 장인들이 철을 단련하고 가공하는 데 중요한 역할을 했다. 철공 작업은 가야의 금속 문화와 경제적 번영을 이끈 핵심 산업으로, 이를 통해 가야는 동아시아 철기 문명 발전에 중요한 기여를 했다.

■ 일본 규슈 요시노가리 청동기 유적 전시장의 각종 토기

다양한 형태의 토기가 전시되어, 당시의 생활과 문화를 엿볼 수 있다. 이 토기들은 주로 일상 생활 용품으로 사용되었으며, 크기와 용도에 따라 다양한 형태로 제작되었다. 특히 저장용 항아리, 음식 조리용 그릇, 의례용 토기 등이 눈에 띄며, 정교한 문양과 실용성이 조화를 이룬다. 이 유물들은 요시노가리 사람들이 농경 사회에서 어떻게 생활했는지를 보여주는 중요한 자료로 평가받고 있다.

일본 규슈 요시노가리 유적 신전에서 신녀가 청동거울을 향해 굽다리접시에 벼곡식을 바치고 기도하는 장면

▬ 일본 규슈 요시노가리 유적의 신전

신녀가 청동거울을 향해 굽다리접시에 벼 곡식을 바치며 기도하는 장면이 묘사된다. 이 의식은 풍요와 수확을 기원하는 종교적 행사로, 청동거울은 신성한 존재와 소통하는 상징적 도구로 사용되었다. 신녀가 바친 벼 곡식은 자연의 순환과 풍요를 상징하며, 당시 요시노가리 사회에서 곡식이 중요한 생명과 기원의 대상이었음을 보여준다.

Ⅰ 일본 규슈 요시노가리 유적 왕실에서 신하들이 굽다리접시에 식사장면

▬ 일본 규슈 요시노가리 유적의 왕실

신하들이 굽다리접시에 담긴 음식을 먹으며 식사를 하는 장면이 재현된다. 이 장면은 왕실 의례나 연회에서 신하들이 왕과 함께 음식을 나누는 모습을 보여준다. 굽다리접시는 당시 식생활에서 중요한 식기였으며, 이를 통해 왕실의 위계질서와 신하들의 충성심을 표현했다. 이러한 식사 장면은 요시노가리 사회의 정치적 구조와 문화적 풍습을 엿볼 수 있다.

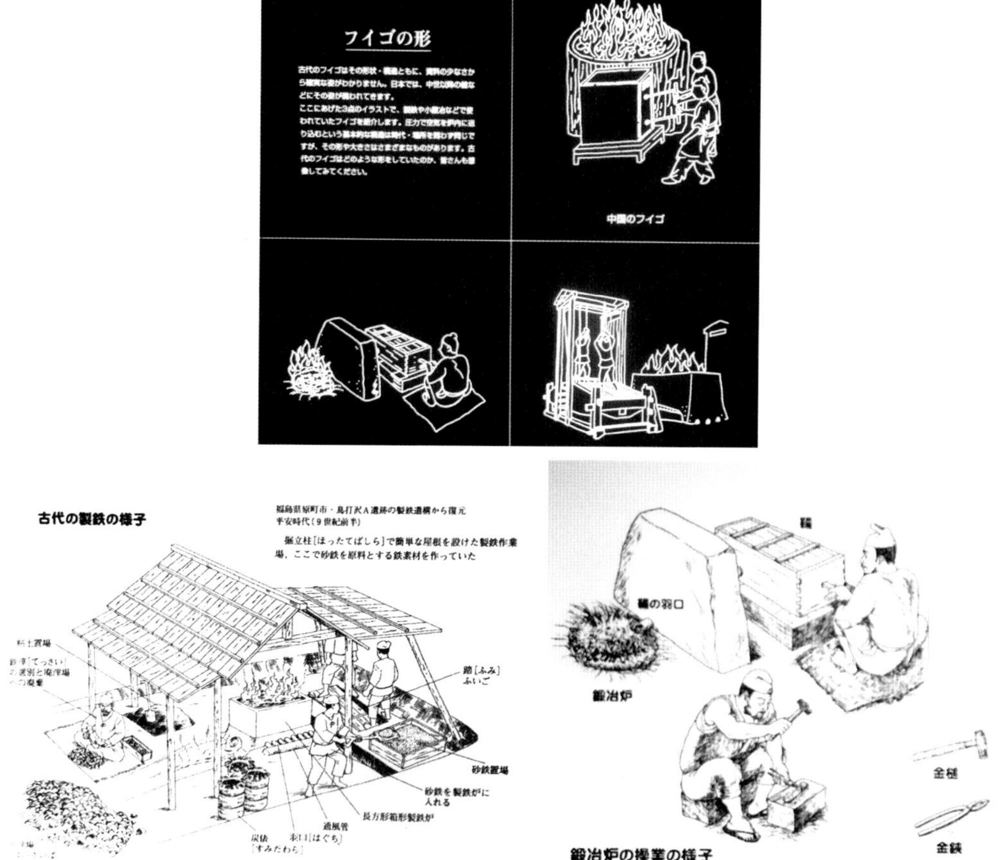

▍일본 규슈 청동기시대 철제 제련 장면

▬ 일본 규슈 청동기시대 철제 제련 기술

제련기술이 발전하면서 철기 사용이 점차 확대되었다. 철광석을 채굴해 용광로에서 높은 온도로 녹인 후, 철을 단련하고 가공하여 무기, 도구, 장식품 등을 제작했다. 이 시기에는 특히 농업 도구와 무기의 제작이 활발했으며, 철제 도구의 사용으로 농업 생산성과 군사력이 크게 향상되었다. 규슈 지역의 철제 제련 기술은 이후 일본 전역으로 확산되며 사회적, 경제적 발전을 이끄는 중요한 역할을 했다.

▬ 히타이트 철제 농기구 / 튀르키예 아나톨리아 알라자휘육 유적

히타이트 시대의 철제 농기구는 튀르키예 아나톨리아의 알라자휘육 유적에서 발견된 중요한 유물로, 한국의 모종삽과 비슷한 형태를 지닌다. 두 농기구 모두 철로 제작되어 내구성과 효율성을 강조하며, 주로 경작과 재배 작업에 사용되었다. 히타이트의 철제 농기구는 쟁기와 함께 농작물의 재배를 위한 필수적인 도구로 자리 잡았고, 한국의 모종삽은 작물의 파종과 이식 과정에서 중요한 역할을 한다.

이 두 도구의 유사한 디자인은 농업 기술이 인류 역사에서 어떻게 발전해왔는지를 보여주는 흥미로운 사례다. 각 문화에서 농업의 필요에 의해 발전한 이들 도구는 서로 다른 시대와 지역에서 농민들의 일상적인 노동을 지원하며, 농업의 발전을 이끄는 중요한 요소로 작용했다. 이러한 유사성은 고대 농업의 보편적인 특성을 강조하며, 인류의 농업적 전통이 지역을 초월해 발전했음을 시사한다.

❙ 히타이트 철제 농기구, 한국 모종삽과 모양이 같다. / 튀르키예 아나톨리아 알리자휘육 유적 전시장

이 농기구들은 주로 철로 제작되어, 농업 생산성을 높이는 데 크게 기여했다. 철제 농기구의 발달은 히타이트 사회의 농업 기술 향상과 경제적 번영을 반영하며, 당시 농민들이 효율적으로 경작을 할 수 있도록 도와주었다.

알라자휘육 유적에서 출토된 농기구에는 쟁기, 괭이, 낫 등이 포함되어 있으며, 이들은 모두 철의 견고함과 내구성을 바탕으로 제작되었다. 이러한 도구들은 땅을 갈고 수확하는 과정에서 농민들의 노동 강도를 줄이고, 농작물의 생산량을 증가시키는 역할을 했다.

히타이트의 철제 농기구는 그 시대의 기술적 성과를 보여주는 중요한 사례로, 아나톨리아 지역의 농업 발전과 사회 구조를 이해하는 데 중요한 단서를 제공한다. 이 유물들은 고대인의 일상생활과 농업에 대한 이해를 넓히는 데 기여하며, 고대 문명의 발전을 나타내는 중요한 증거로 평가 받고 있다.

▬ 금관가야 철제 농기구 / 김해 국립 박물관

망치, 모루, 집게, 덩이쇠, 톱 등은 당시 농업과 철기 제작에서 필수적인 역할을 했다. 이 도구들은 철로 제작되어 견고하고 내구성이 뛰어나며, 농민들이 경작 및 수확을 효율적으로 수행할 수 있도록 돕는다.

망치와 모루는 금속 가공 과정에서 중요한 역할을 하며, 집게는 물체를 잡거나 조작하는 데 사용되었다. 덩이쇠는 다양한 작업에 필요한 기초적인 도구로, 톱은 나무를 자르는 데 사용되어 농업 및 건축에 필수적이었다. 이러한 철제 농기구들은 금관가야 사회의 농업과 기술 수준을 보여주는 중요한 유물로, 고대 가야의 생활 방식과 문화적 특성을 이해하는 데 중요한 단서를 제공한다. 이들 도구는 고대인의 일상생활과 경제 활동을 엿볼 수 있는 귀중한 자료로 평가받고 있다.

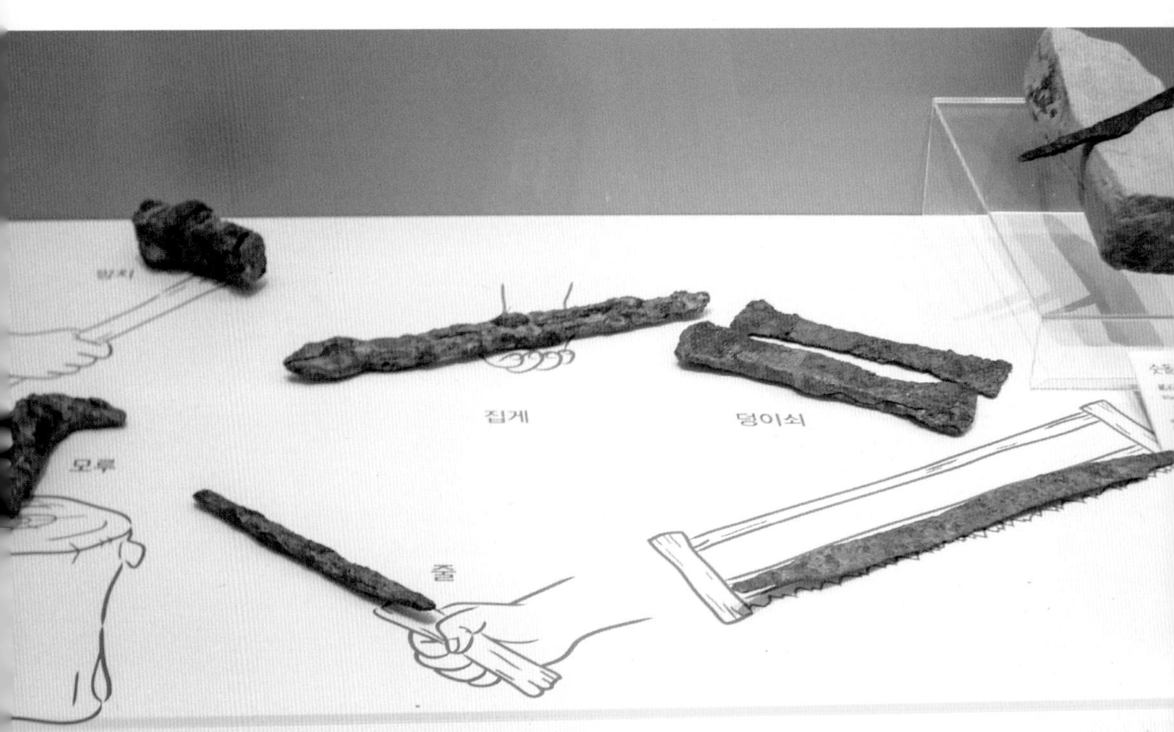

■ 신라 왕릉과 다보탑의 사자상

신라 왕릉에서 발견되는 사자상은 주로 왕릉의 출입구나 주변에 배치되어, 고인의 영혼을 보호하고 악령을 쫓아내는 역할을 했다. 특히 홍덕왕릉과 원성사지왕릉에서 발견된 사자상은 뛰어난 조각 솜씨와 사실적인 표현으로 유명하다. 또한, 경주 불국사의 다보탑에 있는 사자상 역시 신라의 예술적 특징을 잘 보여준다.

히타이트 사자상과 한국 고대 사자상은 상징성, 조각 양식, 배치 위치에서 유사성이 많음을 알 수 있다.

- **상징성**: 두 문화 모두에서 사자상은 보호와 권위의 상징으로 사용되었습니다. 신라의 사자상은 왕릉의 수호자로, 히타이트의 사자상은 왕권을 상징했다.
- **조각 양식**: 두 사자상 모두 사실적인 조각 스타일을 가지고 있으며, 강력하고 위엄 있는 모습을 표현하고 있습니다. 이는 당시 사회의 가치관과 미적감각을 반영한다.
- **배치 위치**: 두 문화에서 사자상은 주로 중요한 건축물의 입구에 배치되어, 그 공간을 보호하는 역할을 했다.

사진출처 : 국가문화유산 포털

▬ 구례 화엄사 삼층석탑의 사자상

용도 및 위치: 화엄사 삼층석탑의 사자상은 탑의 장식 요소로, 주로 탑의 기단에 배치되어 있다. 이들은 탑을 지탱하고, 불교적 의미를 지니며, 불교 신앙과 관련된 역할을 한다.

- **양식**: 화엄사의 사자상은 불교 미술의 영향을 받아, 보다 부드럽고 온화한 표현을 가지고 있다. 종교적 상징성과 함께 장식적인 요소가 강조된다.
- **형태**: 사자상이 일반적으로 좀 더 세련되고, 불교적 상징성을 강조한 디자인으로, 종종 화려한 장식이 포함된다.

사진출처 : 국가문화유산 포털

■ 한국 경복궁 사자상, 히타이트 사자상과 유사한 눈빛 표현

한국 경복궁의 사자상과 히타이트 사자상의 눈빛 표현은 매우 유사한 특징을 지닌다. 두 사자상 모두 강렬하고 위엄 있는 표정으로, 수호의 상징으로서의 역할을 강조한다. 경복궁의 사자상은 전통적인 한국의 미적 감각을 반영하여, 자연스러운 곡선과 세련된 조각으로 이루어져 있다. 반면 히타이트 사자상은 고대 근동의 강렬한 형태미와 사실적인 조각을 특징으로 하며, 눈빛에서 느껴지는 강한 카리스마는 두 문화 간의 깊은 연결을 암시한다.

이러한 유사성은 두 사자상이 각각의 문화에서 수호신 역할을 하며, 권위와 힘을 상징하는 요소로 작용하고 있음을 보여준다. 이들은 각각의 시대와 문화를 초월한 공통된 상징성을 지니며, 강렬한 시각적 표현을 통해 관람객에게 깊은 인상을 남긴다.

히타이트의 사자상

히타이트 사자상은 히타이트 문명에서 중요한 상징적 의미를 가졌다. 왕권을 상징하는 사실적인 조각과 강력한 이미지를 통해 권위를 표현한 것으로, 히타이트의 성곽이나 신전 입구에 배치되어 강력한 보호의 의미를 지니고 있다.

신라 지역에서 발견된 사자상은 그 자체로 신라의 문화적 전통과 신앙을 보여주는 중요한 증거이다. 이러한 유물들은 문헌에서 직접 언급되지 않더라도, 신라의 예술적 맥락을 이해하는 데 큰 기여를 한다.

사자의 형태와 장식적인 요소는 히타이트의 사자상과 유사한 점이 많으며, 이는 두 문화 간의 예술적 전통이 교류했음을 시사한다. 히타이트 제국에서 사자는 힘과 권력을 상징하는 중요한 요소로, 신라에서도 왕권을 나타내는 중요한 조각상으로 여겨졌다. 이러한 상징의 유사성은 두 문화가 서로 연결될 수 있는 가능성을 보여준다.

고대 실크로드를 통한 문화 교류는 동서양의 다양한 문화적 요소가 서로 영향을 주고받는 계기가 되었고, 신라는 이 경로의 일부로서 인근 국가들과 활발한 교류를 이어갔다. 이처럼 사자상은 각 문화에서 수호신으로서 권위와 힘을 상징하는 요소로 작용하며, 시대와 문화를 초월한 공통된 상징성을 지니고 있다.

히타이트 사자상은 그들의 문명에서 중요한 상징적 의미를 가지며, 사실적인 조각과 강력한 이미지를 통해 권위를 표현한다. 이들은 성곽이나 신전 입구에 배치되어 강력한 보호의 의미를 지니고 있으며, 관람객에게 깊은 인상을 남긴다.

결국, 사자는 단순한 조각 이상의 존재로, 각각의 문화에서 강렬한 시각적 표현과 함께 감동적이고 서사적인 이야기를 전달한다. 이처럼 사자상은 단순한 예술작품을 넘어, 각 문화의 정체성을 드러내는 중요한 상징으로 자리 잡고 있다.

▬ 지리산 산청 전 구형왕릉 유적

전(傳) 가야 10대왕 전 구형왕(김유신 증조부)은 법흥왕에게 영토를 넘겨줌

❙ 지리산 신청 전 구형왕릉의 사자상과 히타이트 수도 하투샤 라이언 게이트

지리산 산청의 가야 구형왕릉의 사자상과 코카서스 3국 조지아 사자상, 사자 앉은 모습이 똑같다.

흥덕왕릉 사자상

히타이트 카르카므쉬 갈케미쉬 동상
길가메쉬의 영웅 동상에서 영감을 받은
Caroline Florimont의 그림

■ 신라의 사자상과 히타이트의 사자상

사자는 한반도에 살지도 않았는데, 신라의 왕릉에는 사자상이 많다. 성덕왕릉, 원성왕릉, 홍덕왕릉 외 사자상은 메소포타미아와 히타이트 왕궁을 지키는 수호신이었다. 사자상은 유라시아 초원의 길을 따라 흑룡강 고조선 부여에 도달하여 한반도 남부 신라와 가야로 청동기 문명과 함께 내려온 것 같다. 가야고분 기마 관련 청동기 유물들은 고조선 부여의 청동기 유물과 흡사하다. 부여의 청동기 문화는 메소포타미아와 히타이트 청동기 문화에서 전달된 듯하다. 매장묘제와 토기 및 청동유물이 서로 유사하다. 한민족은 인류 최초의 문명의 수메르인들의 후손일 수도 있다. 교착어 언어와 묘제, 의례 토기, 청동기까지 유사하다. 메소포타미아와 히타이트 왕성을 지키는 사자조각상 얼굴 세부 조각은 우리나라 사자상과 눈빛 및 얼굴 형상이 거의 비슷하다.

신라 왕릉에서 발견되는 사자상은 주로 왕릉의 출입구나 주변에 배치되어, 고인의 영혼을 보호하고 악령을 쫓아내는 역할을 했다. 특히 홍덕왕릉과 원성사지왕릉에서 발견된 사자상은 뛰어난 조각 솜씨와 사실적인 표현으로 유명하다. 또한, 경주 불국사의 다보탑에 있는 사자상 역시 신라의 예술적 특징을 잘 보여준다.

히타이트 사자상과 한국 고대 사자상은 상징성, 조각 양식, 배치 위치에서 유사성이 많음을 알 수 있다.

- **상징성**: 두 문화 모두에서 사자상은 보호와 권위의 상징으로 사용되었다. 신라의 사자상은 왕릉의 수호자로, 히타이트의 사자상은 왕권을 상징했다.
- **조각 양식**: 두 사자상 모두 사실적인 조각 스타일을 가지고 있으며, 강력하고 위엄 있는 모습을 표현하고 있다. 이는 당시 사회의 가치관과 미적감각을 반영한다.
- **배치 위치**: 두 문화에서 사자상은 주로 중요한 건축물의 입구에 배치되어, 그 공간을 보호하는 역할을 했다.

중근동의 사자상은 유라시아 스텝을 통해 동아시아로 전해진 것 같다.

사진출처: 국가문화유산 포털

❙ 장항사지 오층석탑 기단 사자상

❙ 동궁과 월지 향로 사자상

❙ 몽골 울란바토루 인근 초원의 사자상

❙ 분황사 모전석탑 사자상

5. 페니키아 비문이 있는 카라테페 요새

우리가 상상할 수 있는 것 이상의 이야기~

아나톨리아 남동부와 시리아 북부의 반토루스 고원지대에는 신비한 유적지가 숨겨져 있다. 이곳은 히타이트 왕국 붕괴 이후 철기 시대의 찬란한 유산을 펼치며 이른바 신히타이트 또는 후기 히타이트의 고대 문명이 번성했던 곳이다. 카르케므쉬, 아슬란테페, 마르가시, 쿠무, 사카고 주, 아자티와타야, 사말, 텔 티나트 등 모두 그 자체로 흥미로운 이야기를 담고 있다.

이 유적지들은 루위어 문자와 부조 오르토스타트와 같은 상형문자로 장식된 벽으로 독특한 특징을 자랑한다. 오늘날 이 유적지에서 발견된 다채로운 석조 블록들이 관람객을 기다리고 있으며, 이스탄불 고고학 박물관과 앙카라의 아나톨리아 문명 박물관에서 그 역사적 가치를 입증하고 있다. 특히 아자티와타야 유적은 모든 유적이 원형 그대로 보존되어 있어 그 자체로 시간 여행을 가능하게 한다.

이 책은 독자들에게 카리테페(카라테페-튀르키예어, 아자티와타야-히타이트어)의 부조를 중심으로 안내하며, 그들의 흥미로운 이야기와 함께 고대 문명에 대한 호기심을 자극한다. 과거의 불꽃이 오늘날에도 여전히 빛나고 있다는 사실을 알게 될 것이다. 이 유적지는 20세기 중반학자 할렛 참벨(Halet Cambel)과 헬무트 테오도르 보서트(Helmuth T Bossert) 교수가 고대 경로를 추적하던 중 발견했다. 우리는 이 귀중한 유산을 그들의 발자취에 감사하며 탐험할 수 있다.

야즐르카야를 방문하는 것은 단순한 여행이 아니다. 소나무 숲의 상쾌한 공기 속에서 고대의 숨결을 느끼고 시간의 흐름 속에서 잊혀진 이야기를 찾는 것이다. 이곳은 단순한 폐허가 아니라, 과거와 현재가 조화를 이루는 특별한 공간이다. 해질녘 지평선 아래로 해가 사라지면 그곳의 풍경이 장관을 이룬다. 이 모든 것이 마음속으로 호기심과 기대감을 불러일으킬 것이다.

책의 정보는 할렛 참벨의 연구를 바탕으로 하며, 비문의 필사본과 번역본은 존 D. 호킨스(John D Hawkins)의 손을 통해 어느 정도 자유롭게 재구성되었다. 고대 이름의 표기법에는 그리스어와 라틴어 형식의 일관성이 고려되지 않았지만, 이 책은 아자티와타야 부조의 역사적 맥락을 이해하는 데 도움이 될 것이다.

1190년대 하투샤의 몰락은 히타이트 왕국의 오랜 역사를 종식시켰다. 그 이후 아나톨리아 남동부와 시리아 북부의 도시들은 흥미진진한 정치적, 문화적 사건의 중심지가 되었으며 역사적 흔적은 고스란히 남아 있다. 그 과정에서 고대 국가들의 격변은 우리가 상상할 수 있는 것 이상의 이야기로 가득 차 있다.

이 책은 독자들이 과거의 미스터리를 경험할 수 있도록 이야기를 들려줄 것이다. 아자티와타야의 부조 속에 숨겨진 비밀을 함께 탐구하면서 그 당시의 영광과 슬픔을 느껴보세요. 고대 문명의 잔재에서 오늘날의 우리와 관련된 연결고리를 찾아보시기 바란다.

카라테페 요새로 가는 길의 한국 튀르키예 우정의 숲

카라테페 요새는 고대의 방어 시설로, 이 지역의 역사와 문화를 깊이 이해할 수 있는 기회를 제공한다. 숲 속의 아름다운 자연 경관과 함께 역사적인 장소를 연결하는 경로 역할을 한다. 요새의 유적을 탐방하며, 방문객들은 과거와 현재가 만나는 특별한 경험을 하게 된다.

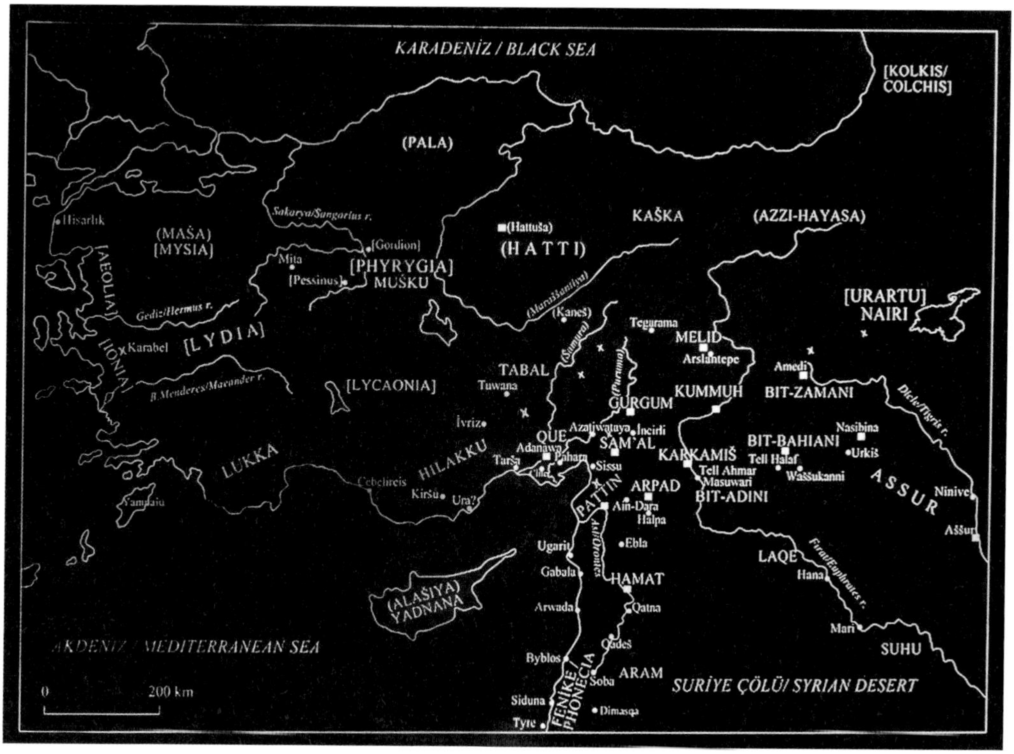

❙ 카라테페 지도

카라테페 요새 앞 강가 풍경

카라테페 요새 앞의 강가는 평화로운 목가적 풍경으로, 고요한 물과 풍부한 생태계가 조화를 이루고 있다. 울창한 나무와 다양한 식물이 자생하며, 강물은 햇빛에 반짝인다. 역사적인 카라테페 요새가 배경으로 있어 방문객들은 이곳에서 산책이나 휴식을 취하기에 적합한 장소를 제공한다. 해질 무렵의 경치는 특히 아름다우며, 하늘이 다양한 색으로 물드는 모습은 잊지 못할 추억을 선사하게 할 것이다.

▬ 시간 속에 잊힌 고대 요새 도시, 카라테페

카라테페, 그 거대한 벽과 비문들은 여전히 역사를 증언하고 있다. 기원전 8세기, 튀르키예 남중부의 타우루스 산맥 자락에 자리 잡은 이 히타이트 요새 도시는 그 시대의 영광을 간직한 채 우리 앞에 모습을 드러낸다. 1945년, 헬무트 T. 보셋과 할렛 캄벨이 이곳을 발굴했을 때, 그들은 단순한 유적을 발견한 것이 아니었다. 그들은 시간의 벽을 넘어, 과거로 가는 문을 연 것이었다.

카라테페의 요새는 단순한 방어 구조물에 그치지 않았다. 다각형의 요새 벽은 마치 히타이트의 장인들이 하나하나 정성 들여 쌓아 올린 힘과 지혜의 상징처럼 우뚝 서 있었다. 이곳에는 거대한 상하 게이트가 존재했고, 그 문들을 지나며 마주한 게이트 챔버는 놀라움을 자아내는 오르토스타트로 장식되어 있었다. 바닥을 따라 늘어선 이 조각된 석판들은 단순한 장식이 아니었다. 그것들은 아시리아와 이집트-페니키아 문화의 영향을 받으며, 서로 다른 문명들이 이곳에서 맞닿았다는 것을 보여주었다.

그러나 카라테페의 진정한 가치는 그 벽에 새겨진 비문들에 있었다. 발굴 당시, 긴 페니키아 문자가 발견되었을 때 고고학자들은 숨을 멈췄다. 이 도시는 단순한 요새가 아니라, 언어와 문명의 교차점이었던 것이다. 더 놀라운 것은, 이 비문들이 페니키아 문자와 루위안 상형 문자로 동시에 기록되었다는 사실이었다. 이는 두 언어를 비교할 수 있는 귀중한 자료였고, 고고학자들은 이 발견을 통해 상형 문자 루위안 문자의 비밀을 풀어낼 실마리를 잡게 되었다.

이 도시의 창시자이자 통치자인 다누니족의 왕 아시타완다스는 카라테페를 건설하며 자신의 이름을 역사에 남겼다. 그는 아다나의 아와리쿠스의 가신으로, “모프수스”라는 이름을 전해왔다. 그리스 전설에 따르면, 모프수스는 이오니아 출신의 이민자이자 인근 킬리키아 모프수에스티아, 즉 오늘날의 미시스를 창시한 인물로 알려져 있다. 그 이름은 단순한 전설이 아닌, 이 지역의 역사와 깊게 연결된 상징이었다.

그러나 카라테페의 운명은 아시타완다스의 손에만 달려 있지 않았다. 기원전 700년경,

▎카라테페 요새 앞 강가 풍경

아시리아의 침략으로 이 지역의 마지막 남은 공국들이 하나둘씩 무너져 갔고, 결국 이 도시도 파괴되고 말았다. 아시리아의 군대가 이 요새의 벽을 무너뜨리며 지나갔을 때, 카라테페는 폐허로 변했지만, 그 비문들은 여전히 남아 고대의 이야기를 전하고 있다.

오늘날 카라테페는 잃어버린 도시의 이미지로 남아 있지만, 그 돌과 비문들은 단순한 유물 이상이다. 그것들은 시간의 흐름 속에서도 불멸의 이야기를 전하는 매개체다. 이곳에서 발견된 비문들은 고대 언어와 문자의 해석에 대한 중요한 열쇠가 되었고, 세계는 카라테페를 통해 고대 문명의 지혜와 교류를 새롭게 이해하게 되었다.

카라테페는 잃어버린 과거를 상징하며, 오늘날에도 여전히 사람들에게 영감을 준다. 이 도시는 히타이트의 마지막 숨결을 담고 있고, 그 벽을 지나간 사람들의 이야기를 속삭인다.

■ 후기 히타이트 문명의 숨결을 간직한 카라테페

카라테페, 이 고대 요새는 튀르키예의 오스마니예 지방 카디를리 지역에 자리한 후기 히타이트 문명의 숨결을 간직한 곳이다. 1946년, 평범한 지역 교사였던 에롤 쿠슈추의 제보로 헬무트 보셋과 할렛 찜벨이라는 두 고고학자가 이 땅의 감춰진 역사를 발견하게 된다. 그곳에는 단순한 유물이 아니라, 천 년을 넘어 우리에게 속삭이는 고대 문명의 목소리가 기다리고 있었다.

카라테페 요새는 고대의 거대한 성벽과 기념비적인 T자 모양의 관문으로 그 위용을 자랑한다. 서쪽으로 남부 평야와 중부 아나톨리아 고원을 연결하는 캐러밴 길을 지키고, 동쪽

▌카라테페 요새 성벽, 고조선 고구려 성벽 치 구소가 보인다.

으로는 세이한 강—고대에는 피라모스 강이라 불렸던—을 지키며 그 요새는 마치 이 지역의 수호자처럼 서 있었다. 이곳의 관문은 단순한 출입구가 아니었다. 요새를 넘어선 신성한 공간으로 이어지는 통로였다. 현무암으로 만들어진 이중 잎의 나무 문이 지키던 성채로 향하는 입구는 오른쪽과 왼쪽에 방을 둔 신성한 공간이었다. 그 안에 서 있는 거대한 폭풍의 신상이 힘차게 서 있었고, 이는 고대 사람들의 신앙과 영혼이 담긴 상징적 존재였다.

성채의 벽은 단순한 돌이 아니었다. 그 벽면에는 사자와 스핑크스, 그리고 고대인들의 일상과 신화를 담은 부조들이 조각되어 있었다. 현무암 기둥에는 수많은 이야기가 새겨져 있었다. 그 중에서도 가장 놀라운 것은 페니키아어와 상형 문자 루위안으로 된 이중 언어 텍스트였다. 이 텍스트는 고대 언어 해독의 중요한 열쇠가 되었다. 벽과 기둥에 새겨진 비문들은 그곳에 살던 사람들의 삶과 꿈, 그리고 그들이 맞이한 운명을 생생하게 전하고 있었다.

카라테페의 창건자는 아자티와다라는 인물로, 그는 요새에 자신의 이름을 붙여 '아자티와다야'라 불렀다. 그는 단순한 인물이 아니었다. 그는 신히타이트 왕국 히야와의 중요한 인물로서, 아다나의 왕 와리카의 부하였다. 아자티와다는 자신이 이곳을 세운 위대한 창건자로 역사에 남아 있지만, 그의 진정한 위대함은 이곳을 단순한 요새가 아닌, 영원한 유산으로 남겼다는 데 있다.

요새는 기원전 8세기의 마지막 해에 번영했으나, 그 번영은 아시리아의 힘 앞에서 끝을 맞이했다. 결국 이 지역은 아시리아의 속국이 되었고, 그들의 통치 아래에서도 카라테페는 잊히지 않았다. 이 비문은 아시리아 왕 에사르하돈의 통치 기간까지 이어지며, 카라테페의 이야기는 이후에도 오랫동안 전해졌다.

오늘날 카라테페는 단순한 고대 유적지가 아니다. 그것은 잃어버린 문명의 목소리, 시간을 넘어 우리에게 전해지는 이야기다. 이 요새는 야외 박물관으로 변모했고, UNESCO 세계 유산 잠정목록에 등재되어 그 영광을 되찾았다. 이곳에 서면, 마치 과거의 사람들이 이 땅을 지키며 살았던 그 순간을 느낄 수 있다.

나는 태양신의 사람, 아다나와의 평화를 수호하는 아자티와다스다

아자티와다스가 말한다. (루위안 비문 번역; A. Payne, 2012)

"나는 태양신의 사람, 아다나와의 평화를 수호하는 아자티와다스다. 타르훈자스, 위대한 폭풍신께서 나를 선택하셨고, 나는 그분의 종으로서 아다나와의 아버지이자 어머니가 되었다. 내 손길이 닿는 곳마다 번영과 평화가 깃들었으며, 아다나와의 평원은 더 넓고, 더 풍요로워졌다. 나는 서쪽으로, 동쪽으로 나아갔고, 그 길 위에 아다나와의 이름을 남겼다. 내 시대에, 말이 말을 타고, 방패가 방패를 이루었으며, 나는 풍요의 신과 전쟁의 신들에 의지하여 아다나와를 안전하고 부유하게 만들었다."

아자티와다스의 통치는 단순한 확장이 아니었다. 그는 교만한 자들을 짓밟고, 땅 속 깊이 숨어 있던 사악함을 몰아냈다. 타락과 혼돈이 그를 막을 수 없었다. 그가 내린 정의는 그의 주인을 섬기고, 그 집안을 더욱 강하게 만들었다. 왕들은 아자티와다스의 지혜를 존경했고, 그를 아버지라 불렀다. 그의 이름은 왕국 전체에 울려 퍼졌고, 그가 세운 질서는 모든 사람들에게 평화를 주었다.

그러나 그가 이룬 업적 중에서도 가장 위대한 것은 강력한 요새를 세운 것이었다. 아다나와 국경에서, 오랫동안 두려워하던 땅에서 그는 요새를 건설했다. 그곳은 악한 자들이 횡행하던 곳이었고, 그 전의 왕들은 감히 도전하지 못했던 지역이었다. 그러나 아자티와다스는 용맹하게 그 땅을 정복하고, 그곳에 아다나와의 백성을 정착시켰다. 그리하여 그 지역은 이제 두려움이 아닌, 평화와 번영의 상징이 되었다.

아자티와다스는 이 요새를 '아자티와다야'라 이름 붙였다. 그것은 단순한 요새가 아니라, 그의 이름과 위업을 영원히 기리는 기념비였다. 타르훈자스의 인도로 이 요새는 지어졌고, 그곳에 신들이 깃들었다. 강가의 모든 사람들이 타르훈자스에게 경의를 표했고, 소와 양, 포도주를 바쳤다. 그들은 그에게 복을 빌었고, 아자티와다스에게 긴 생명과 왕들 위에서는 영광을 기원했다.

하지만, 경고가 있다. 만약 누군가 이 요새의 문에서 아자티와다스의 이름을 지우려 하거나, 그가 세운 문을 자신의 것으로 만들려 한다면, 천상의 타르훈자스와 태양신, 에아와 모든 신들이 그 사람과 그의 왕국을 말살할 것이다. 그 이름은 영원히 지워질 것이며, 기억 속에서조차 잊혀질 것이다.

아자티와다스의 이름은 달과 태양이 서 있는 한 영원히 빛날 것이다.

카라테페 요새 성벽
고조선 고구려 성벽의 치와 유사하다. 두 성벽 모두 고대 방어 구조로서의 기능을 가지고 있다.

카라테페 요새 모형도
전략적으로 중요한 위치에 세워져 있으며, 주로 방어 목적을 위해 건축되었다.

카라테페 요새

- **성벽**: 카라테페 요새의 성벽은 두꺼운 돌로 만들어져 있으며, 방어에 최적화된 구조를 가지고 있다. 성벽은 고조선 고구려 성벽과 유사한 점이 많아 역사적, 문화적 연구에 흥미로운 사례가 된다.
- **조각과 부조**: 요새 내부에는 히타이트 신화와 관련된 부조들이 장식되어 있다. 이들 조각은 히타이트 문화와 종교적 신념을 엿볼 수 있는 중요한 자료로 여겨진다.
- **자연 환경**: 요새는 주변의 자연과 조화를 이루고 있으며, 인근 강가의 목가적인 풍경이 더해져 방문객들에게 평화로운 느낌을 제공한다.
- **문화유산**: 카라테페는 유네스코 세계문화유산으로 등록되지 않았지만, 그 역사적 가치와 문화적 중요성으로 인해 많은 연구자들과 관광객들이 방문하고 있다.

카라테페 요새 앞 라이언상

라이언상은 히타이트 시대의 중요한 조각으로, 힘과 권위를 상징한다. 이 조각은 정교한 세부 묘사로, 고대 문명의 예술성과 문화적 가치를 드러낸다.

사자상은 웃는 얼굴을 하고 있어 한국의 해태상과 유사한 해학적인 모습이다. 이 조각상은 고대 문화의 상징으로, 지역의 역사적 맥락을 드러내고 있다.

■ 스톰-신 타르훈자스상

히타이트 신화에서 주로 폭풍, 전쟁, 그리고 비의 신으로 알려져 있다. 그의 힘과 신성함, 힘차고 위엄 있는 모습이다. 타르훈자스는 일반적으로 머리에 뿔이 있는 헬멧을 착용하고 있으며, 그의 손에는 번개를 상징하는 도구를 들고 있는 모습으로 묘사된다. 이 조각상은 히타이트 문화의 신앙과 신들에 대한 경의를 잘 보여준다.

하늘과 땅을 잇는 신성한 경계

▬ 스톰-신 타르훈자스 / 바알

폭풍의 신 타르훈자스, 그는 천둥을 두드리고 번개를 휘두르며 하늘을 지배하는 신이었다. 그의 위대한 조각상은 한때 장엄하게 땅 위에 서 있었고, 신성한 영역을 수호하는 듯했다. 1915년, 탐욕에 눈이 먼 자들이 보물이 숨겨져 있을 거라는 헛된 믿음에 휩싸여 타르훈자스의 모습을 박살내버렸다. 거대한 신의 형상은 땅에 흩어졌고, 그의 위대한 기운마저 사라지는 듯했다. 그러나 타르훈자스는 무너지지 않았다. 그의 조각상은 86개의 조각으로 모아져 다시 세워졌고, 천둥소리와 함께 그 위대한 모습이 부활했다.

타르훈자스의 조각상은 우아하게 다듬어진 현무암 블록으로 만들어졌으며, 평범한 오르토스타트 돌과는 비교할 수 없는 장인정신이 깃들어 있었다. 그러나 이 위대한 신의 형상은 사람들에게 오랜 시간 동안 잘못된 인식 속에 있었다. 그의 강력한 모습을 보며 사람들은 그를 사자로 착각했으나, 사실 그는 힘찬 황소의 신이었다. 그의 신성한 위치와 그가 상징하는 힘은 아무도 의심할 수 없었다.

타르훈자스의 머리 조각은 오랜 세월이 흐른 뒤에야 되찾았다. 모자의 일부, 귀, 머리카락만이 남아 있었지만, 그조차도 이 위대한 신을 상징하기에 충분했다. 그의 조각상은 신성한 구역 한가운데에 서 있었고, 그 주위에선 경배자들이 타르훈자스의 힘을 경외했다. 타르훈자스의 상형 문자 루위 텍스트는 그를 폭풍의 신으로, 페니키아 텍스트는 그를 바알로 묘사했다. 이로써 그는 하늘을 주관하는 신, 바람을 일으키고 비를 내리는 힘의 상징으로 자리잡았다.

그의 복장은 마치 왕의 의상처럼 장엄했다. 긴 가운이 어깨에서 엉덩이까지 길게 뻗어 있었고, 지마 주위로는 섬세한 프린지 장식이 달려 있었다. 그의 왼손엔 신성한 물건을 들고 있었을 것이다. 하지만 세월의 흐름은 그의 손에 든 물건마저도 흐릿하게 만들었다. 다만, 오른손은 힘차게 지팡이를 잡고 있었다. 그 지팡이는 마치 신의 권능을 상징하는 듯, 하늘과 땅을 잇는 다리였다.

카라테페 요새 남쪽문의 라이언상

타르훈자스는 단순한 신상이 아니었다. 그는 땅 위에 황소 형상을 타고 앉아 있었고, 그의 힘은 베이스 앞에 선 남성 인물에 의해 표현되었다. 그가 잡은 수레의 고삐나 밧줄은 세상을 다스리는 신의 힘을 상징했다. 모든 힘은 그의 손에 달려 있었고, 그가 휘두르는 번개는 그의 신성을 증명했다.

그러나 이 위대한 신의 상징을 새긴 조각가는 황소 자루에 대해 공간을 잘못 계산했다. 페니키아어 텍스트는 신의 위대함을 기록하고자 했으나, 그 문자는 조각상 주위를 시계방향으로 네 면을 덮었고, 마지막에는 공간이 부족해졌다. 그의 위대한 이야기는 비좁은 공간 안에서 이어졌지만, 그 문자가 담은 메시지는 결코 퇴색하지 않았다.

타르훈자스, 천둥과 번개의 신. 그의 이름과 힘은 이 땅을 지나간 모든 세대에게 전해졌다. 그가 서 있는 자리는 단순한 조각상의 자리가 아니라, 하늘과 땅을 잇는 신성한 경계였다. 그의 이야기는 오랜 세월이 지나도 사라지지 않고, 그를 경배하는 이들의 마음속에 영원히 남아 있을 것이다.

그것은 마치 시간을 잊은 채 그 자리에 서 있는 고대의 입구였다.

▬ 사우스 게이트와 챔버

남쪽 성채 문은 긴 경사로를 따라오면 마주하게 되는 이 문은, 북쪽 문과는 달리 더욱 가파른 지형 위에 지어져 있었다. 그 덕에 많은 부조가 세월과 싸워왔고, 그 흔적은 지금도 선명하게 남아 있다. 과거, 이 남쪽 성문은 두 개의 탑이 있는 거대한 벽으로 둘러싸여 있었고, 이 벽은 요새로 이어지는 중요한 관문을 보호하고 있었다. 그러나 오늘날까지 남아있는 것은 단지 그 옛 영광의 그림자일 뿐이다.

이 문을 지나면, 한때 사자들이 양쪽에서 그 위엄을 드러내고 있었을 것이다. 그 사자 조각들은 이제 조각난 상태지만, 여전히 그들의 위용은 상상할 수 있다. 마치 그들이 요새로 향하는 이들을 지켜보고, 적들에겐 경고를 보내고 있는 듯하다. 사자 뒤에는 부조와 비문이 새겨진 보조 조각들이 이어졌고, 그들은 요새를 지나간 자들의 이야기를 기록했다. 오르토스타트는 튼튼한 받침대 위에 세워져 있었고, 원래는 벽에 완전히 통합되어 있었다. 이 거대한 엔프랑스 통로는 지붕이 없이 탁 트여 있었다. 이 시작 지점에는 돌로 된 문턱이 자리하고 있었고, 그곳에는 한때 두 개의 잎이 있는 문이 서 있었다. 이 문 역시 양옆에 사자 조각상이 자리잡고 있었다.

그 문을 통과하면, 두 개의 방이 모습을 드러낸다. 이 방들은 성문의 다소 고립된 위치에 있었고, 이는 요새가 자리잡은 언덕의 지형에 기인한 것으로 보인다. 그 방을 지나면 또 다른 한 쌍의 사자 조각상이 등장하며, 마치 요새의 심장부로 안내하는 마지막 수호신처럼 서 있었다. 이 문들은 단순한 출입구가 아니었다. 그것은 힘과 권위의 상징, 그리고 이 도시를 지켜낸 자들의 자부심이 묻어나는 구조였다.

하지만 이 성문에는 단순히 돌과 사자만이 있는 것이 아니었다. 아자티와타야(Azatiwataya)의 오르토스티트에는 두 가지 언어가 새겨져 있었다. 상형 문자 루위안과 페니키아어, 두 개의 고대 언어가 이곳에서 함께 숨을 쉬고 있었다. 특히 남쪽 문에 새거진 이 이중 인이 비문은 시간이 흘러 손상되었지만, 북쪽 문에 있는 비문은 비교적 깨끗하게 남아있다. 이 비문들은 단순한 기록이 아니었다. 그것은 이 도시와 이 성문을 만든 자들의 이야기를, 그리고 그들이 신에게 바친 헌신을 담고 있었다.

이 문에 새겨진 텍스트는 폭풍의 신 타르훈자스의 이름을 부르며, 그에게 경의를 표하는 내용을 담고 있었다. 하지만 이곳에 새겨진 비문들은 모두 동일한 텍스트에서 비롯된 것으로 보인다. 누군가는 그 마스터 텍스트가 상형 문자 루위안인지, 페니키아어인지 알 수 없었지만, 그것은 한 명의 서기관이 작성한 것으로 추정되었다. 이 비문은 여러 조각가들에 의해 분리되어 새겨졌고, 그래서 텍스트 간에 문법적 차이나 문체적 차이가 생긴 것으로 보인다.

이곳의 오르토스타트는 게이트 주변에 흩어져 있으며, 텍스트는 그 뒤를 따라 무질서하게 이어지고 있었다. 한 블록에서 다른 블록으로 이어지는 상형 문자 루위안은 마치 지그재그로 움직이듯 펼쳐져, 그 시작과 끝을 찾기가 어렵다. 이것이 아자티와타스의 의도였을까, 아니면 시간이 지나면서 텍스트가 흩어졌을까? 혹은 아자티와타스나 그 프로젝트를 담당한 자들이 문맹이었을 수도 있겠다. 어쩌면 그들은 이 텍스트의 순서에 큰 신경을 쓰지 않았을지도 모른다.

현존하는 가장 오래된 오르토스타트에는 7줄의 상형 문자 루위안 비문이 남아 있다. 이 문자들은 히타이트 왕국 말기에 널리 사용되었고, 약 400개의 표지판으로 구성된 복잡한 언어였다. 그 중 일부는 로고그램이나 표의 문자였고, 나머지는 음성 기호로 쓰였다. 이 기호들은 줄의 시작을 나타내며, 마치 이곳에서 흘러나오는 신의 목소리처럼 웅장하게 서 있었다.

이 남쪽 성채 문은 단순한 출입구가 아니었다. 그것은 시간과 역사의 흐름 속에서도 그 자리를 지키며, 수많은 세월을 지나온 증인이었다. 이 문을 지나는 자들은 그저 한 발짝을 내디딘 것이 아니었다. 그들은 아자티와타스와 그가 만든 이 위대한 요새, 그리고 그곳을 지켜온 신들의 축복 속에 들어가는 것이었다.

■ 루위안 상형 문자

루위안 상형 문자는 웅장한 사자의 몸에서 시작되어, 그 고대의 신비를 담은 블록을 따라 흐른다. 시간의 무게를 견디지 못한 몇몇 조각이 사라졌지만, 그 상형 문자는 마치 쟁기질하듯 정교하게 이어졌다. 부스트로피돈 방식으로 새겨진 문자는 첫 줄의 끝에서 사라져도, 다음 블록의 바닥에서 다시금 그 고대의 이야기를 이어나갔다. 마치 시간이 멈춘 듯, 비문은 그곳에 남아 그 시대의 숨결을 전하고 있었다.

■ 바알 하다드

거대한 수컷 신이 황소 위에 우뚝 서 있다. 한 손엔 죽은 토끼를, 다른 손엔 새를 들고, 힘과 생명의 순환을 상징하는 모습이다. 그의 높은 원뿔형 모자와 롤빵처럼 떨어지는 머리카락은 신성함을 더한다. 그 앞에는 작은 인간이 경외심에 찬 주먹을 움켜쥔 채 무릎을 꿇고 있다. 이 장면은 청동기 시대의 예술이 전하는 신과 인간, 그리고 자연의 조화를 웅변적으로 드러낸다. 감탄할 수밖에 없는 장엄한 순간!

■ 치열한 전투

두 군인이 검을 높이 들어 적의 심장을 향해 강타하는 순간, 치열한 전투의 한복판에서 적의 손목을 꽉 붙잡은 채로 살육에 집중하고 있다. 그들의 머리를 감싸는 볏 헬멧은 위엄을 뿜어내며 둥근 방패는 방어와 공격의 조화를 상징한다. 아래쪽에서는 또 다른 군인이 기마병의 고삐를 꽉 잡아 전장을 휘어잡고, 창을 든 병사는 원뿔형 헬멧을 쓰고 달려온다. 이 모든 장면은 잔인한 힘과 전쟁의 불가피성을 불멸의 예술로 승화시킨다.

■ 영원의 순간: 왕과 수행원의 서사

왕과 그의 충실한 수행원이 고요한 순간을 공유한다. 두 인물은 왼쪽으로 몸을 돌린 채, 세월을 초월한 장면 속에서 서로의 존재를 느끼고 있다. 왕은 등받이가 높은 나무 왕좌에 우아하게 앉아 오른손에는 오래전 사라진 꽃의 흔적을 들고, 왼손엔 신성한 음료를 담은 컵을 쥐고 있다. 긴 튜닉은 발목까지 내려오며, 발은 발판 위에서 고요히 쉬고 있다. 왕의 머리는 장식으로 치장되었고, 목덜미에서 나선형 롤빵으로 마무리된 그의 머리카락이 그의 위엄을 더한다. 그의 아몬드 모양의 눈은 앞을 주시하며 영원한 권위를 보여준다.

그의 뒤에서 수행원은 플라이 휩 또는 부채를 높이 들고 숭배의 제스처를 취한 채 서 있다. 수행원의 머리도 왕처럼 롤빵으로 단정하게 정리되어 있으며, 그들의 모습은 조화를 이룬다. 하단에는 신비로운 루위안 상형 문자가 오른쪽에서 왼쪽으로 흐르며, 이 장면에 서사적인 무게를 더한다.

■ 수호자의 힘: 고대의 맹세

두 황소 남자가 보조기를 수호하며 강인한 존재감을 드러낸다. 그들의 머리와 몸은 정면을 향하고, 강력한 팔과 다리는 옆으로 펼쳐져 있다. 무릎 위로 끝나는 튜닉을 입고, 두 손에 긴 창을 굳건히 쥔 모습은 그들의 결의를 상징한다. 삽 모양의 수염이 턱을 장식하고, 머리카락은 머리띠로 묶여 양옆으로 무겁게 떨어진다. 발굽을 가진 발과 긴 꼬리는 그들의 신비로운 힘을 더한다. 이 황소 남자들은 단순한 수호자가 아닌, 고대 세계의 힘과 권위를 상징하는 존재들이다.

▬ 카라테페 요새 남문의 왕께 경배

신성한 존재에게 경의를 표하며, 권위와 힘을 상징적으로 드러내고 있다. 고대 사회의 종교적 신념과 왕의 지위를 강조하는 중요한 예술 작품이다.

■ 카라테페 요새 남문의 염소의 바침

염소와 왕 또는 신이 상징적으로 연결된 장면을 보여주며, 고대 사회에서의 제물이나 경배의 의미를 드러낸다. 염소는 풍요와 생명의 상징으로, 이 장면은 고대인들의 신앙과 자연과의 조화를 나타낸다.

▬ 카라테페 요새 남문의 소싸움

두 마리의 소가 치열하게 싸우는 모습을 보여주며, 힘과 용기의 상징으로 여겨진다. 소싸움은 고대 사회에서 중요한 의식이나 경연으로 간주되었으며, 전사들의 용맹을 기리는 의미도 내포하고 있다. 이 장면은 고대 아나톨리아 문화의 독특한 전통과 삶의 방식을 엿볼 수 있는 귀중한 예시이다.

▬ 카라테페 요새 남문의 축제행렬

고대 아나톨리아의 풍요로운 문화와 공동체의 삶을 생생하게 담고 있다. 다양한 인물들이 즐거운 모습으로 행진하는 장면이 그려져 있으며, 그들은 화려한 의상을 입고 전통 악기를 연주하거나 손에 다양한 물건을 들고 있다. 축제의 기쁨과 풍요로움이 느껴지며, 이는 공동체의 단합과 신성한 축제의 중요성을 강조하는 요소로 작용한다. 이러한 부조는 카라테페 요새가 과거에 중요한 사회적, 문화적 중심지였음을 시사한다.

■ 카라테페 요새 남문의 새 사냥

고대 사회의 일상적인 사냥 장면을 역동적으로 묘사하고 있다. 사냥꾼들이 활과 덫을 사용하여 새를 잡는 모습이 그려져 있으며, 이들은 집중된 표정과 함께 사냥의 기술을 뽐내고 있다. 새의 다양한 종류와 자세가 세밀하게 표현되어 있어 당시의 생태 환경을 엿볼 수 있다. 카라테페 요새가 단순한 방어 구조물 이상의 기능을 했음을 보여주며, 고대인들의 생계와 문화를 엿볼 수 있는 중요한 유산으로 평가된다.

❙ 카라테페 요새 남문의 새 부조 그림

▎카라테페 요새 남문의 새 부조 그림

▎카라테페 요새 남문의 칼을 든 병사 부조 그림

▬ 카라테페 요새 남문의 마차 몰기

힘찬 말들이 마차를 끌고 있는 모습이 묘사되어 있으며, 마차를 조종하는 사람은 집중한 표정으로 경로를 조정하고 있다. 마차의 세밀한 디자인과 말의 강인한 모습이 잘 표현되어 있어, 당시의 교통 수단과 생활 방식을 엿볼 수 있다. 이 부조는 카라테페 요새의 문화적 중요성을 강조하며, 고대 사회의 역동성을 드러내는 중요한 유물로 평가된다.

카라테페 요새 안의 병영터

▌카라테페 요새 앞 산 풍경

▌카라테페 요새 성벽

카라테페 요새 내 병영시설 터

■ 북쪽 문과 방

북쪽 성채 게이트의 설계는 남쪽과 유사하지만, 그 안에는 고대의 이야기가 담긴 비문이 새겨져 있다. 이 루위 상형 문자는 방의 오른쪽 절반에서 시작해 왼쪽으로 이어져 있으며, 마치 시간의 흐름을 따라 이동하듯 단절 없는 이야기의 연속성을 보여준다. 문에 새겨진 글자는 거의 완성된 상태로, 고대 문명에 대한 깊은 이해를 전해준다.

첫 번째 그림의 보조기에는 장대한 배가 배치되어 있다. 그 배는 돛대와 방향타, 그리고 내부에서 구부러진 선미를 갖추고 있으며, 램과 플랫폼, 난간과 리깅 라인이 어우러져 웅장한 모습이다. 선장은 손을 높이 들고, 선미 아래에 앉아 신성한 컵을 쥐고 있다. 배에는 다수의 노 구멍이 뚫려 있으나, 여유 공간 부족으로 다섯 개의 노만 보인다. 그 배는 과거 해양의 제왕으로서의 명성을 상징한다.

승무원들은 그 중 세 명만이 보인다. 두 명은 자리에 앉아 분주히 일에 몰두하고, 둥근 머리 장식 외에는 그들의 드레스가 드러나지 않는다. 세 번째 승무원은 직사각형 숫양 옆에

▌카라테페 요새 북문의 라이언 상

서서 바다를 주시하는 파수꾼이다. 그 모습은 마치 해적의 위협을 경계하는 듯하다. 배 아래에서는 다양한 종류와 크기의 물고기가 유영하며, 두 명의 죽은 남자가 물속에 떠 있다. 이는 해전의 여파를 드러내는 장면으로, 배의 형태는 아시리아와 페니키아 예술의 영향을 받은 동시에 8세기 중후반 그리스 선박을 떠올리게 한다.

이 장면은 단순한 항해를 넘어서, 고대의 바다에서 벌어진 전투의 상처와 승리의 기쁨을 동시에 담고 있다. 종교적 중요성을 지니지 않는 이 그림은 오히려 해양 전투의 긴장감과 그 속에서 잃어버린 것들에 대한 기억을 상기시키며, 보는 이에게 깊은 감동과 상상력을 불러일으킨다. 고대의 배는 단순한 수단이 아닌, 세상을 넘나드는 영웅의 서사를 품고 있는 듯하다.

가라데페 요새 북문의 리이언 상

고대의 비밀이 숨겨진 히타이트의 사자상

■ 히타이트 사자 조각상 몸통 비문 해석

히타이트 사자 조각상의 몸통에는 고대의 비밀이 숨겨져 있다. 그 꼬리의 곡선은 힘차게 뻗어 있으며, 조각상이 원래 의도된 크기보다 크게 제작되었다는 점은 그 위엄을 더욱 부각시킨다. 그 몸체에 새겨진 페니키아 비문의 마지막 세 줄은 역사의 흐름을 담고 있다. 다공성의 질감을 지닌 돌에 새겨진 글자는, 조각가가 오르토스타츠보다 훨씬 큰 글씨로 표현했음을 나타낸다.

특히 가운데 줄의 여섯 글자는 놀라운 연결고리를 형성한다. 오른쪽에서 왼쪽으로 읽을 때, 'YDWTZA'의 자취가 드러나며, 여기에 모음을 추가하면 아자야티와다야(AZATIWADAYA)로 완성된다. 이는 단순한 문자 이상의 의미를 지니며, 과거와 현재를 잇는 경이로운 다리 역할을 한다. 이 조각상은 신화와 역사, 권위의 상징으로서, 우리가 잊고 있던 고대의 소리를 다시금 들려주는 듯하다. 그 장엄함 속에 숨어 있는 이야기는 시간과 공간을 초월하여 지금도 우리를 사로잡는다.

■ 히타이트 사자상, 몸통의 고대 문자

히타이트 사자상에 새겨진 고대 문자는 루위 문자로 알려져 있다. 이 문자는 히타이트와 네오히타이트 문명에서 사용된 고유의 상형 문자 체계로, 주로 기념비적인 목적이나 역사적 사건을 기록하는 데 사용되었다.

고조선의 가림토 문자는 한국의 고대 문자로, 그 형태와 구조가 서로 다르기 때문에 히타이트 문자가 가림토 문자와 동일하다고 보기 어렵다. 두 문자는 각각 다른 문화적 맥락과 시대적 배경에서 발전했기 때문에, 문자의 특징이나 용도를 비교할 때 신중해야 한다. 그러나 고대 문자의 유사성을 찾아보는 것은 흥미로운 연구 주제가 될 수 있다.

카라테페 요새 북문의 부조 그림

■ 카라테페 요새 북문 페니키아 삼나무 배

고대 무역과 해양 활동의 중요성을 보여주는 예시이다. 이 배는 일반적으로 페니키아의 해상 무역과 탐험을 상징하며, 그들의 뛰어난 조선 기술과 바다에서의 영향력을 나타낸다. 배의 세밀한 조각과 디자인을 통해 당시의 선박 구조, 항해 기술, 그리고 해상 거래의 풍경을 엿볼 수 있다. 페니키아인들은 지중해의 주요 무역국으로 알려져 있으며, 이들은 다양한 상품을 교환하고 문화적 교류를 촉진하는 데 기여했다. 고대 근동 지역의 해상 무역 네트워크를 이해하는 데 중요한 시각을 제공하며, 페니키아의 역사적 맥락에서 그들의 역할과 영향력을 엿보게 한다.

■ 카라테페 요새 북문 우측 챔버 블록

상형 문자 루위어 텍스트는 고대의 목소리를 다시 불러온다. 맨 윗줄의 시작 부분에서 'I (am)'을 나타내는 루위안 기호 'amu'가 선명하게 드러나며, 그 뒤를 이어 음절로 사용되는 기호가 'a-za-ti-wa-ta-sa'의 음성 값을 전달한다. 돌의 질감이 좋지 않아 조각가는 보조기의 바닥을 활용하지 못하고 반대쪽 방으로 이어갔다.

흥미로운 점은 페니키아 텍스트에서 언급된 아자티와타스의 이름이 상형 문자 루위 텍스트에도 등장한다는 사실이다. 이는 두 텍스트가 동일했을 가능성을 제시하는 첫 번째 단서가 된다. 고대의 이야기와 지혜가 서로 교차하며, 우리는 역사 속에 숨겨진 진실을 발견하는 여정을 떠나게 된다. 이 텍스트는 단순한 글자가 아닌, 시간이 흐르는 동안에도 우리의 존재를 잇는 끈이 되어준다.

■ 고귀한 염소의 우아한 순간

두 마리의 염소가 긴 연꽃을 사이에 두고 곡선의 잎 위에 앞다리를 올린 채 우아하게 서 있다. 그들의 고귀한 이성이 식물에 향하는 모습은 자연과 생명의 조화를 상징하며, 고대의 신비를 간직한 순간을 포착하고 있다.

■ 전사들의 결의

장식은 한 쌍의 군인이 서로 마주보고 서 있는 장면을 생생히 묘사한다. 두 군인은 각각 한 손을 앞으로 뻗어 창을 단단히 쥐고 있으며, 다른 손으로는 둥근 방패를 들고 있다. 헬멧 위에는 긴 이중 볏이 흩날리고, 짧은 튜닉이 전투의 준비성을 강조한다. 그들의 긴 직사각형 수염은 턱 아래에서 시작해 가슴까지 흐르고, 머리카락은 목덜미에 크고 우아하게 떨어져 있다.

이 모습은 강인한 결의를 상징하며, 식물에 향한 그들의 시선은 자연과 전쟁의 조화를 보여준다. 그들은 역사 속에서 잊혀진 영웅들처럼, 고대의 전투를 준비하는 모습으로 기억될 것이다.

신의 사자: 왕의 권위와 독수리 그리핀의 날개, 카라테페 요새 북문

왕의 얼굴과 독수리 그리핀의 날개를 지닌 몸통으로 구성되어 있다. 이 조합은 권위와 힘의 상징으로, 신성한 존재의 특징을 잘 나타내고 있다.

고대의 전사

가젤을 어깨에 메고 있는 인물의 모습을 화려하게 담고 있다. 그 동물은 머리를 뒤로 젖히고 옆으로 향하며, 희생을 위한 제물로 운반되는 듯한 모습은 고대의 의식과 연관된 공통된 주제를 엿보게 한다. 인물은 로브가 달린 원뿔형 헬멧을 쓴 채 반팔 튜닉과 앞쪽이 갈라진 장식이 있는 치마를 입고 있다. 그의 의상은 전투의 준비성을 강조하며, 생명의 제물과 전사의 역할이 얽힌 상징적인 의미를 지닌다.

검은 오른쪽 어깨에 매달린 밴드에 의해 지탱되며, 오른손에는 강력한 메이스를 쥐고 있다. 가죽 부츠를 신은 그의 발은 결연한 자세를 취하고 있다. 오른쪽 머리글에 새겨진 상형 문자 루위아어(Luwian) 비문은 이 장면의 의미를 더욱 깊이 있게 전달하며, 그림 주위의 빈 공간을 가득 채운다. 이 인물은 단순한 조각이 아닌, 고대의 희생과 전투를 상징하며, 세대를 초월해 전해지는 이야기의 일부가 되어준다. 그의 모습은 그 시대의 영혼과 결합되어, 과거와 현재를 잇는 강력한 상징으로 남을 것이다.

■ 신성한 지니: 태양의 권위를 받치는 존재

부리가 달린 새 머리를 가진 지니가 양팔을 높이 들어 주먹을 꽉 쥐며 날개 달린 태양 디스크를 받치고 있다. 그의 프로필 모습은 신비로운 존재의 위엄을 드러내고, 주름진 킬트는 밑단에 절개와 프린지로 화려하게 장식되어 있다.

그 위에 새겨진 상형 문자 루위아어 비문은 이 신성한 장면을 더욱 깊이 있게 해석하게 한다. 이 조각은 단순한 장식이 아닌, 고대의 신비와 권위를 상징하며, 시간과 공간을 초월한 경외감을 불러일으킨다.

모성의 신성: 여신 이시스의 사랑

서 있는 자세로 아이를 간호하는 어머니의 모습은 이집트 예술에서 가장 상징적인 이미지 중 하나로, 종종 여신 이시스가 유아 호루스를 수유하는 장면을 떠올리게 한다. 그녀의 우유는 신성한 생명과 힘을 상징하며, 이러한 이미지는 페니키아인들에 의해 킬리키아로 전파되었을 가능성도 엿보인다.

나뭇잎과 대추야자 다발로 장식된 야자수 옆에서, 어머니는 이미 수유 연령을 훌쩍 넘긴 알몸의 아이를 품에 안고 있다. 오른팔로 아이를 부드럽게 감싸 안은 그녀는 다른 손으로 가슴을 잡고 있다. 이는 모성의 깊은 사랑과 헌신을 나타낸다.

여신이자 어머니의 이미지는, 신이나 왕을 간호하는 여신의 모습으로 해석될 수 있다. 그녀의 허리는 긴 드레스에 의해 강조되며, 주름진 로닉 치톤의 아름다움이 돋보인다. 드레스의 일부는 목걸이처럼 그녀의 목을 감싸고 있고, 높은 장식된 머리 장식 아래로 머리카락 조각이 흘러내린다. 이 장면은 모성과 신성의 조화를 상징하며, 고대의 깊은 의미와 함께 세대를 넘어 지속될 이야기를 품고 있다.

▬ 강인한 전사: 사자와의 결투

구호는 창으로 사자를 죽이는 행동을 하는 남성의 모습을 보여준다. 그는 오른손으로 무기를 들었다.

그는 다른 손으로 동물의 머리를 아래로 밀어 내린다. 그는 낮은 헬멧, 반팔 튜닉, 앞쪽에 수직 구멍이 있는 벨트가 달린 치마를 착용한다. 옷의 가장자리는 프린지가 있다. 사자는 뒷다리에 있고 한쪽 발은 위에, 다른 한쪽 발은 아래에 있다. 오른쪽 상단 모서리에서 날개를 벌린 독수리가 토끼를 잡았다.

(반대) 오른쪽에서 왼쪽으로 읽는 상형 문자 루위어 문자를 담고 있는 입구 통로 왼쪽에 있는 애쉬라 베이스 피스.

▬ 사자와의 교감: 고대의 힘과 권위

더 좁은 상부 레지스터에서 두 마리의 새, 아마도 독수리가 귀를 가진 동물인 채석장을 쪼아먹고 있다.

아래에는 한 남자와 두 마리의 사자가 대표된다. 사자들은 뒷다리로 서서 동물의 다른 앞발을 잡고 있는 사람의 어깨에 앞발 중 하나를 얹는다. 그들의 꼬리는 대칭적인 움직임으로 다리 사이로 내려간다. 상형 문자 루위아어 비문이 바닥에 계속된다.

▬ 고대의 사냥꾼: 용기와 자연의 조화

곰과 함께 활과 화살 세 개를 지닌 사냥꾼의 형상을 생생히 담고 있다. 사냥꾼은 엽이 달린 원추형 헬멧과 반팔 셔츠, 두꺼운 벨트가 있는 치마와 신발을 착용하고 있어 전투의 준비성을 나타낸다. 왼손으로 힘차게 활을 잡고 있는 그의 모습은 사냥의 긴장감을 고조시킨다.

손목의 갈고리는 활줄을 조이거나 묶는 데 사용될 수 있는 도구로, 사냥의 기술적 측면을 강조한다. 화살의 끝은 작동하지 않지만, 그의 오른쪽 어깨 위로 보이는 떨림은 곧 사냥의 순간을 예고하는 듯하다. 이 장면은 고대의 용기와 자연과의 조화를 상징하며, 보는 이에게 깊은 감동을 선사한다.

▬ 베스: 고대 이집트의 사랑과 보호의 신

베스의 모습은 정면에서 완전히 드러나는 아자티와타야 부조의 유일한 인물로, 고대 이집트 신화의 중심에 서 있다. 다산의 신인 그는 엽이 장식된 왕관을 쓰고 있으며, 원숭이가 그의 머리 위에 앉아 있는 모습은 이집트 프로토타입에서 유래한 상징이다. 그의 큰 귀 옆에서 어깨가 뻗어 있으며, 자식에게 먹이를 주는데 바쁜 그의 모습은 모성의 사랑과 헌신을 나타낸다.

베스는 큰 귀와 콧수염, 긴 직사각형 수염을 가진 기괴한 난쟁이 형태의 신으로, 그의 다리 사이에는 남성 장기와 땅에 떨어지는 꼬리가 드러난다. 이집트 가정에서 사랑과 보호의 신으로 존경받으며, 여성과 아이들을 악령으로부터 지키는 역할을 한다. 종종 레온 얼굴을 하고 있어 신비로움과 친근함을 동시에 전달한다. 그의 외형에는 Luwian 비문이 새겨져 있어 그의 의미와 역할을 깊이 있게 해석할 수 있게 한다. 베스는 과거의 신비와 현재의 삶을 연결하는 존재로, 고대 이집트에서 사랑과 보호의 상징으로 남을 것이다.

▬ 전쟁의 이중성: 힘과 약자의 교차점

위쪽 장면은 창과 둥근 방패로 무장한 두 명의 군인이 볏과 볼가드가 있는 헬멧을 쓰고, 팔이 없는 죄수를 향해 창을 겨누는 모습으로, 전쟁의 무자비함을 여실히 드러낸다. 죄수의 비극적인 모습은 고대 전투에서 권력과 약자의 관계를 상징하며, 그 긴장감은 보는 이로 하여금 깊은 숙고를 자아낸다.

아래쪽에는 무릎을 꿇은 두 군인이 토끼를 사냥하는 장면이 펼쳐진다. 그들은 비슷한 방식으로 무장하고 있으며, 무기 사이에 자리잡은 팔멧은 전투의 일상성과 긴박함을 강조한다. 이 장면은 생존을 위한 사냥과 전투의 냉혹한 현실을 동시에 보여준다.

전체적으로 이 작품은 인간의 본성과 전쟁의 본질을 상징적으로 담아내며, 힘과 약자의 관계, 전쟁의 비극, 그리고 생명의 소중함을 깊이 있게 전달한다. 각 장면은 서로 다른 이야기를 전하지만, 모두 전쟁과 생명의 교차점에 서 있는 인물들로 묶여 있다. 이 조각들은 단순한 예술 작품이 아닌, 고대 사회의 복잡한 면모와 인간 존재의 깊이를 탐구하는 창이 된다.

■ 권력의 상징: 생존과 권위의 이중적 서사

오르토스타트는 페니키아 예술의 얽힌 팔메트 모티프로 두 개의 레지스터로 나뉘어 있다. 위쪽 레지스터에는 아마존 스타일로 말에 앉은 남자가 두 명의 승무원에 의해 호위를 받는 장면이 펼쳐진다. 이 말은 의자 모양의 좌석을 갖추고 있으며, 라이더의 발은 편안하게 나무 선반 위에 놓여 있다. 동물은 화려한 머리 장식으로 장식되어 있어, 고대의 웅장함과 권위를 상징한다.

그와 인접한 페니키아 문자에서 조각가는 첫 번째와 네 번째 줄의 일부 단어를 건너뛰며 이 Orthostat에 추가한 흔적이 보인다. 이러한 세부 사항은 과거의 이야기를 탐구할 수 있는 실마리를 제공한다.

아래 레지스터에서는 사냥꾼이 칼을 사자의 몸에 꽂는 모습이 보인다. 그의 동료는 뒤에서 짐승을 찌르며 사냥의 긴장감을 더한다. 이 장면은 생존과 권력의 본질을 드러내며, 인간의 본성과 자연의 관계를 상징적으로 묘사하고 있다. 두 레지스터는 서로 다른 이야기지만, 모두 인간의 용기와 생명의 연약함을 깊이 있게 담아내고 있다. 이 작품은 고대 사회의 복잡성과 그 안에서 이루어지는 생명과 죽음의 싸움을 강렬하게 느끼게 한다.

■ 리듬의 하모니: 고대 음악과 축제의 생명력

탬버린을 연주하는 여성 인물이 여유롭게 그려진 모습은 고대 음악의 생동감을 전달한다. 그녀는 공간이 부족해 악기를 낮게 들고 있지만, 그 손길에서 느껴지는 리듬은 가슴 속 깊이 울려 퍼진다. 그녀의 곁에는 왕관을 쓴 두 명의 동료가 있어, 그들 또한 각각의 악기로 장면을 더욱 풍성하게 만든다. 긴팔 튜닉과 벨트가 달린 치마를 입고 있는 이들은 전통의 우아함을 간직한 채 서로의 하모니를 이끌어낸다.

낮은 레지스터에는 손가락을 트립하는 두 명의 댄서가 조화롭게 배치되어 있다. 왼쪽 댄서는 아자티와타 축제에서 사용된 U자형 거푸라를 연주하고, 그 소리는 마치 과거의 기억을 불러일으키는 듯하다. 그의 드레스는 특별히 디자인되어 뮤지션의 독창성을 강조한다.

또 다른 뮤지션은 더블 파이프를 불며, 목에 매듭이 달린 마우스밴드는 음악에 대한 헌신을 보여준다. 모든 요소가 어우러져 만들어내는 이 장면은 고대의 축제와 그 안에서 흐르는 생명력을 상징하며, 음악이 지닌 힘과 감동을 다시금 일깨운다.

■ 전사의 결단: 힘과 용기의 상징

무장한 전사는 전투의 긴장감과 힘을 전달한다. 오른손에 쥔 창은 땅에 닿아 전사의 결단력을 상징하며, 세 개의 엽이 달린 금속 머리는 그의 기술과 전투의 기량을 드러낸다. 다른 손의 메이스는 그의 위엄을 더하고, 검은 가슴을 가로지르는 끈은 강한 전사의 이미지를 완성한다.

전사는 엽이 달린 원뿔형 헬멧을 쓰고, 반팔 셔츠와 벨트, 그리고 장식된 킬트를 입고 있다. 각 요소는 그가 속한 전통과 문화의 상징으로, 전쟁의 아름다움을 느끼게 한다. 이 그림은 단순한 전사 이상의 존재, 전투의 순간을 담아내는 힘과 용기의 상징이다.

사냥의 순간: 자연과 인간의 조화

위쪽 장면에서는 사냥꾼이 붉은 사슴에게 화살을 겨누고 있다. 사슴은 고개를 뒤로 돌리며 위협을 감지하는 듯하다. 사냥꾼은 엽이 달린 헬멧과 반팔 튜닉, 벨트가 달린 킬트를 착용하고, 손목의 갈고리는 그의 활을 더욱 단단히 고정하고 있다. 그는 어깨에서 또 다른 화살을 뽑아들며 결연한 표정을 짓고 있다.

아래쪽에는 두 마리의 황소가 언덕을 따라 힘차게 이동하는 모습이 보인다. 이 장면의 하단에는 연꽃 봉오리와 꽃으로 장식된 화환이 아름답게 장식되어 있어, 고대 페니키아의 세련된 미감을 드러낸다. 사냥과 생명의 순환이 어우러지는 이 그림은 자연과 인간의 조화를 상징하며, 전통의 깊이를 새삼 느끼게 한다.

▌카라테페 요새 북문의 부조 그림

▌카라테페 요새 북문의 두 가족 부조 그림

▬ 카라테페 요새 북문의 전차 몰기

강인한 자세로 말에 올라타고, 창을 들고 있으며 전투의 긴장감을 전달한다. 이 장면은 고대 전쟁의 위엄과 힘을 상징하며, 전통의 연속성을 보여준다.

▬ 카라테페 요새 북문의 오리 잡기

오리를 잡고 있는 사냥꾼의 모습이 담겨 있다. 그는 한 손으로 오리를 움켜잡고, 다른 손으로는 화살을 겨누고 있다. 이 장면은 고대 사냥의 기술과 생존을 상징하며, 자연과의 조화를 표현한다.

■ 카라테페 요새 북문의 태양의 시비니 신

내양 디스크를 받치고 있으며, 그의 주위에는 상징적인 동물들이 배치되어 있다. 이 장면은 고대의 신성함과 태양의 힘을 강조하며, 신과 인간의 연결을 나타낸다.

▎카라테페 요새 북문의 부조

▬ 카라테페 요새 북문의 장군상

힘찬 자세로 서 있는 장군을 묘사한다. 그는 무장을 갖추고 창과 방패를 쥐고 있으며, 권위와 용맹을 상징한다. 그의 옷과 장식은 고대의 전투 준비성을 강조하며, 전통과 전쟁의 승리와 영광을 담고 있다.

카라테페 유물 전시장

▌카라테페 요새 전시장 앞 라이언 상

▌페니키아 타니치 여신상

▌카라테페 요새 전시장 직조와 맷돌

▌태양의 신 시비니

▌히타이트 생명의 나무

▌카라테페 요새 전시장 병사

▌카라테페 요새 전시장 황소

▌카라테페 요새 전시장 라이언

❙ 카라테페 요새 전시장 라이언 상

❙ 카라테페 요새 전시장 칼을 든 병사

❙ 카라테페 요새 전시장 각종 토기

❙ 카라테페 요새 전시장 달 항아리 토기

6. 이집트 람세스 2세와 카데시 전투 (룩소르 신전과 아부심벨 신전)

▬ 카데시 전투(Battle of Kadesh, BC 1299)

카데시 전투는 BC 1299년, 시리아의 오론테스 강 근처에서 이집트의 람세스 2세와 히타이트의 무와탈리 2세 간에 벌어진 대결로, 양국의 역사에 길이 남을 사건이었다. 이 전투는 당시 두 강대국의 팽창 욕망이 충돌한 결과로, 각각 25,000명 이상의 이집트 군대와 40,000명 이상의 히타이트 군대가 맞붙었다.

그날의 전장은 혼란과 용맹으로 가득 차 있었다. "이집트의 람세스여, 너의 용기는 어디에 있는가?"라는 고함 속에, 양측은 치열한 전투를 벌였다. 전투의 결과는 불확실했지만, 이후 두 나라의 왕은 서로의 힘을 인정하게 되었고, 평화의 길로 나아가게 된다.

BC 1274년 5월 12일, 카데시는 단순한 전투의 장소를 넘어 평화의 상징으로 거듭났다. 람세스 2세는 히타이트의 왕녀와 결혼하여 두 제국 간의 우호 관계를 강화하고, "우리의 손은 서로를 잡고, 영원한 평화를 향해 나아가리라"는 다짐을 새겼다. 이로써, 카데시는 전투의 장소에서 평화의 고리로 변모하며 역사에 길이 남았다.

기록상 세계 최초의 평화 조약을 체결

이 전투는 단순한 승패를 넘어, 인류 역사에 중요한 교훈을 남겼다. 고대의 전사들은 이제 무기 대신 손을 맞잡고, 미래를 향해 나아가는 길을 선택한 것이다. 평화의 힘이 전쟁의 소음을 잠재우고, 두 민족의 운명을 연결하는 상징이 되었다는 사실은 언제나 우리의 마음을 울린다.

람세스 2세와 히타이트의 무와탈리스 간의 카데시 전투는 고대 전쟁 역사에서 중요한 사건 중 하나로, 양측의 전략과 전투 결과에 대한 다양한 해석이 존재한다. 이 전투는 기원전 1274년에 발생했으며, 이집트와 히타이트 간의 갈등을 보여주는 대표적인 사례로 평가받는다.

■ 전투 배경

- **히타이트의 동맹 군사작전**: 무와탈리스는 자신의 가신국들과 동맹을 결성하여 이집트의 침공에 대비했다. 이 과정에서 허위 정보를 흘려 이집트의 람세스 2세를 속였다.
- **람세스의 침공**: 람세스 2세는 4개의 사단과 예비병력을 이끌고 카데시를 재점령하기 위해 시리아를 침략했다. 초기에는 순조롭게 진행된 것처럼 보였으나, 정보의 부족으로 인해 상황이 악화되었다.

■ 전투 과정

- **전투의 시작**: 이집트 군은 카데시에 도착하여 막사를 세웠고, 초기의 히타이트 정찰병 포로들의 정보로부터 전술을 알게 되었으나, 이미 전투는 시작된 후였다.
- **히타이트의 기습 공격**: 히타이트 군은 예비병력을 이용하여 이집트 부대의 측면을 공격했으며, 이로 인해 이집트군은 큰 피해를 입었다. 특히 라 부대와 아문 부대가 히타이트 군의 기습에 의해 급격히 궤멸되었다.
- **람세스의 고립**: 람세스 2세는 혼자 남겨진 상황에서 생존을 위해 노력했고, 결국 일부 이집트 군은 탈출하였지만 전투의 흐름은 히타이트 측에 유리하게 전개되었다.

전투 결과

- **전투의 평가**: 이집트의 기록에서는 람세스가 신으로 변하여 혼자서 히타이트 군을 물리쳤다는 과장된 내용이 포함되어 있지만, 많은 역사학자들은 이 기록을 신뢰하지 않고, 실질적으로는 히타이트가 우세했다는 주장을 지지한다.
- **불확실한 지원 부대**: 이집트의 부조에는 람세스가 혼자 싸우는 모습과 함께 정체불명의 이집트 부대가 등장하는데, 이 부대의 역할에 대한 해석은 분분한다. 이들은 람세스를 구출하는 역할을 했을 가능성이 있으나, 구체적인 정황은 명확하지 않다.

카데시 전투는 이집트와 히타이트 간의 갈등을 대표하는 사건으로, 전투의 결과와 전개 과정에 대한 다양한 해석이 존재한다. 람세스 2세의 전투 기록은 그의 통치와 업적을 강조하는 반면, 히타이트 측의 기록은 보다 객관적인 전투의 양상을 보여준다. 이러한 복합적인 역사적 사실들은 후대 연구자들에게 여전히 논의의 여지를 남기고 있다.

히타이트가 지배하던 시리아의 카데시를 재점령하기 위해 람세스 2세는 4개 사단과 예비병력을 이끌고 시리아를 침략했다. 당시 히타이트의 왕 무와탈리스는 대규모 동맹군을 모집하고, 자신의 군대를 도시 둔덕 뒤에 숨기며 알레포에 있다는 허위 정보를 흘렸다. 이로 인해 속은 람세스는 서둘러 카데시로 향했고, 그의 부대는 오론테스 계곡 도로를 따라 진군했다. 람세스는 저녁 무렵 제1사단과 함께 카데시에 도착했으나, 이미 히타이트 군이 제2사단을 패주시킨 뒤 이집트 막사를 습격하는 사태가 벌어졌다.

람세스는 예비병력의 지원 덕분에 가까스로 구조되었지만, 상당한 병력을 잃었다. 이집트 군은 히타이트 군을 강으로 몰아넣으며 전장을 재탈환했으나, 다음날의 전투는 승패가 가려지지 않았다. 결국 람세스는 지친 부대를 철수시키지 않을 수 없었고, 히타이트 군은 다마스쿠스 남쪽으로 진군하며 이집트의 재진입을 저지했다.

람세스는 사원들에 이 전투를 이집트 측의 시각으로 기록했지만, 보가즈코이에서 발굴된 유물들은 히타이트 측의 기록을 통해 전투의 진실을 드러냈다. 전투의 세부 사항은 주로 이집트 기록을 기반으로 하고 있으며, 이집트 신 왕국 시대(18~20왕조)에는 가나안과 시리아 지역이 이집트군의 공격 범위 내에 있었고, 지속적인 분쟁 지역이었다.

이집트의 투트모세 3세는 메기도 전투에서 카데시와 동맹국들을 정복했으나, 아멘호테프 4세와 투탕카멘, 아이 등 여러 왕조를 거치면서 아시아에서의 이집트의 세력은 계속 줄어들었다. 호렘헤브는 이 지역의 정복을 위해 원정을 감행했지만, 별다른 성과를 거두지 못했다.

세티 1세는 적극적인 아시아 원정을 통해 카데시를 재점령하고 아무루를 복속하는 데 성공했다. 이 원정에는 람세스 2세도 참여했으나, 이후 카데시와 아무루의 상황은 명확히 알려져 있지 않다. 람세스 2세가 즉위했을 때, 카데시는 히타이트의 지배 하에 있었고 아무루는 히타이트의 동맹국이었다. 그러나 람세스 2세와 히타이트의 무와탈리 2세가 즉위한 지 얼마 되지 않아, 아무루가 히타이트의 영향에서 벗어나 다시 이집트와 동맹을 맺는 사건이 발생했다.

무와탈리 2세는 이를 강하게 반발하며 군사행동을 준비했고, 람세스 2세는 히타이트를 격파할 좋은 기회로 여겨 공격을 시작했다. 양측의 군세를 살펴보면, 히타이트는 약 4만 명의 보병과 3,700여 대의 전차, 11,000명의 용병으로 구성되었고, 이집트는 약 1만 6천 명의 보병과 2,000여 대의 전차, 4,000명의 용병으로 이루어져 있었다. 히타이트 군은 이집트 군보다 2배 이상의 전력을 동원한 상황이었다.

이집트의 기록에서는 히타이트가 모든 동맹국의 군대를 동원했다고 하지만, 이러한 설명의 신뢰성은 낮다. 그러나 흥미로운 점은 이 기록에 트로이의 실제 이름인 윌루사와 호메로스의 기록 속 다르다니아가 동맹국으로 언급된 것이다.

람세스 2세의 이집트 군은 아문, 라, 세트, 프타의 4개 부대로 구성되었다. 진격 중, 이집트 군은 두 명의 '바다의 사람들'을 발견하게 되는데, 이들은 히타이트 군이 람세스의 진격을 알고 두려움에 빠져 카데시를 빠져나가 북쪽으로 도망치고 있다는 정보를 전달했다.

람세스는 신속하게 카데시를 점령하고 히타이트 군을 추격하기 위해 부대의 이동 속도를 높이기로 결정했다. 그러나 이로 인해 부대 간의 간격이 크게 벌어졌다. 람세스 2세는 전방 상황을 살피며 선두에서 진군하고 있었고, 아문, 라, 세트, 프타 부대가 뒤따랐으나 서로의 상황을 알 수 없을 정도로 간격이 벌어졌다. 결과적으로 세트 부대와 프타 부대는 카데시 전투에 전혀 참가하지 못하는 상황이 발생했다.

이집트의 척후병들이 몇 명의 히타이트 군을 포로로 잡아오자, 람세스 2세는 상황이 심각하게 잘못되었다는 것을 깨닫게 된다. 이집트의 기록에 따르면, 람세스는 뛰어난 통찰력을 발휘해 이 척후병들이 히타이트의 공작원임을 눈치 챘고, 이들을 고문하여 히타이트 군이 카데시 주변에 매복하고 이집트 군을 공격할 계획을 세우고 있다는 사실을 알아냈다. 그러나 파라오 혼자만 상황을 알게 되었다는 점에서 이집트 군 전체가 히타이트의 거짓 정보에 속아 함정에 빠진 것을 의미한다.

람세스 2세는 남쪽에서 북상 중이었으나, 척후가 완벽하지 않았던 것으로 보인다. 히타이트 군은 카데시 성채 북쪽에 군대를 매복시키며, 람세스가 성채에 가려 히타이트 군의 존재를 파악하기 어려운 상황을 만들었다.

이 시점에서 아문 부대는 오론테스 강을 건너 카데시 요새를 향하고 있었고, 라 부대도 강을 건너고 있었다. 반면 세트 부대와 프타 부대는 남쪽에서 멀리 떨어져 있었다. 람세스는 이집트 부대들에게 적의 공격을 경고하고 방어 준비를 시키려 했으나, 이미 너무 늦었다.

오론테스 강을 건너는 라 부대 앞에 히타이트 전차부대가 크게 회전하여 모습을 드러내며 공격을 감행했다. 이집트 군은 4개 부대 간에 연결이 되지 않았고, 방심한 상태로 강을 건너던 라 부대는 히타이트 군의 급습에 대응하지 못하고 궤멸되었다.

히타이트 군은 이어서 선두의 아문 부대를 공격했으며, 아문 부대 역시 예상하지 못한 공격을 받아 궤멸되었다. 이러한 전개 과정은 이집트의 기록에 따라 명확하게 묘사되어 있으며, 부조에도 아문 부대의 모습과 히타이트 전차부대의 공격으로 무너지는 장면이 생생하게 남아 있다. 이때 일부 히타이트 군은 람세스 2세를 잡기 위해 돌진하기 시작했다.

이집트의 기록에 따르면, 이후부터 상황이 모순되기 시작하며 히타이트의 기록과도 일치하지 않게 된다. 이집트 기록의 주요 내용은 람세스 2세가 이 시점에서 신으로 변했다고 하며, 그 곁에는 마부 한 명만 남아있고 나머지 이집트 군은 모두 달아났다는 것이다. 람세스의 마부조차 두려움에 떨고 있었지만, 람세스는 마부를 독려하고 홀로 히타이트 군을 처치한 후 이집트 군에 돌아왔다는 설명이 이어진다. 이집트 측 기록에서는 람세스가 당나귀 턱뼈를 들어 히타이트 군을 대학살했다고 한다.

그러나 이 설명은 현실적으로 믿기 어려운 내용이다. 람세스가 뛰어난 전사였다 하더라도, 혼자서 히타이트 군을 궤멸시키고 승리했다는 주장은 지나치게 과장된 것으로 여겨진다. 당시 이집트 전차부대는 활을 주 무기로 사용했으므로, 한 사람이 신으로 변했다고 하더라도 자신이 가진 화살보다 많은 적을 처치하는 것은 불가능했을 것이다.

또한 당시 무장은 중세 시대의 기사들처럼 전신을 갑옷으로 덮고 있는 것이 아니라 발목이나 팔꿈치가 노출된 상태였다. 이러한 복장으로 홀로 적군을 상대해 무쌍을 찍는 것은 현실적이지 않다. 중세의 갑옷이 총과 대포의 발달로 도태된 상황에서, 그런 중무장을 하지 않은 람세스가 대적을 물리쳤다는 설명은 더욱 납득이 어려운 것이다.

이집트 기록이 여기서 끝났다면 람세스는 겨우 도망쳐 히타이트의 승리로 끝났다고 결론 내릴 수 있었을 것이다. 그러나 문제는 기록에 부조가 추가되어 있다는 점이다. 부조 속에서도 람세스가 혼자서 전투를 벌이는 모습이 묘사되지만, 한쪽 구석에는 정체 불명의 이집트 군 부대가 보인다. 이 부대의 정체에 대한 단서는 없으나, 이집트 기록은 람세스가 혼자서 승리했다고만 강조하고 있다. 이는 이 사건에 대한 해석에 논란을 더하고 있다.

후대의 학자들은 이집트 부대의 정체에 대해 여러 가지 추측을 내놓았다. 어떤 이들은 파라오의 근위대인 메자이라고 주장하고, 또 다른 이들은 가나안인 용병대 또는 아무루의 원군이라고도 본다. 그러나 이러한 설명들은 정황을 바탕으로 한 추측일 뿐이다.

부대의 존재에 대한 설명이 부족하기 때문에, 이 정체불명의 부대가 전투에서 어떤 역할을 했는지 정확히 알 수 없다. 부조 속에서도 이 부대는 단지 모습을 드러낼 뿐, 히타이트 군은 람세스 혼자서 처치하고 있는 상황이다. 한 사람의 힘만으로 군대를 물리쳤다는 것은 현실적으로 신빙성이 떨어지며, 이들이 전투에서 별다른 역할을 하지 않았다면 이 부대를 굳이 그릴 필요도 없었을 것이다. 따라서 이 부대는 '생략할 수 없을 정도로' 중요한 역할을 했을 것으로 여겨진다. 그러나 그 역할이 무엇인지에 대해서는 여전히 의문이다.

이집트가 히타이트 군을 격파하고 승리했다고 보는 해석에서는, 람세스 혼자의 힘이 아닌 이 정체불명의 부대가 적절한 시점에 히타이트 군에 공격을 가했기 때문이라고 주장한다. 이는 이집트 기록을 신뢰하는 해석으로, 승리한 것 자체는 사실이지만 람세스가 자신의 공적을 과장했다는 입장이다. 이 해석에서는 히타이트 군이 이미 승리했다고 여겨져 군기가 느슨해졌고, 이집트 군이 남긴 물자를 약탈하기 시작한 시점에 이 부대가 나타나 기습하여 히타이트 군을 격파했다고 본다.

반면, 히타이트의 승리라는 관점에서는 이집트 군이 단순히 패배했으며, 이 정체불명의 부대는 람세스나 그의 아들을 구출하고 호위하는 역할을 했다고 해석한다. 이 경우, 람세스의 용감무쌍한 전투는 사실상 탈출을 위한 행위에 불과했다고 주장하며, 이에 대한 근거로는 숫자가 더 많은 자료와 정황증거가 제시된다. 이러한 다양한 해석은 카데시 전투에 대한 결론을 더욱 복잡하게 만들고 있다.

이집트의 부조에서 정체불명의 부대는 전차부대가 아닌 단순한 보병부대로 묘사된다. 따라서 대규모 전차부대와의 전투에서 전황을 뒤집을 전력은 아니었을 것으로 보인다. 규모 또한 작았던 것으로 추정되며, 아문, 라, 세트, 프타의 4개 부대와 필적할 정도의 규모라면 처음부터 언급되었을 것이다.

세트와 프타 부대는 남쪽에서 느리게 이동 중이었고, 이 부대들이 뒤늦게 나타나 람세스와 그의 아들을 구출했을 가능성이 있다. 당시 아문과 라 부대가 카데시 요새를 향해 전진하고 있었지만, 세트와 프타 부대는 람세스와 합류하지 못하고 있었다. 이로 인해 세트와 프타 부대가 람세스를 구하러 갔지만, 이미 전투가 시작된 후였고, 아문 부대는 궤멸당했으며 라 부대는 공격받고 있는 상황이었다. 이 두 부대의 도착은 극적인 출현이었고, 히타이트군도 당황했을 가능성이 있다.

그러나 이들이 요새를 함락시키는 것은 불가능했을 것이다. 요새를 함락시키기 위해 준비한 아문 부대는 이미 궤멸되었고, 라 부대도 큰 피해를 입었으며, 세트와 프타 부대도 람세스를 구출하는 데 많은 피해를 입었을 것이다. 따라서 람세스는 이러한 상황에서 요새를 함락시키지 않았을 것으로 여겨진다.

람세스가 신으로 변했다는 기록도 이러한 해석에 힘을 실어준다. 스스로 신으로 변했다고 주장하며 혼자서 히타이트 군을 몰살했다고 과장할 수 있는 인물에게는 패배를 승리로 조작하는 것이 큰 문제는 아닐 것이다. 람세스 2세는 후에도 다른 파라오의 건축물에서 해당 파라오의 이름을 삭제하고 자기 이름을 넣는 등의 전력이 있다.

히타이트 군의 군기가 느슨해졌다는 설명은 사료상의 근거가 없다. 정체불명의 부대가 히타이트 군을 공격하는 모습도 이집트의 부조에서는 묘사되지 않았다. 실제로 전투에 직접 참여한 히타이트 군의 일부는 카데시 요새에 주둔하고 있었고, 전투가 벌어진 지역은 요새와 가까웠기 때문에 만약 히타이트 군이 위기를 맞았다면 지원군이 출동했을 것이다. 그러나 요새의 히타이트 군은 움직이지 않았다. 이러한 점에서 카데시 전투의 실체는 더욱 복잡한 양상을 띠고 있다.

람세스가 어떤 부대의 힘으로 승리를 거두었다면 그 부대에 대한 찬사가 기록에서 완전히 삭제되지는 않았을 것이다. 그러나 이 전투의 기록에서 람세스는 이집트 군을 분노에 찬 어조로 비난하며, 특정 부대에 대한 찬사 없이 자신의 불만을 표출했다. "나만큼 너희들에게 많은 일을 해준 파라오가 있었느냐? 따라서 나는 전쟁터에서 너희를 믿어도 된다고 생각했다. 그러나 너희는 모두 비겁하게 행동하였다! 너희들의 죄는 헤아릴 수 없을 정도로 크다." 비난이 끝난 후에는 병사들을 격려하기도 하지만, "기운을 내라, 나의 병사들이여!"라는 표현은 승리보다 패배한 군사들에게 어울리는 말이다.

전투의 결과가 히타이트의 승리로 설명될 수 있는 여러 요소가 있다. 우선, 전투 직후 람세스 2세는 무와탈리 2세에게서 전투 행위를 그만두고 물러날 것을 권고하는 서신을 받았고, 이집트군은 일제히 그 권고를 받아들이길 요청했다. 실제로 이집트군은 무와탈리의 권고대로 물러났다. 이는 평화조약이 아니라 히타이트군이 계속 작전을 수행하고 있었음을 의미한다.

이집트가 이 원정에서 얻은 전리품은 양적으로나 질적으로 매우 빈약했다. 반면 히타이트 측에서는 이집트 군을 물리치고 승리했다고 기록하였다. 히타이트의 하투실리 3세는 카데시 전투를 중요한 업적으로 언급하며, 이 전투가 이집트의 승리로 기록된 것에 항의하는 편지를 람세스 2세에게 보냈다. 이 편지는 현재까지 남아있으며, 하투실리의 입장에서 중요한 업적이므로 과장되었을 가능성도 있다.

결과적으로 카데시 전투 이후 이집트군은 본국으로 철수하였고, 히타이트군은 군사 작전을 계속하여 이집트의 중요한 거점인 우피를 점령하였다. 또한 이집트의 동맹국인 아무루를 공격하여 약탈하였고, 아무루는 히타이트에 항복하지 않고 저항했지만, 전투가 벌어진지 1년 이내로 다시 히타이트의 동맹국이 된 것은 확실하다. 이로 인해 이집트의 영역은 가나안 지역으로 축소되었다. 이러한 일련의 사건들은 카데시 전투가 이집트 역사에서 히타이트의 승리로 기록되는 데에 중요한 역할을 했다.

카데시 전투 이후 이집트와 히타이트 사이의 분쟁이 계속되었는지는 확실치 않다. 그러나 후에 맺어진 평화조약을 고려하면, 이들 간의 갈등이 지속되었을 가능성이 있다. 흔히 알려진 바와는 달리, 이 전투의 직접적인 결과로 평화조약이 체결된 것은 아니다. 이집트와 히타이트 간의 공식적인 평화조약은 전투로부터 무려 16년이 지난 BC 1258년에 체결되었으며, 이때 이집트의 왕은 여전히 람세스 2세였고, 히타이트의 왕은 새로 즉위한 하투실리 3세였다.

카데시 전투 이후 체결된 평화조약은 기록상으로 남아 있는 인류 최초의 평화조약으로, 전쟁의 승패에 의한 복종이 아닌 대등한 두 세력의 공존을 명시한 역사적 의미를 지닌다. 이 조약의 내용은 히타이트의 수도 하투샤에서 발견된 설형문자 점토판에 기록되어 전해진다. 조약문 원본은 현재 튀르키예 이스탄불 고고학 박물관에 전시되어 있으며, 복사본은 국가 간 평화공존의 상징으로 국제연합 본부에 걸려 있다.

이 사건은 단순히 전쟁과 패배의 연속이 아니라, 인류 역사에서 평화의 가능성을 보여주는 중요한 전환점으로 자리잡는다. 카데시 전투는 군사적 갈등의 상징이기도 하지만, 이후의 평화조약은 국제적 관계의 새로운 패러다임을 형성한 역사적 순간임을 잘 보여준다. 전쟁이 아닌 대화와 협상을 통해 평화가 이루어질 수 있다는 가능성을 시사하며, 이는 오늘날에도 여전히 유효한 메시지로 남아 있다.

이집트 룩소르 신전

▬ 역사적 배경

룩소르 신전은 주로 신왕국 시대(기원전 1400년대)에 건설되었다. 특히 파라오 아멘호텝 3세(Amenhotep III)와 람세스 2세(Ramesses II)에 의해 대규모로 확장되었다.

▬ 건축적 특징

룩소르 신전은 입구에 두 개의 거대한 석조 기둥인 오벨리스크와 파라오 람세스 2세의 대형 좌상이 특징적이다. 내부에는 다양한 부조가 새겨진 벽면이 있으며, 특히 열주실은 그 거대한 규모와 기둥에 새겨진 섬세한 조각들로 유명하다. 룩소르 신전의 오벨리스크는 약 23미터 높이로, 화강암으로 만들어져 있으며 정교한 조각이 새겨져 있다.

▬ 종교적 의의

오벨리스크는 태양신 라와 왕권을 상징하며, 고대 이집트인들이 신과의 연결을 중요시했음을 나타낸다. 룩소르 신전의 오벨리스크는 아멘호텝 3세와 람세스 2세의 업적을 기리기 위해 세워졌으며, 왕권과 권력을 상징한다. 이는 왕이 신의 대리자로서의 역할을 수행함을 나타내며, 고대 이집트의 문화와 종교적 상징성을 잘 보여주는 구조물이다.

▬ 로마 제국의 흔적

로마 제국 시대에 이 신전은 로마 군대 주둔지로 사용되었으며, 일부 벽면에는 로마 황제들의 이미지가 새겨져 있다. 이는 이집트가 로마의 속주였던 시기의 흔적이다.

▬ 히타이트의 번영

대부분 무역로와 광물 자원의 통제에 달려 있었다. 이 때문에 길리기아 관문(Cilician Gate)과 메소포타미아를 연결하는 시리아 북부의 무역로는 그 전략적 중요성 때문에 주변국들 간 쟁탈의 핵심 지역이었다. 결국 이집트의 파라오 람세스 2세(Ramses II)가 이 무역로를 탐내자 히타이트와의 충돌은 불가피했으며 그래서 발생한 전쟁이 기원전 1274년의 카데시

(Qadesh) 전쟁이다.

▬ 인류 최초의 평화조약

람세스 2세와 히타이트의 하투실리 3세 (Hattusili III)는 기원전 1258년 평화 조약을 체결했다. 카데시 조약이라고 불리는 이 조약은 지금까지 알려진 인류 역사상 최초의 평화 조약이며 가나안 남부 지역을 양국의 국경으로 확정하는 상호 불가침과 군사 동맹을 내용으로 하고 있다.

▬ 카데시 전쟁 후 쇠락

전쟁 이후, 히타이트와 이집트 모두 쇠락했으며 오히려 메소포타미아의 아시리아가 세력을 확장해 나가기 시작했다.

▬ 이집트 룩소르 신전 입구

히타이트 번영은 대부분 무역로와 광물 자원의 통제에 달려 있었다. 이 때문에 길리기아 관문(Cilician Gate)과 메소포타미아를 연결하는 시리아 북부의 무역로는 그 전략적 중요성 때문에 주변국들 간 쟁탈의 핵심 지역이었다. 결국 이집트의 파라오 람세스 2세(Ramses II)가 이 무역로를 탐내자 히타이트와의 충돌은 불가피했으며 그래서 발생한 전쟁이 기원전 1274년의 카데시(Qadesh) 전쟁이다

룩소르 신전(Luxor Temple)은 이집트 룩소르에 위치한 이집트 고대 문명의 웅장함을 보여주는 중요한 유적지 중 하나로, 고대 테베의 중심부에 자리 잡고 있다. 이 신전은 주로 태양신 아몬-라(Amun-Ra)를 기리기 위해 세워졌지만, 나중에 다른 신들, 특히 무트(Mut)와 콘수(Khonsu) 같은 신들을 위한 신전으로 확장되었다.

▬ 이집트 룩소르 신전

룩소르 신전은 아몬-라 신의 축제인 오페트(Opet) 축제에서 중요한 역할을 했다. 이 축제는 카르나크 신전과 룩소르 신전을 연결하는 의식이었으며, 두 신전을 잇는 긴 대로는 '스핑크스의 길'로 불리는 상징적인 길로 연결되어 있다.

▬ 이집트 룩소르 신전의 오벨리스크

신전은 입구에 있는 두 개의 거대한 석조 기둥(오벨리스크)과 파라오 람세스 2세의 대형 좌상이 눈에 띈다. 현재 하나의 오벨리스크만 남아 있으며, 다른 하나는 프랑스 파리에 있는 콩코르드 광장에 위치해 있다.

❙ 이집트 룩소르 신전 후면에서 바라본 오벨리스크 전경

람세스 2세와 히타이트의 하투실리 3세 (Hattusili III)는 기원전 1258년 평화 조약을 체결했다. 카데시 조약이라고 불리는 이 조약은 지금까지 알려진 인류 역사상 최초의 평화 조약이며 가나안 남부 지역을 양국의 국경으로 확정하는 상호 불가침과 군사 동맹을 내용으로 하고 있다.

▬ 이집트 룩소르 신전의 람세스 2세

룩소르 신전은 주로 신왕국 시대(기원전 1400년대)에 건설되었다. 특히 파라오 아멘호텝 3세(Amenhotep III)와 람세스 2세(Ramesses II)에 의해 대규모로 확장되었다.

람세스 2세는 고대 이집트의 가장 위대한 파라오 중 한 명으로, 약 66년간(기원전 1279-1213년) 통치하며 수많은 건축물을 세웠고, 그의 치세는 이집트의 황금기로 여겨진다. 네페르타리 왕비는 그의 가장 사랑받는 왕비 중 하나였으며, 아부심벨의 신전에 그녀를 기념한 신전까지 지을 정도로 그녀에 대한 애정이 남달랐다.

■ 이집트 룩소르 신전 후문의 람세스 2세와 네페르타리 왕비

한날, 룩소르 신전에서 중요한 종교 의식이 거행되었다. 네페르타리 왕비는 파라오와 함께 의식에 참석하며, 그녀의 화려한 의상과 장신구는 태양빛을 받아 빛났다. 후문으로 이어지는 길을 걸어갈 때, 그들은 아문-라 신에게 봉헌된 공물을 제물로 바치기 위해 신전 안쪽으로 향했다.

람세스 2세는 네페르타리에게 속삭이며 말했다. "나의 사랑하는 여왕, 이 신전은 나의 영광만이 아닌 그대의 영광 또한 담고 있소. 아부 심벨의 신전뿐만 아니라, 이곳에서도 그대는 영원히 기억될 것이오." 네페르타리는 미소를 지으며 그의 손을 잡았다. "폐하, 신과 함께하는 이 순간은 우리의 영혼을 하늘로 이끌 것이다. 룩소르의 신전에서 우리는 이집트의 영원한 후손들에게 경외와 사랑을 받게 될 것이다." 람세스는 네페르타리를 향해 따뜻한 눈빛을 보내며 의식을 이어갔다. 그들은 함께 신전의 후문을 지나며, 자신의 통치와 사랑이 영원히 남을 것임을 확신했다.

네페르타리는 이집트 역사에서 가장 사랑받는 여왕 중 하나로, 이름은 '아름다운 동반자'를 뜻하며, '네페르타리 메리트무트'는 '무트 여신의 연인'을 의미한다. 그녀는 '위대한 자', '두 땅의 여주인', '모든 땅의 여주인' 등 수많은 칭호를 지녔고, 람세스 2세는 그녀를 위해 "태양이 그녀를 위해 빛난다"는 찬사를 보냈다. 네페르타리는 아름다움뿐만 아니라 종교와 정치에서도 중요한 역할을 하며 이집트의 상징적 여왕으로 남았다.

이집트 룩소르 신전의 람세스 2세 벽 부조

내부에는 장대한 열주가 늘어서 있는 열주실, 다양한 부조가 새겨진 벽면 등이 있다. 특히 신전의 열주실은 그 거대한 규모와 기둥에 새겨진 섬세한 조각들로 유명하다.

이집트 룩소르 신전 후면의 람세스2세 치적 벽화

이집트 룩소르 신전의 람세스 2세 벽 부조

이집트 룩소르 신전 람세스 2세

이집트 룩소르 신전 벽 부조 람세스 2세 치적 소개

이집트 룩소르 신전의 람세스 2세 벽 부조
내부에는 장대한 열주가 늘어서 있는 열주실, 다양한 부조가 새겨진 벽면 등이 있다. 특히 신전의 열주실은 그 거대한 규모와 기둥에 새겨진 섬세한 조각들로 유명하다.

▬ 이집트 룩소르 신전

▌이집트 룩소르 신전의 람세스 2세 벽 부조

람세스 2세 벨트 사자 문양

룩소르 신전의 거대한 람세스 2세 조각상은 그의 위엄과 용맹을 상징하며, 특히 벨트에 조각된 사자상은 그 상징성을 극대화한다. 사자는 고대 이집트에서 왕권과 힘, 그리고 전쟁에서의 승리를 상징하는 동물로, 파라오의 용맹함을 대변한다.

람세스 2세는 자신을 '용맹한 전사'로 세상에 알리고자 이 사자상을 벨트에 새겼고, 이는 그의 정복과 강력한 통치를 시각적으로 나타낸다. 룩소르 신전의 사자 조각은 그가 이집트를 수호하고, 적에게 두려움을 주는 존재임을 상징적으로 드러낸다.

이집트 룩소르 신전 기둥에 새겨진 람세스 2세

룩소르 신전의 기둥에 새겨진 람세스 2세의 남성상은 생명력과 창조력을 상징한다. 고대 이집트에서 파라오의 남성 능력은 왕권의 힘과 풍요를 의미했으며, 이는 국가의 번영을 기원하는 상징적 표현이다. 람세스 2세의 남성상은 그가 신과 같은 존재로, 민족의 번영과 대지의 풍요를 보장하는 힘을 가진 통치자임을 나타내며 그의 강력한 통치와 생명력을 시각적으로 드러낸다.

▬ 이집트 나일강

이집트의 나일강은 생명의 원천으로, 풍요로운 농업과 문명의 발달을 이끌었다. 매년 범람하여 토양을 비옥하게 만들며, 인간과 자연이 조화를 이루는 상징적 존재로 여겨진다. 나일강은 이집트 문화의 중심이자, 고대 사회의 번영을 상징한다.

■ 이집트 나일강의 사막 풍경

이집트 나일강의 사막 풍경은 대조적인 아름다움을 지닌다. 강의 맑은 물줄기는 거대한 모래 언덕과 무한히 펼쳐진 사막의 황량함 속에서 생명을 불어넣는다. 사막의 따가운 태양 아래, 강변에는 푸르른 나무와 식물들이 자생하여 고요한 오아시스를 형성한다. 이러한 풍경은 자연의 경이로움과 생명의 역동성을 동시에 보여주며, 고대 이집트 문명의 뿌리를 간직한 신비로운 장소로 남아 있다.

❙ 이집트 나일강의 누비아 마을

▬ 아부심벨의 건립

누비아 지방의 아부심벨에 있으며 기원전 1264년부터 공사를 시작해 기원전 1244년 완공되었다. 제19왕조의 람세스 2세(재위 BC 1301-BC 1235)가 천연의 사암층(沙岩層)을 뚫어서 건립했다.

■ 이집트 아부심벨 신전

기원전 13세기, 람세스 2세에 의해 건설된 고대 이집트의 위대한 건축물로, 현재 유네스코 세계문화유산으로 지정되어 있다. 이 신전은 나일강 유역의 아스완댐 건설로 인해 수몰 위기에 처했으나, 1960년대 유네스코가 주도한 정교한 이전 작업을 통해 구출되었다. 신전을 절단하여 높은 지대로 옮기면서 원래 구조를 그대로 재현하였으며, 특히 신전의 성소까지 태양광이 스며드는 완전성도 그대로 유지했다. 매년 두 번, 태양이 신전 깊숙이 들어와 람세스 2세와 신들의 조각상을 밝히는 현상은 건축적 경이로움의 상징이다.

▬ 이집트 아부심벨 신전, 람세스 2세

이집트 아부심벨 신전은 람세스 2세의 위대한 업적을 기리기 위해 건설된 웅장한 구조물이다. 두 개의 주요 신전은 고대 이집트 미술의 정수를 보여주며, 람세스 2세의 얼굴이 새겨진 거대한 조각상이 입구를 장식한다. 이 신전은 태양 신 라와 아몬 신에게 바쳐졌으며, 매년 특정한 날에 빛이 내부로 들어오는 독특한 설계로 유명하다. 아부심벨은 고대 문명의 예술과 신앙의 상징으로 여전히 많은 이들에게 경외감을 불러일으킨다.

❙ 이집트 아부심벨 신전의 히타이트 카데시 전투의 포로들

■ 이집트 아부심벨 신전 내부

람세스 2세의 신성함과 이집트 신들의 위엄이 결합된 신성한 공간이다. 거대한 석상들이 신전 깊숙한 곳을 지키며, 신들의 권위와 파라오의 영광을 상징한다. 특히 성소에는 람세스 2세와 태양신 라-호라크티, 아문, 프타의 석상이 나란히 자리하고 있다. 매년 두 번, 태양빛이 성소 깊이 스며들어 람세스 2세와 신들의 조각상을 환하게 비추며, 파라오의 통치가 신들로부터 축복받았음을 나타낸다. 이 빛의 기적은 건축적 정밀함과 신성한 힘의 상징으로, 고대 이집트의 영원한 권위와 신비로움을 드러낸다.

■ 이집트 아부심벨 신전 지성소

창조주 프타(PTAH)신, 아멘(AMEN)신, 파라오 람세스 2세, 호루스 (HORUS) 신

▬ 이집트 아부심벨 신전 히타이트와 카데시 전투 람세스 2세 전투

히타이트와의 카데시 전투 장면이 생동감 있게 묘사되어 있다. 이 전투는 기원전 1274년에 벌어졌으며, 고대 근동에서 가장 유명한 전투 중 하나다. 벽화 속 람세스 2세는 적진을 돌파하며, 혼자서 수많은 히타이트 병사들과 맞서 싸운다. 그는 활을 쏘고 검을 휘두르며 전투의 혼란 속에서도 용맹함을 잃지 않고, 군대를 지휘하는 강력한 파라오로 그려진다. 이 장면은 람세스 2세의 전쟁 영웅으로서의 위상과 이집트의 영광을 기념하기 위해 세밀하게 조각되어 있으며, 그의 불굴의 용맹을 상징한다. 비록 전투의 결과는 무승부로 끝났으나, 벽화는 람세스 2세를 승리한 영웅으로 그려내며 그의 업적을 찬양한다.

❙ 이집트 아부심벨 신전 히타이트와 카데시 전투 람세스 2세 전투 장면

▌이집트 아부심벨 신전 히타이트와 카데시 전투 람세스 2세 전투 장면

히타이트와 이집트의 세계 최초 평화조약 점토판, UN 본부 전시

히타이트는 아나톨리아의 광대한 지역을 오랫동안 지배한 주요 제국이었다. 그렇게 큰 국가를 통치하려면 다른 많은 국가와 정부와 지속적인 관계가 필요했다. 오늘날 우리는 설형 문자판 덕분에 이러한 국가 간 관계에 대해 알게 되었다. 의심할 여지 없이 외교의 초석을 대표하는 카데시 평화 조약은 역사상 가장 귀중한 문서 중 하나이다.

기원전 1274년, 고대 무역의 중심지였던 히타이트의 거점 카데시에서 이집트의 파라오 람세스 2세와 히타이트의 왕 무바탈리 2세 사이에 큰 전투가 벌어졌다. 전쟁이 끝난 후, 이 두 강대국은 조약이 이 지역에서 각자의 이익을 위해 필요한 유일한 방법이라는 데 동의했고, 결국 카데시 평화 조약을 체결했다. 무바탈리 2세가 죽자, 그의 후계자인 하투실리 3세가 조약을 체결했다. 당시 세계에서 가장 위대한 두 세력 사이의 영원한 형제애와 평등을 상징하는 이 문서는 역사상 최초의 국제 평화 조약으로 자리 잡았다. 이 조약은 양측에 동등한 조건으로 적용되는 조항으로 구성되어 있으며, 필요할 경우 상호 지원과 지원을 요구한다.

이 문서에 대한 또 다른 주목할 만한 점은 이 문서가 당시 히타이트 여왕인 푸두헤파에 의해 봉인되었다는 것이다. 히타이트 사회 생활에서 왕과 여왕의 역할에 대한 중요한 정보를 제공하는 이 조약은 외교 언어인 아카드어로 은판에 설형 문자로 쓰여졌다. 원래 은판은 아직 발견되지 않았지만, 그 사본은 하투샤에서 점토판으로 발굴되었다. 이집트의 사원 벽에서도 발견된 다른 버전의 문서 발췌문 중 하나의 번역은 다음과 같다.

"여기, 이집트의 왕, 대왕 람세스는 히타이트 땅의 왕, 대왕 하투실리와 좋은 평화와 좋은 형제 관계를 맺고 있습니다. 여기, 이집트의 왕, 대왕 람세스의 자녀들은 히타이트 땅의 왕, 대왕 하투실리의 자녀들과 영원히 평화와 형제 관계를 맺을 것입니다. 이집트 땅과 히타이트 땅은 우리 사이의 형제 관계와 평화에 따라 영원히 평화와 형제 관계를 맺을 것입니다!"

카데시 평화 조약은 평화와 우애의 선언, 상호 방어 조항, 후계자 간의 관계, 조약의 준수, 신의 증언, 조약의 기록과 보관을 담아 고대 국가 간의 관계를 규명하며, 현대 외교의 기초를 형성하는 중요한 사례이다. 조약의 복제품은 뉴욕 유엔 건물에 전시되어 있다. 또한, 이스탄불 고고학 박물관 하투샤(보가즈쾨이)에서 발견된 점토판 버전을 통해 이 역사적 문서를 자세히 살펴볼 수 있는 기회를 가질 수 있다.

7. 퀼테페 유적 (메소포타미아 아시리아 무역도시)

점토판에 남겨진 고대 히타이트 제국의 기록문화

■ 퀼테페의 역사적 배경

퀼테페는 현대 카이세리에서 남서쪽으로 20㎞ 떨어진 고대 도시 카네사 근처에 위치한다. 고대 도시 카네사는 히타이트의 설형문자 기록에서 카네쉬로 언급된다.

잘푸와의 왕 우흐나가 카네사를 공격한 후, 잘푸와인들은 도시의 시우스 우상을 철거했다. 쿠사라의 왕 피타나는 밤에 네사를 정복했지만, 그곳의 주민들에게 해를 가하지 않았다. 이후 피타나의 아들 아니타는 반란을 진압하고 네사를 수도로 삼았다. 아니타는 잘푸와를 침입하여 왕 후지야를 포로로 하였고, 시우스 우상을 네사를 위해 복원했다. 기원전 1600년경, 아니타의 후손이 하투샤로 이동하면서 히타이트 제국이 창건되었다.

■ 고대 아시리아 상인 기록물

퀼테페에서 수집된 약 23,500점의 점토판은 고대 아시리아 상인들의 기록물로, 약 4,000년 전 아수르에서 온 상인들과 그 가족이 정착한 결과로 나타난다. 이 기록물에는 교역 내용, 상인 가족의 일상, 그리고 지역 주민들과의 교류에 대한 상세한 정보가 담겨 있다.

66차례에 걸친 발굴을 통해 시리아 상인 마을의 가옥들과 함께 도시 중심지의 유적이 발굴되었다. 퀼테페의 아시리아 상인과 아나톨리아 이웃 사람들의 가옥 유적은 고대 사회에 대한 귀중한 자료를 제공하며, 고대 상업의 역사에 대한 정밀한 이해를 가능하게 한다.

■ 하투샤의 멸망과 그 이후

1190년대에 하투샤의 멸망과 함께 히타이트 왕국의 역사는 종료되었다. 하투샤가 몰락하기 전, 후리아 왕국의 미타니와 하니갈바트의 압력 속에서도 아나톨리아 남동부와 시리아 북부의 도시는 히타이트 통치의 주변부에 있었다. 이 지역의 작은 국가들은 히타이트 수도와 외교적 결혼을 통해 세력을 유지하려 했다.

히타이트 왕국의 종말로 인해 발생한 격변은 킬리키아 평원으로 이어졌다. 이 시기에 타르수스, 메르신, 안타키아 등에서 발생한 파괴는 같은 사건의 결과로 보인다. 지중해 지역에서 키프로스는 약탈당하고, 바다 민족이 우가리트를 파괴하며 유프라테스와 나일강 삼각주로 확산되었다. 람세스 3세의 비문은 외국 민족의 음모를 언급하며, 당시의 혼란을 잘 보여준다.

■ 암흑 시대

이러한 격변 이후, 수백 년 간의 혼란은 '암흑 시대'로 정의된다. 이 시기는 후기 청동기 시대의 문자와 유물이 사라지며 도시 생활과 무역이 거의 중단된 결과를 가져왔다. 사람들은 다시 유목민으로 돌아갔고, 과거와의 문화적 연속성은 상실되었다. 그리스의 미케네 권력과 아나톨리아의 히타이트 권력이 소멸하며 새로운 시대가 시작되었다.

이러한 역사적 사실은 고대 사회의 복잡성과 변화의 연속성을 잘 보여준다. 퀼테페의 유적은 우리의 과거를 이해하는 데 있어 귀중한 단서가 되어준다.

■ 퀼테페 유적 가는 길

자연의 아름다움과 고대 문명의 흔적을 동시에 느낄 수 있는 여정이다. 기암괴석과 푸른 초원이 어우러지는 경치 속에서, 옛 도시의 역사와 신비가 살아 숨 쉬는 듯한 느낌으로 다가올 것이다. 고대 문화의 깊이를 탐구할 유적지를 향한 탐험가들의 발걸음을 기다리며, 고대의 이야기들을 전해준다.

퀼테페 유적 가는 길

퀼테페 유적 가는 길의 하천

▌퀼테페 유적 가는 길가 마을

고대 근동의 역사, 특히 아시리아 무역 식민지 시대(기원전 1950-1750년대)는 아나톨리아와 메소포타미아의 중요한 교류를 보여준다. 이 시기는 메소포타미아의 올드 아시리아가 아나톨리아와 본격적으로 접촉하면서 무역 체제를 확립한 중기 청동기 시대에 해당한다.

아시리아 무역 식민지 시대의 중요성

- **문화 접촉**: 아나톨리아는 하티족(히타이트)이 지배하는 여러 도시 국가로 나뉘어 있었고, 아시리아인들은 각각의 도시에서 "카룸"이라 불리는 시장을 세웠다. 이 시장들은 아나톨리아와 메소포타미아 간의 활발한 무역을 가능하게 했다.

▬ 퀼테페와 무역

- **카니스 시장**: 퀼테페에 위치한 카니스는 20개의 카룸을 통제하며 중앙 시장의 역할을 했다. 퀼테페에서 발견된 수천 점의 무역 거래 증서(점토판)는 이 시기의 중요한 기록으로 남아 있으며, 유네스코 세계기록유산에 등재되었다.
- **무역 방식**: 금과 은이 주요 거래 수단으로 사용되었으며, 물물교환 방식으로 이루어졌다. 아시리아 상인들은 캐러밴을 통해 주석, 향수 및 장식품을 운송하고, 이들 물품은 보안 보장을 위해 지역 통치자에게 세금과 임대료를 지불함으로써 거래되었다.

▬ 문화적 상징성

- **아나톨리아 언어 및 문자**: 이 시기에는 아시리아 언어와 설형문자의 도입이 이루어졌고, 상인들의 원통 인장 사용이 일반화되었다. 퀼테페에서 발견된 유물들은 당시 아나톨리아 문화의 독창성과 지속성을 보여준다.
- **예술적 전통**: 퀼테페에서 나타난 비유적인 상징성은 후에 히타이트 예술로 이어지는 도상학의 발전을 이끌었다. 이러한 문화적 요소들은 수세기 동안 이어져 아나톨리아의 정체성을 형성하는 데 중요한 역할을 했다.

▬ 유물 전시

현재 퀼테페에서 발굴된 유물들은 퀼테페 발굴 현장 지역 박물관과 앙카라의 아나톨리아 문명 박물관에서 전시되고 있으며, 이들은 아나톨리아와 메소포타미아 간의 교류의 중요한 증거로 남아 있다. 이러한 점에서 아시리아 무역 식민지 시대는 고대 근동 역사에서 특별한 위치를 차지하며, 문화와 무역의 상호 작용이 이루어지는 중요한 시점으로 평가된다.

❙ 퀼테페 유적 전시장

▬ 퀼테페 유적 전시장 앞 대형 토기 항아리

이 항아리는 고대 문명의 상징으로, 초기 농업 사회의 일상생활과 의례를 반영한다. 항아리는 정교한 조각과 화려한 장식으로 꾸며져 있으며, 주로 곡물 저장이나 의식용으로 사용되었을 것으로 추정된다.

대형 항아리는 퀼테페 사람들이 식량을 저장하고 공동체의 생계를 유지하는 데 중요한 역할을 했음을 보여준다. 또한, 이 항아리의 크기와 형태는 그들의 기술력과 미적 감각을 드러내며, 고대인들의 생활 방식을 이해하는 데 중요한 단서를 제공한다.

▌퀼테페 유적 조감도

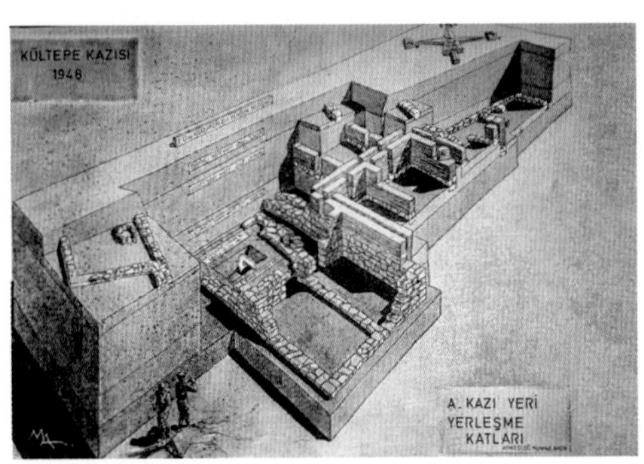

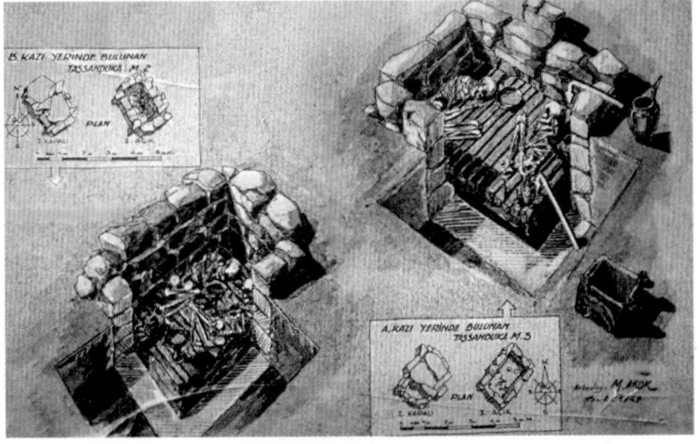

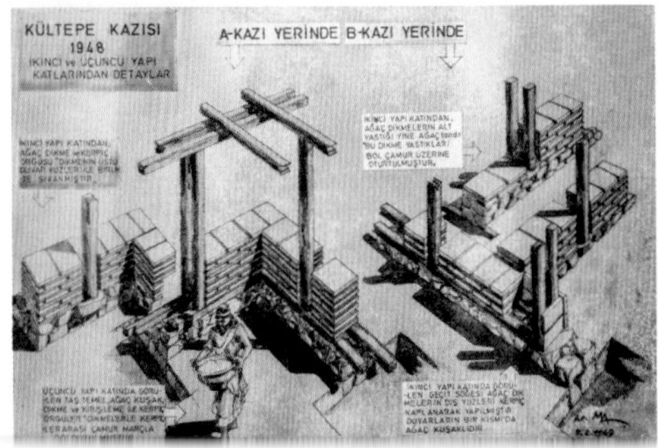

▌퀼테페 유적의 주거시설 건축 장면

▌퀼네페 유적 발굴 현장

▬ 초기 설형 문자 타블릿, 퀼테페

고대 문명과 상업 거래의 증거를 보여준다. 이 타블릿은 당시 사회의 조직과 언어 발전을 이해하는 데 중요한 자료로, 인류 역사에 중대한 의미를 지닌다. 문자의 형태와 내용은 고대 근동의 문화적 풍요로움을 드러내며, 기록의 중요성을 강조한다.

▬ 동물 토기상 퀼테페

퀼테페에서 발견된 동물 토기상은 기원전 3000년대 초의 유물로, 당시 사람들의 예술적 감각과 동물 숭배 문화를 반영한다. 이 토기상은 고대 문명에서의 동물과의 관계성을 잘 보여준다.

■ 사람 부조 석고, 베이세술탄과 퀼테페

고대 인물의 특징을 흥미롭게 표현하며, 당시 사회와 문화의 이해를 돕는 자료로 평가된다.

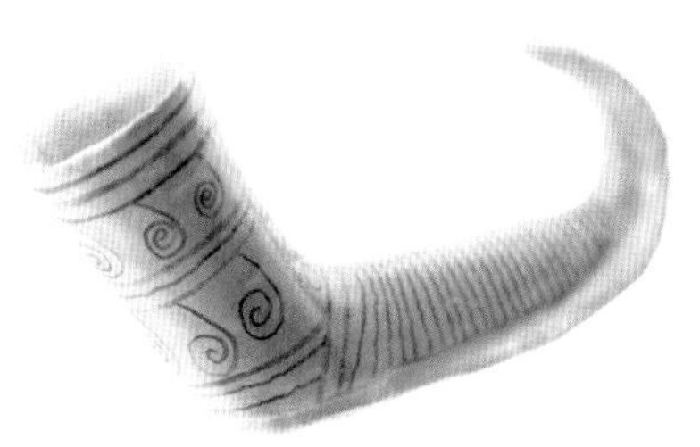

▎샌들 모양의 의식용 음료수병, 테라코타

▎퀼테페 벌판의 야생 농자물

■ 후기 청동검과 설형 타블릿

기원전 19세기 퀼테페 유적지에서 발견된 중요한 유물로, 고대 문명의 정치 및 사회 구조를 이해하는 데 기여하고 있다. 특히 "ANITTA' NIN SARAYI"라는 문구가 새겨진 설형 타블릿은 아니타의 궁전을 나타내며, 당시의 정치적 맥락을 명확히 드러낸다. 이 타블릿은 왕국의 권력과 통치 구조를 설명하는 귀중한 자료로, 고대 아나톨리아 사회의 복잡성을 보여준다. 후기 청동검은 군사적 힘의 상징이자 전쟁에서의 위력을 나타내며, 왕이나 귀족의 권위를 강조하는 중요한 아이템으로 여겨졌다. 두 유물은 함께 고대인들의 일상생활, 정치적 관계, 그리고 문화적 관습을 이해하는 데 필수적인 단서를 제공하며, 인류 역사에서 그 가치가 재조명되고 있다. 퀼테페 유적지의 이러한 유물들은 고대 문명이 어떻게 발전해 왔는지를 탐구하는 데 있어 중요한 열쇠로 작용하고 있다.

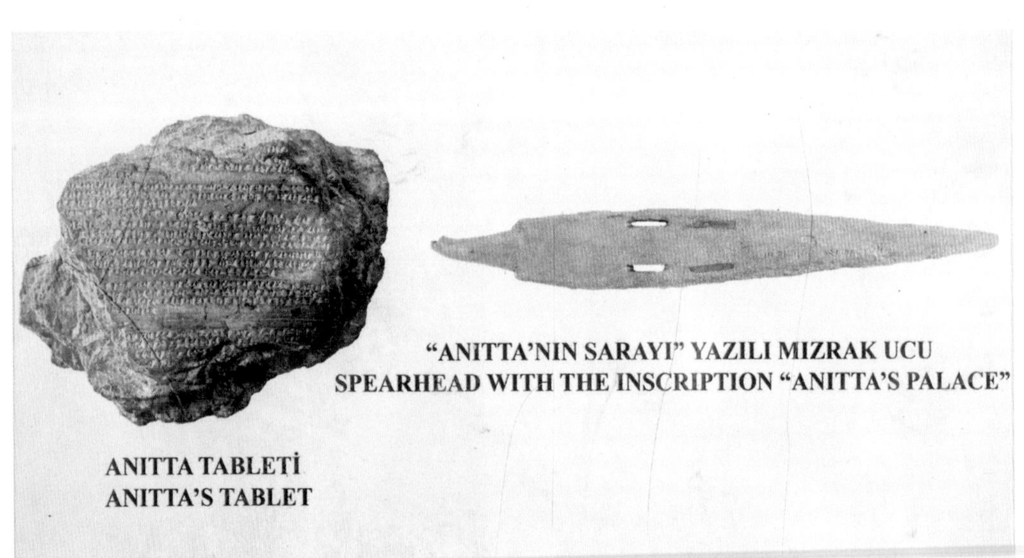

퀼테페(Kültepe)

튀르키예의 케이세리 주에 위치한 중요한 고고학 유적지로, 고대 아시리아 문명과 히타이트 문명의 흔적이 남아 있는 장소이다. 이 지역은 남서쪽으로 약 20㎞ 떨어져 있으며, 고대 도시의 유적과 아시리아 거주지가 발견된 하위 도시로 구성되어 있다.

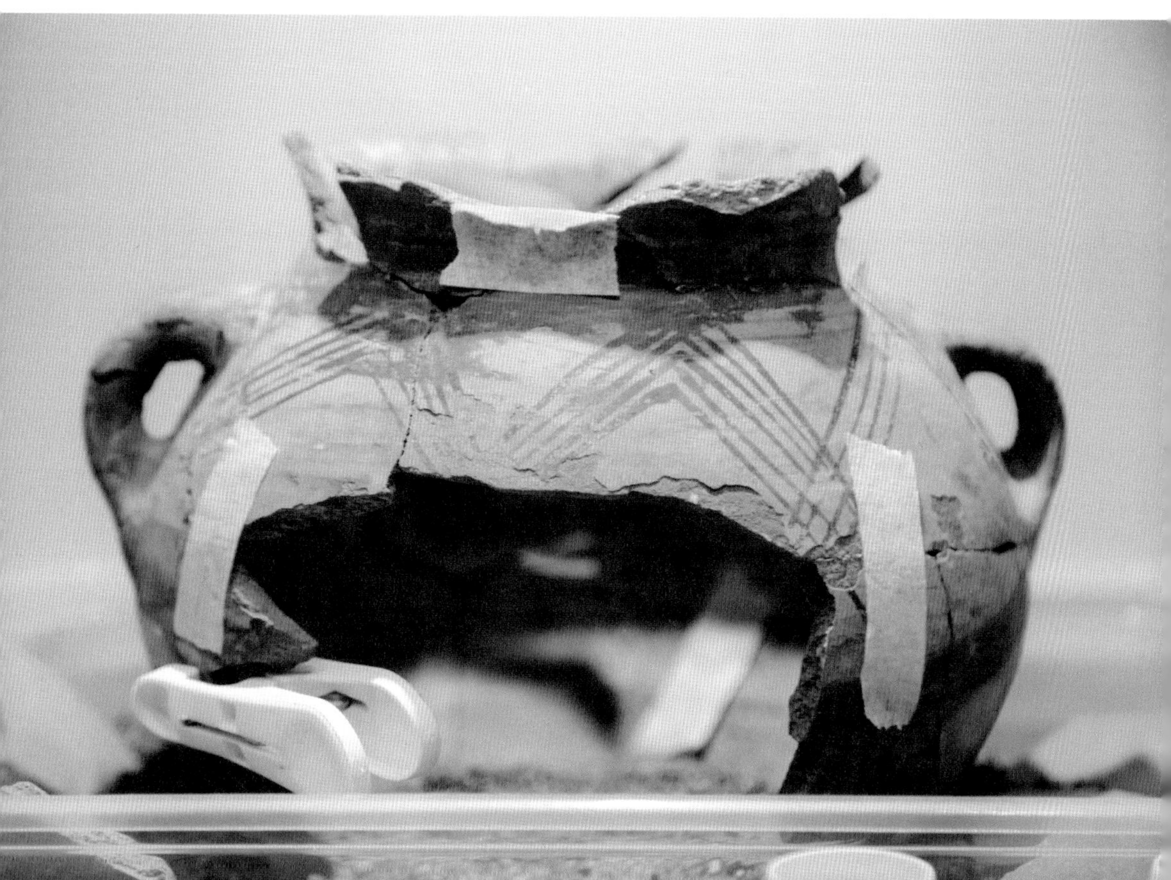

문양이 있는 토기, 기원전 3천년기 초.

역사적 배경

- **이름의 변천**: 퀼테페의 고대 도시 이름은 기원전 20세기와 19세기에 기록된 바에 따르면 카네스(Kanes)로 알려져 있으며, 이후 히타이트 기록에서는 네사(Nesa) 또는 가끔 아니사(Anisa)로 언급된다.
- **주요 거주지**: 카네스는 구리기 시대부터 로마 시대까지 지속적으로 거주된 중요한 히타이트와 후리안 도시였다. 기원전 21세기부터 18세기까지는 고대 아시리아 제국이 상인 거주지를 설립하여 이 지역에서 활발한 무역을 이어갔다.
- **왕족 언급**: 이 도시에서는 집안 왕 지파니가 기원전 15세기에 언급되어 있어, 당시 정치적 맥락을 이해하는 데 중요한 단서가 된다.

카룸(Karum)과 무역

- **카룸의 의미**: '카룸'은 지역 관리자들에 의해 세금을 내지 않고 이용되도록 지정된 도시의 일부분을 의미한다. 아카드어에서 유래한 이 용어는 원래 "항구"를 뜻하지만, 시간이 지나면서 특정 거래 정착지를 가리키는 용어로 확장되었다.
- **무역의 형태**: 퀼테페에서 발견된 다수의 점토판은 주로 국가보다는 가족들에 의해 수행된 아시리아 식민지와 도시국가 간의 무역을 드러냅니다. 이러한 판들은 고대 아시리아어로 작성되어 있으며, 아나톨리아에서 발견된 가장 오래된 문서 중 하나로 평가된다.

문화적 중요성

- **언어와 문자**: 퀼테페의 점토판에는 히타이어에서 빌린 단어와 이름이 포함되어 있어 인도유럽어의 존재를 시사한다. 그러나 대부분의 증거는 아시리아가 아닌 아나톨리아적인 특징을 지니고 있다. 방형 문자와 언어 사용에 따라 아시리아 존재의 가능성도 확인되고 있다.

세계유산 등재

▪ **유네스코 세계유산 잠정 목록**: 2014년, 퀼테페는 튀르키예의 세계 유산 잠정 목록에 고고학적 유적지로 추가되었다. 이곳은 히타이트어의 가장 초기 흔적들이 발견된 장소로, 약 20세기 전으로 거슬러 올라가는 중요한 역사적 가치를 지니고 있다.

퀼테페는 이러한 점들 덕분에 고대 근동 역사 연구에 있어서 매우 중요한 유적지로 자리 잡고 있으며, 아나톨리아와 메소포타미아 간의 문화적, 경제적 상호작용을 이해하는 데 핵심적인 역할을 하고 있다.

▬ 테레-카네시 유적

튀르키예 카이세리시에서 북동쪽으로 20㎞ 떨어져 있는 퀼테페-카네시 유적은 동서양을 연결하는 세계 무역의 중심지에 있었던 약 3900년 전 도시 유적이다.

▬ 설형문자 점토판 출토지

옛 카네쉬 왕국 또는 네사(Nesha) 왕국의 수도이기도 했던 퀼테페 일대에서는 고대 아시리아어로 쓰인 설형문자(쐐기 문자) 점토판 약 2만3500점이 출토돼 주목받았다.

▬ 고대 아시리아 상인 기록물

이 자료는 고대 사회와 상업 역사를 정밀하게 써나갈 수 있게 해준 기록물로서 가치를 인정받아 2015년 유네스코 세계기록유산에 등재됐다.

▬ 튀르키예 퀼테페 유적지

BC 3000-2500년 사이 고대 청동기 시대 초기의 문화로 파악된다.

▬ 퀼테페 유적 발굴 현장

퀼테페 유적지에서 발견된 이 고대 아시리아의 상인 기록물은 약 3,900년 전으로 거슬러 올라가며, 두 개의 층으로 구성된 구조에서 출토되었다. 이 기록물은 설형 문자로 작성되어 있어 당시 상업 활동과 거래에 대한 중요한 정보를 제공한다. 상인들은 이 문서를 통해 물품의 거래, 가격, 그리고 거래 상대방과의 관계를 기록하며 상업적 거래의 세부 사항을 관리했다. 이러한 기록은 고대 사회의 경제적 활동을 이해하는 데 필수적인 자료로, 상업이 어떻게 이루어졌는지를 보여준다. 또한, 이 기록물은 고대 아시리아 상인들이 직면한 도전과 기회를 이해하는 데 기여하며, 그들의 문화와 생활상을 엿볼 수 있는 귀중한 단서가 된다. 퀼테페 유적지는 이러한 유물들을 통해 고대 문명 연구에 있어 중요한 장소로 평가받고 있다.

퀼테페 유적지는 아시리아 시대의 상업 식민지로서의 중요한 역할을 반영하고 있으며, 이 지역의 문화적 복합성을 잘 보여준다. 이곳에서 발견된 유물들은 고대 아시리아 상인들이 이 지역에 세운 상업적 거점과 그들의 경제적 활동을 드러낸다. 특히, 상인 기록물과 함께 출토된 다양한 유물들은 당시의 상업 네트워크와 물품 거래의 복잡성을 설명하는 데 기여한다.

또한, 퀼테페는 히타이트 문화층으로도 파악되며, 이는 이 지역이 단순한 상업 식민지 이상의 역사적 맥락을 가짐을 시사한다. 히타이트 문화의 영향을 받은 유물들은 지역의 문화적 혼합과 상호작용을 나타내며, 아시리아 상인들과 히타이트 문화 간의 관계를 보여준다. 이러한 요소들은 퀼테페 유적지가 고대 문명 간의 복잡한 상호작용을 이해하는 데 중요한 장소임을 입증하며, 고대 아시리아와 히타이트 문화의 융합이 이루어진 중요한 역사의 현장으로 남아 있다.

유적 면적은 360만㎡으로 풍납토성의 약 4.3배에 달하며, 이중 현재 3% 정도가 발굴되었다

▬ 고대언어의 발상지

인도유럽어족의 가장 초기 흔적과 히타이트 언어의 가장 초기 흔적이 함께 발견되었으며, 기록된 발견물은 기원전 20세기로 거슬러 올라간다.

아나톨리아에서 가장 오래된 문서는 1800년대에 이곳에서 발굴되었다.

■ 설형 문자 텍스트 해독

1948년부터 시작된 고대 아시리아 설형 문자 텍스트의 해독과 지속적인 고고학 발굴 덕분에 히타이트 이전 아나톨리아의 정치 구조, 퀼테페와 퀼테페 바로 인근에 식민지를 건설한 아시리아 상인의 존재, 일상생활에 대한 정보가 밝혀지기 시작했다.

■ 타블릿의 출저

고대 아시리아 설형 문자와 언어로 된 카파도키아 점토판 . 마침내 1925년에 Bedřich Hrozný는 마운드 본연의 남쪽과 남동쪽에 있는 요새화된 초승달 모양의 지역에서 타블릿의 출처를 찾았다.

■ 타블릿의 발견

아나톨리아에서 발견된 가장 오래된 역사적 문서인 이 타블릿들은 고대 아시리아 유형이다. 유사한 타블릿들이 알리자휘육과 히타이트 수도인 하투샤에서 발견되었다.

■ 카룸

아시리아와 바빌로니아 간의 중요한 무역 전초기지로, 캐러밴의 종착지이자 유통 센터로 기능했다. 바빌로니아에서 환적된 아시리아 직물과 품목은 아나톨리아에서 생산된 구리와 은과 교환되었다.

■ 초기 히타이트 복원 마을

초기 히타이트 거주 마을을 복원하였는데, 아직 미완성이다. 히타이트인들은 이미 아나톨리아에 정착하여 토착민들과 동화되었다 . 기원전 20세기에서 18세기 사이에는 아나톨리아에는 많은 아시리아인들이 존재했다.

신석기 시대는 기원전 9000년경에 식량 채집에서 생산으로 전환되기 시작했다. 진정한 신석기 시대는 기원전 7300년경에 시작되어 농사와 가축 사육이 확립되었으며, 기원전 6250년경까지 지속되었다. 이후 청동기 시대가 도래하면서 금속 무기와 도구가 돌과 함께 사용되었고, 채색된 도자기가 일반적으로 활용되었다.

동석기 시대는 기원전 4천년 중반에 끝났으며, 이 시기에 문자의 발명이 이루어졌다. 이는 이집트와 메소포타미아의 위대한 왕조 문명의 부상을 예고했다. 이후에는 초기 및 중기 청동기 시대로 알려진 더 진보된 금속 가공 시대가 이어졌다. 이 변화는 인류의 문화와 사회 구조에 중요한 영향을 미쳤다.

농업과 축산업의 기원은 현대 식량 곡물의 야생 조상과 가축의 자연 서식지가 있는 중동 지역에서 비롯된 것으로 오랫동안 알려져 있다. 이 지역은 주변의 물이 잘 공급되는 고원을 중심으로 발전하였으며, 이는 농업과 축산업의 초기 발전에 중요한 역할을 했다. 이러한 조사 방향은 중동의 기후와 지리적 특성이 농업의 시작과 가축화에 적합했음을 보여주며, 이로 인해 해당 지역이 인류의 식량 생산의 중심지가 되었음을 시사한다.

▬ 아나톨리아 유래

아나톨리아는 칠리키아의 해안 평야를 제외하고 구리석기 시대가 시작될 때까지 사람이 살지 않았던 것으로 여겨졌다. 그러나 이후 발굴 작업을 통해 이 지역의 인류 거주에 대한 이해가 완전히 바뀌었다. 이러한 발견들은 아나톨리아의 고대 문화와 사회 구조에 대한 새로운 통찰을 제공하며, 이 지역의 역사적 중요성을 강조한다.

'아나톨리아'의 어원은 그리스어 단어 '아나톨리'(νατολ)에서 비롯되며, 이는 '떠오르다'는 의미의 '아나텔로'(νατ λλω)에서 유래했다. 따라서 '아나톨리'는 해가 떠오르는 방향, 즉 '동쪽'을 가리킨다. 그리스 사람들에게는 해가 떠오르는 방향에 위치한 지역이라는 의미를 갖는다. 이와 유사하게, 라틴어 'Levare'에서 유래한 '레반트'와 'Oriens'에서 유래한 '오리엔트'도 같은 의미를 지니고 있다.

메소포타미아 문명의 상부에 위치한 아나톨리아는 인류사의 뿌리로, 농업과 도시 문명의 발상지로 알려져 있으며, 다양한 문화와 기술이 발전한 중요한 지역이다. 신석기 시대에 들어서면서 아나톨리아 거주민들은 많은 유적과 풍부한 유물들을 남기기 시작했다. 그중에서도 기원전 7000년경의 차탈회육(Çatalhöyük)은 지구상에서 가장 오래된 인류 집단 거주 유적지 중 하나로, 당시 사회와 문화를 이해하는 데 중요한 역할을 한다.

튀르키예 카이세리시에서 북동쪽으로 20㎞ 떨어져 있는 퀼테페-카네시 유적은 동서양을 연결하는 세계 무역의 중심지에 있었던 약 3900년 전 도시 유적이다.

▎퀼테페 유적 입구

▎옛 카네시 왕국 또는 네사(Nesha) 왕국의 수도이기도 했던 퀼테페 일대에서는 고대 아시리아어로 쓰인 설형문자(쐐기 문자) 점토판 약 2만 3,500점이 출토돼 주목받았다.

'고대 아시리아 상인 기록물'로 명명된 이 자료는 고대 사회와 상업 역사를 정밀하게 써나갈 수 있게 해준 기록물로서 가치를 인정받아 2015년 유네스코 세계기록유산에 등재됐다.

튀르키예 퀼테페(Kültepe) 유적은 BC 3000-2500년 사이 고대 청동기 시대 초기의 문화로 파악된다.

약 3,900년전 설형문자로 기록된 고대 아시리아의 상인기록물이 출토되었다.

이 일대가 아시리아 시대의 상업식민지였음을 반영하며, 히타이트 문화층으로 파악되기도 한다.

유적 면적은 360만㎡으로 풍납토성의 약 4.3배에 달하며, 이중 현재 3% 정도가 발굴되었다.

인도유럽어족의 가장 초기 흔적과 히타이트 언어의 가장 초기 흔적이 함께 발견되었으며, 기록된 발견물은 기원전 20세기로 거슬러 올라간다.

아나톨리아에서 가장 오래된 문서는 1800년대에 이곳에서 발굴되었다.

1948년부터 시작된 고대 아시리아 설형 문자 텍스트의 해독과 지속적인 고고학 발굴 덕분에 히타이트 이전 아나톨리아의 정치 구조, 퀼테페와 퀼테페 바로 인근에 식민지를 건설한 아시리아 상인의 존재, 일상생활에 대한 정보가 밝혀지기 시작했다.

고대 아시리아 설형 문자와 언어로 된 카파도키아 점토판. 마침내 1925년에 Bedřich Hrozný는 마운드 본연의 남쪽과 남동쪽에 있는 요새화된 초승달 모양의 지역에서 태블릿의 출처를 찾았다.

아나톨리아에서 발견된 가장 오래된 역사적 문서인 이 타블릿들은 고대 아시리아 유형이다. 유사한 타블릿들이 알리자휘육과 히타이트 수도인 하투사에서 발견되었다.

▌초기 히타이트 거주 마을을 복원한 모델 하우스

▌초기 히타이트 거주 마을을 복원하였는데, 아직 미완성이다

히타이트인들은 이미 아나톨리아에 정착하여 토착민들과 동화되었다. 기원전 20세기에서 18세기 사이에는 아나톨리아에는 많은 아시리아인들이 존재했다.

카룸(Karum) (아마도 가장 중요했을 무역 전초기지)은 아시리아에서 오가는 캐러밴 운송의 종착지이자 유통 센터 역할을 했다. 바빌로니아에서 환적된 아시리아 직물과 품목은 아나톨리아 구리와 은과 거래되었다.

신석기 시대가 식량 채집에서 식량 생산으로 전환되기 시작했다는 첫 징후는 기원전 9000년경으로, 6250년경까지 거슬러 올라갈 수 있다. 진정한 신석기 시대는 기원전 7300 년경 에 시작되었는데, 그때쯤 농사와 가축 사육이 이미 확립되어 기원전 6250 년경 까지 지속되었다. 신석기 시대에 이어 청동기 시대가 왔고, 이 기간 동안 금속 무기와 도구가 점차 돌 원형과 함께 자리를 잡았으며, 채색된 도자기가 일반적으로 사용되었다.

동석기 시대는 기원전 4천년 중반에 끝났는데, 이 때 문자의 발명이 이집트 와 메소포타미아 의 위대한 왕조 문명의 부상을 예고했고, 그 뒤를 이어 초기 및 중기 청동기 시대로 알려진 더욱 진보된 금속 가공 시대가 이어졌다.

농업과 축산업의 기원은 현대 식량 곡물의 야생 조상과 가축의 자연 서식지가 있는 중동 지역에서 찾아야 한다는 것은 오랫동안 알려져 왔다. 이 조사 방향은 주변 지역의 물이 잘 공급되는 고원을 가리켰다.

아나톨리아는 칠리키아의 해안 평야를 제외하고 구리석기 시대가 시작될 때까지 사람이 살지 않았다고 여겨졌다. 그 이후 발굴을 통해 상황이 완전히 바뀌었다.

신석기 시대가 식량 채집에서 식량 생산으로 전환되기 시작했다는 첫 징후는 기원전 9000년경으로, 6250년경까지 거슬러 올라갈 수 있다. 진정한 신석기 시대는 기원전 7300 년경 에 시작되었는데, 그때쯤 농사와 가축 사육이 이미 확립되어 기원전 6250 년경 까지 지속되었다. 신석기 시대에 이어 청동기 시대가 왔고, 이 기간 동안 금속 무기와 도구가 점차 돌 원형과 함께 자리를 잡았으며, 채색된 도자기가 일반적으로 사용되었다.

동석기 시대는 기원전 4천년 중반에 끝났는데, 이 때 문자의 발명이 이집트 와 메소포타미아 의 위대한 왕조 문명의 부상을 예고했고, 그 뒤를 이어 초기 및 중기 청동기 시대로 알려진 더욱 진보된 금속 가공 시대가 이어졌다.

아나톨리아의 숲길은 해가 떠오르는 방향으로 뻗어 있다. 오리엔트의 신비로운 기운이 감도는 이 길은 아침 햇살에 반짝이며, 나무 사이로 스며드는 빛이 마치 꿈처럼 아름답다. 새들의 노래가 울려 퍼지고, 상쾌한 공기가 마음을 정화한다. 이곳은 자연과 하나 되어 새로운 시작을 알리는 장소다.

메소포타미아 문명의 상부에 위치한 아나톨리아가 인류사의 뿌리였다.

■ 퀼테페 전시장

신석기 시대에 들어와서야 비로소 아나톨리아 거주민들은 많은 유적과 유물을 남기고 있는데, 그중에서도 기원전 7000년 경의 차탈회육은 지구상에서 가장 오래된 인류 집단 거주 유적지 중 하나이다.

신석기 시대에 들어와서야 비로소 아나톨리아 거주민들은 많은 유적과 풍부한 유물들을 남기고 있는데, 그중에서도 기원전 7000년경의 차탈회육(Çatalhöyük)은 지구상에서 가장 오래된 인류 집단 거주 유적지 중 하나이나.

8. 함무라비의 바빌로니아를 함락시킨 히타이트 제국

고바빌로니아 함락

- **투드할리야 1세의 통치** (기원전 15세기): 히타이트의 투드할리야 1세는 주변 민족들을 정복하며 아나톨리아 반도를 재통일하였다. 이 시기를 히타이트 중왕국이라고 부른다. 그의 통치 아래에서 히타이트는 내정을 안정시키고 외부 세력에 대한 군사적 대응을 강화했다.
- **수필룰리우마 1세의 동맹** (기원전 14세기): 수필룰리우마 1세의 시대에는 히타이트가 아나톨리아의 안정 이후 아시리아 및 바빌론 제3왕조(카시트 왕조)와 동맹을 맺었다. 이를 위해 수필룰리우마 1세는 중바빌로니아의 왕녀와 결혼하여 외교적 유대를 강화하였다.
- **미탄니 왕국 정복**: 이 동맹의 효과는 뚜렷하여, 히타이트는 당시 중동 지역의 강대국이었던 미탄니 왕국을 정복하며 오리엔트의 최강자로 자리 잡게 된다. 이 과정에서 히타이트는 강력한 군사력을 바탕으로 세력을 확장하고, 중요한 정치적 위치를 확보하게 된다.
- **고바빌로니아의 함락**: 고바빌로니아의 마지막 왕인 삼수디타나가 히타이트의 무르실리 1세에게 패배하면서 바빌론은 함락되었다. 이로 인해 고바빌로니아는 함무라비 사후 약 150년 만에 허무하게 몰락하게 된다. 바빌론의 함락은 그 지역의 정치적, 문화적 전통에 큰 타격을 주었고, 이후 히타이트의 영향력이 더욱 확대되는 계기가 되었다.

고바빌로니아의 몰락은 고대 근동의 정치적 지형에 큰 변화를 가져왔으며, 이 시기는 히타이트의 부흥과 메소포타미아의 새로운 권력 관계가 형성되는 중요한 전환점으로 평가 받고 있다.

샬마네세르 1세의 통치

- **정복과 세력 확장**: 아시리아의 왕 샬마네세르 1세(기원전 1274-1245년경)는 그의 통치 기간 동안 후리아(Hurria)와 미탄니(Mitanni)를 정복하고, 이를 통해 아시리아의 세력을 크게 확장했다. 그는 군사적 정복뿐만 아니라 정치적 동맹과 외교적 전략을 통해 아시리아의 영향력을 강화했다.
- **영토 확장**: 그의 정복은 아나톨리아의 유프라테스 상류 지역에서 시작되어 바빌로니아, 고대 이란, 아람(현재의 시리아 지역), 가나안(이스라엘), 그리고 페니키아에 이르기까지 넓은 지역을 포함했다. 이러한 확장은 아시리아 제국의 강력한 군사력과 조직적인 행정 시스템을 기반으로 하였다.
- **군사 캠페인**: 샬마네세르 1세는 그의 군대가 고대 국가들과의 전투에서 승리하도록 이끌었으며, 이를 통해 아시리아는 중동 지역의 주요 강국 중 하나로 자리 잡게 되었다. 그의 정복 활동은 아시리아의 상업적, 군사적, 문화적 중심지로서의 입지를 강화하는 데 크게 기여했다.
- **문화적 영향**: 그의 정복은 또한 아시리아 문화와 미탄니, 후리아 등 정복한 지역의 문화 간의 상호작용을 촉진하였으며, 이는 아시리아의 사회와 경제에 긍정적인 영향을 미쳤다. 샬마네세르 1세는 아시리아 제국의 기초를 다진 왕으로 평가받고 있으며, 그의 후계자들은 그의 업적을 바탕으로 제국의 확장을 지속하게 된다.

샬마네세르 1세의 통치는 아시리아 역사에서 중요한 전환점으로, 제국의 세력을 확장하고 정치적 안정성을 강화하는 데 기여한 시기로 여겨진다.

▬ 히타이트 왕국의 쇠락

히타이트 왕국은 기원전 1180년경 급격히 쇠락하게 되었으며, 이는 서쪽에서 도래한 해양 민족의 갑작스러운 침입으로 촉발된 혼란과 관련이 있다. 이러한 혼란 속에서 왕국의 정치, 경제, 사회 구조가 붕괴되며 결국 멸망하게 되었다. 히타이트의 멸망은 당시 중동 지역의 권력 균형에 큰 영향을 미쳤다..

▬ 아시리아 히타이트 영토

아시리아는 히타이트 영토의 상당 부분을 차지하며, 남은 서쪽 지역은 신흥 세력인 프리기아가 장악했다. 히타이트 왕국은 여러 개의 "신-히타이트" 도시 국가들로 분열되었고, 이들 중 일부는 기원전 8세기 신-아시리아 제국에 굴복할 때까지 존재했다. 이러한 변화는 아나톨리아 지역의 정치적 복잡성을 더욱 부각시켰다..

프리기아 왕국과 미다스 왕

- **전성기**: 프리기아 왕국은 기원전 8세기, 특히 미다스 왕(Midas)의 통치 아래에서 전성기를 맞이했다. 미다스는 프리기아의 가장 유명한 왕 중 하나로, 그의 통치 기간 동안 왕국은 아나톨리아 중부와 서부 지역의 대부분을 장악하게 되었다.
- **영토 확장**: 미다스 왕의 통치 하에 프리기아는 아나톨리아의 상당 부분을 통합하여 강력한 국가로 발전하였다. 이로 인해 아나톨리아의 정치적 및 경제적 중심지로 자리 잡았고, 문화적 영향력을 미쳤다.
- **아시리아와의 긴장**: 프리기아 왕국의 성장과 세력 확장은 아나톨리아 동부에서 지배하고 있던 아시리아 제국에 위협이 되었다. 당시 아시리아는 이미 중동 지역에서 강력한 군사적 세력을 형성하고 있었으나, 프리기아의 등장으로 인해 전선이 복잡해졌다.
- **미다스의 업적**: 미다스 왕은 그의 전성기 동안 풍부한 자원과 상업적 거래를 통해 왕국의 부를 증가시켰다. 전설에 따르면, 그는 모든 것을 금으로 바꾸는 능력을 지닌 왕으로 유명하며, 이는 프리기아 문화와 신화를 상징적으로 보여준다. 미다스의 통치는 또한 프리기아의 예술과 건축에서 중요한 발전을 이끌었다.

프리기아 왕국은 미다스 왕 치하에서 아나톨리아 역사에서 중요한 역할을 하였으며, 그들의 성장과 아시리아 제국과의 대립은 고대 근동의 정치 지형에 큰 영향을 미쳤다.

▬ 아시리아의 통치자 사르곤 2세

(기원전 722-705 재위)는 기원전 709년에 프리기아와 평화 협정을 체결한 사실을 기록하며 큰 기쁨을 표현했다. 이 협정은 아시리아의 영토 확장에 중요한 역할을 했으며, 두 강국 간의 갈등을 완화하고 안정적인 외교 관계를 형성하는 계기가 되었다. 사르곤 2세의 통치 아래 아시리아는 강력한 군사력을 유지하며 주변 국가들과의 외교를 적극적으로 추진했다.

▬ 미다스 왕의 죽음

기원전 695년, 킴메르족의 침략으로 프리기아 왕국의 수도 고르디온이 함락되자 미다스 왕은 황소의 피를 마시며 스스로 죽음을 선택했다. 이 극단적인 선택은 프리기아 왕국의 전성기 끝을 알리는 사건으로, 왕국의 멸망을 상징적으로 나타낸다. 미다스의 죽음은 프리기아의 정치적 불안정을 초래했고, 왕국은 이후 외부 세력의 침략과 내부 분열로 인해 급속히 쇠퇴하게 되었다..

▬ 신화의 인물 미다스 왕과 고르디우스

미다스 왕과 그의 아버지 고르디우스는 그리스 및 로마 신화에 등장하는 인물로, 프리기아 왕국과 깊은 연관이 있다. 고르디우스는 유명한 "고르디우스의 매듭(Gordian Knot)"과 관련된 전설의 주인공으로, 이 매듭을 푸는 것이 아시아의 지배자가 되는 예언이었다. 알렉산더 대왕은 이 매듭을 칼로 베어내며 예언을 성취했다. 또한 미다스 왕은 "황금 손(Golden Touch)" 전설로 유명한데, 이는 그가 만지는 모든 것을 금으로 변환하는 능력을 갖게 되었지만, 결국 그 능력으로 인해 비극적인 결과를 초래하는 이야기다. 이 이외에도 "임금님 귀는 당나귀 귀"라는 설화는 미다스의 잘못된 판단과 그의 외모에 대한 풍자를 담고 있다. 이들 전설은 프리기아 왕국의 문화적 유산을 보여주는 중요한 요소이다..

▬ 아시리아 제국의 태동

아시리아가 본격적인 독립 국가로 발돋움한 시기는 기원전 2025년, 우르 제3왕조로부터 독립하면서 고아시리아(Old Assyria)가 건설된 시점이다. 초기 고아시리아 시대에는 정치적, 군사적 영향력이 미미한 작은 도시 국가였으나, 경제적으로는 중요한 위상을 차지했다. 특히 에리슘 1세(기원전 1974~기원전 1935년)의 통치 기간 동안 아시리아는 자그로스 산맥에서 아나톨리아 반도의 중부 지역에 이르는 대규모 무역로의 중심지로 발전하였다. 이 시기에 아시리아는 상업과 교역을 통해 경제적 기반을 확립하고, 이후 성장하는 아시리아 제국으로 나아가는 발판을 마련하였다.

▬ 고바빌로니아의 아시리아 정복

기원전 18세기, 고바빌로니아의 함무라비 대왕은 인근 도시국가들을 정복하고 메소포타미아 지역을 통일하였다. 이 과정에서 아시리아도 함무라비의 군사적 확장에 의해 정복되어, 잠시 셈계 아모리인이 세운 고바빌로니아의 지배를 받게 되었다. 함무라비의 통치 아래에서 아시리아는 고바빌로니아의 정치적 영향력과 법률 체계의 영향을 받았고, 이는 아시리아 사회와 문화에 중대한 변화를 초래했다. 그러나 이러한 지배는 오래 지속되지 않았으며, 이후 아시리아는 다시 독립하여 자립적인 왕국으로서의 정체성을 회복할 수 있는 기회를 맞이하게 된다. 이 시기는 아시리아의 역사에서 중요한 전환점으로 작용하며, 고바빌로니아의 문화와 정치 체계가 아시리아의 발전에 미친 영향을 보여준다.

▬ 항복 권유, 히스기

히스기야! 네가 할 수 있는 건 그저 말뿐인데, 대체 무엇을 믿고 나에게 도전하는 거냐? 너희가 지원군이라고 믿는 이집트, 그 썩은 갈대 지팡이처럼 오히려 너희를 해칠 것이다. 나와 내기를 하나 하자! 너희 중 말 탈 줄 아는 자가 있다면, 내가 말 2천 마리를 줄게. 과연 네가 내 군사들 중 한 명이라도 물리칠 수 있을까? 너는 하느님을 의지한다고 했지? 그러니 이것도 하느님이 예루살렘을 박살내라고 하신 것이라 생각하고, 차라리 항복하는 게 좋겠다.

▬ 아시리아의 유다 공격

아시리아 군대는 강력한 군사력을 바탕으로 유다의 성벽을 공격했다. 이들은 포위 공성기계와 보병을 동원하여 성벽을 무너뜨리기 위해 집중적인 공격을 감행했다. 아시리아의 전술은 효율적이었으며, 높은 전투력 덕분에 성벽을 빠르게 파괴하고 유다를 정복할 가능성을 높였다.

아시리아 병사들

아시리아 군대는 유다 왕국을 잔인하게 공격하며 그 지역의 주민들에게 큰 고통을 안기고 있다. 이들은 첨단 무기와 조직적인 군사 작전을 통해 유다의 방어선을 무너뜨리고, 도시를 점령하며, 잔혹한 처형과 포로의 대량 학살을 감행한다. 이러한 공격은 유다 왕국의 정치적 불안정을 초래하고, 생존을 위한 고군분투 속에서 종교적 신념과 민족 정체성에 대한 도전을 불러일으킨다. 유다 왕국의 멸망은 아시리아 제국의 확장을 더욱 가속화하는 계기가 되었다.

아하스 왕과 아시리아 왕

유다 왕국의 아하스(Ahaz) 왕은 아시리아의 디글랏빌레셋 왕에게 전령을 보내 "나는 임금님의 신하이며 아들이다. 나를 공격하고 있는 시리아 왕과 이스라엘 왕의 소노에서 나를 구원하여 주십시오"라고 했다. 아하스는 아시리아 왕에게 성전과 왕국의 보물창고에서 금과 은을 모두 꺼내서 선물로 보냈다. (열왕기하 16:7~8)

아시리아의 왕 샬마네세르(Shalmaneser) 1세는 후리아(Hurria)와 미탄니(Mitanni)를 정복한 후 아나톨리아의 유프라테스 상류와 바빌로니아, 고대 이란, 아람(시리아), 가나안 (이스라엘), 페니키아로 세력을 확장했다.

아시리아의 압박

BC 720년에 북부 이스라엘 왕국이 아시리아에 의해 멸망된 후 아시리아는 유다 왕국마저 넘보았다. 이어 아시리아의 산헤립(Sennacherib) 왕은 예루살렘을 공격했다. 이에 유다왕 히스기야(Hezekiah)는 은 300 달란트, 금 30 달란트를 조공으로 바치며 목숨을 구걸했다. 그것도 모자라 아시리아 산헤립은 예루살렘을 압박했다.

이사야의 예언

성서는 이때 예언자 이사야(Isaiah)가 나타나 주님이 아시리아를 물리쳐 줄 것이라고 예언한다. 성서에는 주님의 천사가 나타나 아시리아군 18만5,000명을 몰살했다고 했다. 하지만 역사가들은 전염병이 돌아 아시리아군이 급히 퇴각했고, 수많은 사상자를 냈을 것이라고 분석했다.

유다 왕국의 독립성 유지

아시리아는 이스라엘 왕국을 멸망시켰으나, 유다 왕국은 결국 멸망시키지 못했다. 유다 왕국은 강력한 방어와 외교 전략을 통해 아시리아의 침략을 견뎌내며 독립성을 유지했다.

예언자 이사야의 지적

히스기야 왕 때 바빌로니아의 사절단이 국왕의 친서와 예물을 들고 찾아왔다. 히스기야는 우군을 만난 양 바빌로니아 사절단에 보물창고에 있는 은과 금, 향료, 향유, 무기 등을 모두 보여주었다. 히스기야의 생각은 짧았다. 바빌로니아가 아시리아를 치고 나면 유다를 칠 것을 예측하지 못한 것이다. 예언자 이사야는 히스기야에게 왕의 잘못을 지적했다. (열왕기 20:12~19)

아시리아 니네베 함락

기원전 612년, 바빌로니아는 아시리아의 수도 니네베를 함락시키며 아시리아 제국의 붕괴를 초래했다. 이에 아시리아는 이집트와 동맹을 맺고 바빌로니아 연합세력의 공세에 저항하며, 최후의 힘을 다해 제국의 존속을 위한 싸움을 계속했다.

유다 포로의 바빌로니아 강제 이주

기원전 605년, 바빌로니아는 아시리아와 이집트의 연합군을 격파하고 메소포타미아 및 가나안 지역의 패권을 차지했다. 바빌로니아의 느부갓네살(Nebuchadnezzar) 왕은 이집트의 속국으로 전락한 유다 왕국을 용납하지 않았다. 결국 바빌로니아는 유다를 침공해 속국으로 만들며, 유다의 정치와 경제에 큰 영향을 미치고, 이후 유다의 주민들을 포로로 잡아 바빌론으로 이주시키는 등의 잔혹한 정책을 펼쳤다.

▬ 아시리아 아슈르나시르팔 2세

아시리아의 왕으로, 아시리아 제국의 영토를 크게 확장한 군주이다. 그는 강력한 군사 작전과 정복 전쟁을 통해 메소포타미아 지역에서 영향력을 확대했다. 아슈르나시르팔 2세는 또한 수도 칼후(칼후르)에서 웅장한 궁전을 건설하고, 자신의 업적을 기록한 비문과 조각품을 남겨 후대에 그 전쟁의 참혹함과 왕권을 과시했다. 그의 통치 아래 아시리아는 군사력과 문화적 성취를 동시에 이룩하게 된다.

▬ 히타이트 수필룰리우마 1세의 미탄니 전쟁 승리

기원전 1430년경, 고아시리아는 후르리인이 주축이 된 미탄니 왕국의 지배를 받게 되었지만, 이 시기에도 어느 정도 자치권을 유지했다. 기원전 14세기, 히타이트 제국의 수필룰리우마 1세가 미탄니와의 전쟁에서 승리하면서 미탄니는 큰 타격을 입었다. 아시리아는 이러한 혼란을 기회로 삼아 미탄니로부터 독립을 쟁취하였고, 이는 아시리아의 자립과 영토 확장의 중요한 계기가 되었다.

▬ 아슈르우발리트 1세 즉위와 중아시리아 전환

기원전 1363년, 미탄니로부터 독립한 아슈르우발리트 1세가 즉위하면서 아시리아는 본격적인 영토 국가로 발전하기 시작했다. 그는 티그리스 강 유역과 토로스 산맥 등지를 정복하며 중아시리아 제국의 기초를 다졌다. 이 시기는 고아시리아에서 중아시리아로의 전환점을 의미하며, 아시리아의 정치적, 군사적 영향력이 크게 확대된 중요한 전환기를 나타낸다. 아슈르우발리트 1세의 통치 아래 아시리아는 새로운 시대를 맞이하게 되었다.

▬ 유다 왕국의 멸망

여호아킴의 아들 여호아긴(Jehoiachin)은 바빌로니아에 의해 왕으로 세워졌으나, 그의 통치가 불과 3개월 만에 종료되었다. 이후 바빌로니아는 여호아긴의 숙부 시드기야(Zedekiah)를 왕으로 임명했다. 시드기야는 초기에는 바빌로니아에 순종했으나, 재위 9년째인 기원전 586년에 반란을 일으켰다. 이에 느부갓네살 왕은 예루살렘을 포위하고, 시드기야는 2년 동안 농성했으나 결국 재위 11년째에 성을 포기하고 도주하게 된다. 느부갓네살은

급격히 쇠락한 히타이트 왕국은 기원전 1180년경 서쪽으로부터 갑작스러운 해양 민족의 도래로 촉발된 혼란의 와중에 멸망했다.

시드기야를 사로잡아 바빌로니아로 끌고 갔고, 이 사건은 기원전 587년으로, 유다 왕국의 350년 역사를 끝내는 계기가 되었다.

바빌로니아 군은 유다의 성전을 파괴하고 유다 백성들을 대거 바빌로니아로 강제 이주시켰다. 이 사건 이후, 유대인들은 바빌로니아의 수도 바빌론에서 50년간 머물게 되었으며, 이 기간은 '바빌론 유수(Babylonian Captivity)'로 알려져 있다. 이 시기는 유대 역사와 종교에 큰 영향을 미쳤다.

■ 함무라비 비문

"나는 백성을 적절하게 인도하고, 아수르에게 자비로운 보호 정신을 돌려주었다"

이는 함무라비가 통치 중 백성을 위한 정의로운 리더십을 강조하고, 아수르 지역의 평화와 안전을 확보하기 위해 노력했음을 나타낸다. 함무라비는 그의 법전을 통해 법의 지배와 사회적 안정의 중요성을 알리고자 하였다.

아시리아가 히타이트 영토의 상당 부분을 차지했으며 나머지 서쪽 영토는 신흥 세력 프리기아(Phrygia)가 차지했다. 히타이트 왕국은 여러 개의 "신-히타이트" 도시 국가들로 분열 되었으며 그중 몇몇은 기원전 8세기 신-아시리아 제국에 굴복할 때까지 살아남았다.

프리기아 왕국은 기원전 8세기 미다스(Midas) 왕 치하에서 전성기를 맞이하며 아나톨리아 중부 및 서부의 대부분을 장악하고 아나톨리아 동부를 지배하던 아시리아를 위협했다.

아시리아의 동치자였던 사르곤 2세(Sargon II, 기원전 722-705 재위)는 기원전 709년에 무슈키, 즉 프리기아와 평화 협정을 체결해 매우 기뻤다고 기록하고 있다.

미다스왕의 죽음

기원전 695년 킴메르족(Cimmerians)의 침략을 받아 수도 고르디온이 함락되자 미다스왕은 황소의 피를 마시며 스스로 죽음을 택함으로써 프리기아 왕국은 전성기에 극적으로 멸망했다.

미다스의 황금 손

Relief with Winged Genius

고대 아시리아의 예술 작품에서 천재는 날개가 달린 인물로 묘사되며, 신의 권위를 상징하는 뿔 달린 왕관을 쓰고 있다. 그는 우아한 보석과 술이 담긴 망토를 입고 있으며, 신의 사자로서 왕에게 신성한 힘을 부여하는 장면이 그려져 있다. 이 작품은 신성과 권력을 강조하는 상징적인 요소들로 가득 차 있다.

고아시리아의 건설

아시리아가 본격적인 독립국가로 발돋움한 시기는 기원전 2025년, 우르 제3왕조로부터 독립하여 고아시리아(Old Assyria)가 건설되면서부터였다. 고아시리아 시대의 대부분의 기간 동안 아시리아는 정치적, 군사적 영향력이 거의 없는 작은 도시국가였지만 경제적으로는 중요한 위상을 지녔다. 에리슘 1세(기원전 1974~기원전 1935년)의 시대부터 기원전 19세기 후반까지 아시리아는 자그로스 산맥부터 아나톨리아 반도의 중부 지역까지 이어지는 대규모 무역로의 중심지였다.

▬ 고바빌로니아의 재배를 받는 아시리아

그러다가 기원전 18세기 고바빌로니아(바빌론 제1왕조)의 함무라비 대왕이 인근 도시국가들을 정복하고, 메소포타미아 지역을 통일하면서 아시리아까지 정복되어 잠시 셈계 아모리인이 세운 고바빌로니아의 지배를 받게 되었다.

아시리아 군대가 유다 성벽을 공격하는 장면

아시리아 군대가 유다왕국을 잔인하게 공격을 하고 있다.

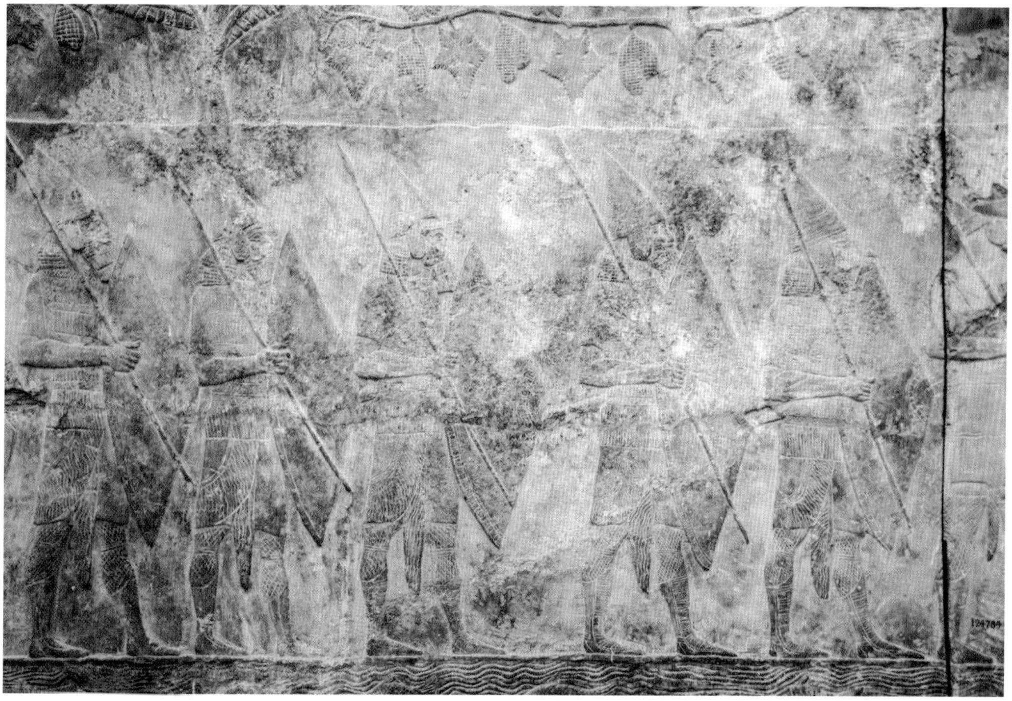

아시리아 병사들

▬ 아하스 왕의 호소

유다 왕국의 아하스(Ahaz) 왕은 아시리아의 디글랏빌레셋 왕에게 전령을 보내 "나는 임금님의 신하이며 아들입니다. 나를 공격하고 있는 시리아 왕과 이스라엘 왕의 소노에서 나를 구원하여 주십시오"라고 했다. 아하스는 아시리아 왕에게 성전과 왕국의 보물창고에서 금과 은을 모두 꺼내서 선물로 보냈다. (열왕기하 16:7~8)

▬ 아시리아의 예루살렘 압박

BC 720년에 북부 이스라엘 왕국이 아시리아에 의해 멸망된 후 아시리아는 유다 왕국마저 넘보았다. 이어 아시리아의 산헤립(Sennacherib) 왕은 예루살렘을 공격했다. 이에 유다왕 히스기야(Hezekiah)는 은 300 달란트, 금 30 달란트를 조공으로 바치며 목숨을 구걸했다. 그것도 모자라 아시리아 산헤립은 예루살렘을 압박했다.

■ 이사야의 승리 예언

성서는 이때 예언자 이사야(Isaiah)가 나타나 주님이 아시리아를 물리쳐 줄 것이라고 예언한다. 성서에는 주님의 천사가 나타나 아시리아군 18만5,000명을 몰살했다고 했다. 하지만 역사가들은 전염병이 돌아 아시리아군이 급히 퇴각했고, 수많은 사상자를 냈을 것이라고 분석했다.

아시리아는 이스라엘 왕국을 멸망시켰지만 유다 왕국은 멸망시키지 못했다.

■ 히스기야 왕의 잘못을 지적하는 이사야 예언자

히스기야 왕 때 바빌로니아의 사절단이 국왕의 친서와 예물을 들고 찾아왔다. 히스기야는 우군을 만난 양 바빌로니아 사절단에 보물창고에 있는 은과 금, 향료, 향유, 무기 등을 모두 보여주었다. 히스기야의 생각은 짧았다. 바빌로니아가 아시리아를 치고 나면 유다를 칠 것을 예측하지 못한 것이다. 예언자 이사야는 히스기야에게 왕의 잘못을 지적했다. (열왕기 20:12~19)

■ 니네베의 함락

BC 612년 바빌로니아는 아시리아의 수도 니네베를 함락시킨다. 아시리아는 이집트와 동맹을 맺고 바빌로니아 연합세력의 공세에 저항한다.

■ 바빌로니아의 속국이 된 유다 왕국

BC 605년, 바빌로니아는 아시리아와 이집트의 연합군을 격파하고 메소포타미아와 가나안 지역의 패권을 차지했다. 바빌로니아의 느부갓네살(Nebuchadnezzar) 왕은 이집트의 속국이 된 유다를 가만 두지 않았다. 바빌로니아가 유다 왕국을 쳐들어와 속국으로 만들었다.

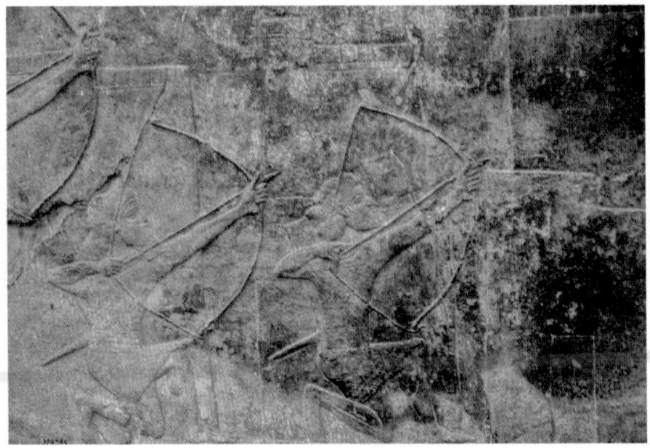

■ **아슈르나시르팔 2세(Ashurnasirpal II·**
기원전 883년~기원전 859년 재위

■ 미탄니로부터의 해방

기원전 1430년경 고아시리아는 후르리인이 주축이 된 미탄니 왕국의 지배를 받게 되었다. 미탄니의 지배를 받을 때도 아시리아는 어느 정도의 자치권은 유지했다. 기원전 14세기 히타이트 제국의 수필룰리우마 1세가 레반트 지역의 패권을 놓고, 미탄니와 전쟁을 치러 승리하면서 미탄니가 큰 타격을 입게 되었을 때, 아시리아는 이 혼란을 틈타 미탄니로부터 해방되었다.

중아시리아 제국의 시작

미탄니로부터 독립한 이후인 기원전 1363년 아슈르우발리트 1세가 즉위하고 나서 티그리스 강 유역과 토로스 산맥 등지를 정복하여 본격적인 영토형 국가로 발전했는데 이 시기가 중아시리아 제국의 시작이었다. 즉, 이때를 고아시리아에서 중아시리아로의 전환점으로 여긴다.

유다왕국의 멸망

바빌로니아는 여호아킴의 아들 여호아긴(Jehoiachin)을 유다왕으로 세웠으나, 3개월만에 잡아갔다. 바빌로니아는 이번엔 여호아긴의 숙부 시드기야(Zedekiah)를 왕으로 올렸다.

시드기야는 처음엔 바빌로니아에 순종했으나, 9년째 되는 해에 반기를 들었다. 느부갓네살은 예루살렘을 포위했다. 시드기야는 2년째 농성작전을 폈지만 재위 11년 째 되던 해에 성을 버리고 도주했다. 느부갓네살은 시드기야를 체포하고 바빌로니아로 끌고 갔다. BC 587년의 일이다. 이로써 유다왕국은 350년만에 멸망했다.

▬ 바빌로니아 포로 생활

바빌로니아 군은 성전을 파괴하고 유다의 백성들을 대거 바빌로니아로 끌고 갔다. 이때 유대인들이 바빌로니아의 수도 바빌론에 끌려가 머물던 50년간을 바빌론 유수(Babylonian Captivity)라고 한다.

▬ 함무라비 비문

"나는 백성을 적절하게 인도하고, 아수르에게 자비로운 보호 정신을 돌려주었다"

이는 함무라비가 통치 중 백성을 위한 정의로운 리더십을 강조하고, 아수르 지역의 평화와 안전을 확보하기 위해 노력했음을 나타낸다. 함무라비는 그의 법전을 통해 법의 지배와 사회적 안정의 중요성을 알리고자 하였다.

▬ 우르를 떠난 아브라함

우르는 메소포타미아 남부에 위치해 있으며, 이 지역에서는 전쟁이나 내란이 일어났을 가능성이 있다. 고고학자들의 분석에 따르면 기원전 1900년경 메소포타미아 남부에서 권력 싸움이 벌어졌고, 이 시기에 페르시아의 엘람인들도 이 지역에 몰려왔다. 창세기 11장 31절에서는 데라가 아브라함을 데리고 비빌로니아의 우르를 떠난 후 멀리 하란으로 이주하여 살았다고 기록되어 있다.

▬ 성지 하란

하란은 구약 성경에 자주 등장하는 도시로, 셈족(아랍, 유대)과 아브라함계 종교(유대교, 기독교, 이슬람)의 중요한 성지이다.

족장 아브라함의 등장

하란은 시리아 국경에 가까운 튀르키예 내의 지역으로, 쿠르드족이 거주하는 곳이다. 유프라테스 강의 상류에 위치해 있으며, 아브라함 일족이 이 강을 따라 거슬러 올라갔을 것으로 추정된다. 하란에서 데라가 사망한 후 아브라함이 족장이 되었고, 성경에는 아브라함이 여호와의 부름을 받아 가나안으로 떠났다고 기록되어 있다. 아마도 가나안에서는 선주민들과의 마찰로 인해 오래 정착하지 못했을 가능성이 있으며, 새로운 땅을 찾기 위해 가나안으로 나섰던 것으로 보인다.

▬ 아브라함족

창세기 12장은 아브라함족의 여정을 그리며, 이들은 이라크 남부의 우르에서 시작해 튀르키예 남부의 하란을 거쳐 이스라엘 남부의 네게브 사막에 이르렀다가 다시 이집트로 간 뒤 가나안으로 돌아오는 과정을 담고 있다. 아브라함족은 수천 마리의 양과 노예를 거느린 부족으로, 아브라함은 이들의 부족장 및 종교적 수장이었다. 여호와는 아브라함에게 팔레스타인의 옛 이름인 가나안으로 가라는 명령을 내렸다.

▬ 아브라함의 정착기

아브라함은 가나안 땅의 세겜에 도착하였고, 주님께서 "너의 자손에게 이 땅을 주겠다"는 약속을 하셨다. 이에 아브라함은 제단을 쌓아 제물을 바쳤지만, 그곳에는 가나안 사람들만 있었기 때문에 정착할 수 없었다. 이방인들이 몰려오자, 선주민들은 그들의 정착을 방해했다. 아브라함은 이후 네게브 사막에 도착했으나, 혹심한 가뭄에 시달리자 이집트로 떠났다. 이집트에서는 난민 신세가 되었고, 아내를 아내라고 밝히지 못해 파라오에게 빼앗길 뻔했다. 성경에는 주님이 그를 구해주셨다고 기록되어 있으며, 결국 아브라함은 다시 네게브 사막으로 돌아올 수밖에 없었다.

▬ 아담과 하와의 땅!

하란은 에덴동산에서 쫓겨난 아담과 하와가 정착했다는 전설이 있을 만큼 오래된 도시로, 기원전 3000년경의 기록에서도 상업과 종교의 중심지로 언급된다. 창세기에 따르면 기원전 2000년경, 아브라함은 신의 계시를 받고 우르에서 가나안으로 가는 길에 하란에 머물렀고, 그의 부친 테라는 이곳에서 사망했다. 아브라함의 손자이자 이사악의 아들인 야곱은 하란 서쪽에 위치한 야곱의 샘에서 아내 라헬을 만나고, 형 에서로부터 장자의 권리를 훔친 후 20년간 숨어 지냈다. 하란에서 지내는 동안 야곱은 이스라엘의 조상으로, 후에 이스라엘 12지파의 시조가 되는 열두 아들을 낳고 키웠다.

▬ 야곱의 시대 이후 하란

야곱의 시대 이후 하란은 우르파(에데사)와 함께 미탄니, 히타이트, 아시리아의 중심지로 번영하였다. 하란은 아시리아에 반기를 들기도 했지만, 기원전 612년에 니네베가 함락될 당시 아시리아의 마지막 수도가 되었다.

■ 역사의 뒤안길 하란

12세기, 아이유브 왕조에 의해 요새화 되었던 하란은 1259년, 몽골군에게 함락된 후 대대적으로 파괴되었다. 이때에 카르헤 교구 산하 기독교 공동체도 소멸하였다. 이후 하란은 오스만 제국기인 18세기까지 폐허로 남아있었으며, 현재도 폐허 가득한 작은 마을에 불과하다.

9. 앙카라 아나톨리아 문명박물관

▬ 하투샤 성탑 모양의 토기 그릇

이 그릇은 히타이트 문화를 잘 반영하며, 당시 사람들의 예술적 감각과 건축 양식을 보여준다. 성탑 형태는 고대 도시의 방어적 특성을 나타내며, 히타이트의 상징성과 신앙 체계와 연결될 수 있는 중요한 유물로 평가받고 있다. 이러한 그릇은 당시의 생활과 문화를 이해하는 데 큰 도움이 된다.

▬ 부조 꽃병, 테라코타, 이난딕

▬ 히타이트 철 제련 모습

고온의 가마에서 철광석을 녹여 순철을 추출하는 과정을 통해 강력한 금속을 생산했다. 히타이트는 고급 철제품을 제작하며 전쟁과 농업에서 우위를 점했다. 철 제련의 발달은 그들의 경제와 군사력에 큰 영향을 미쳤고, 이후 철기 시대의 시작을 알리는 중요한 기초가 되었다. 철 제련 기술은 고대 문명에서 중요한 혁신으로 여겨진다.

❙ 청동 장식품, 알라자휘육

❙ 곡괭이, 청동과 금, 알라자휘육

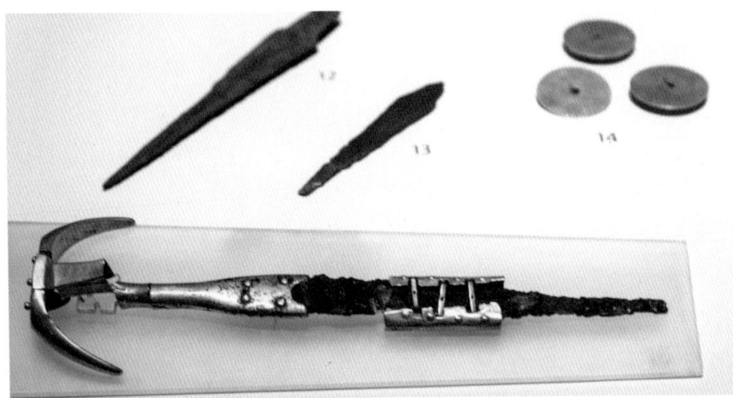

칼집, 금, 철로 된 단검, 알라자휘육

의례 원형 청동, 알라자휘육

▬ 사슴과 바퀴 수레 조각상

사슴과 바퀴 수레 조각상은 기원전 3천 년기 후반 알라자휘육에서 발견된 유물로, 고대의 숭배와 운송 수단을 나타낸다. 이 조각상은 당시의 종교적 신념과 생활상을 반영한다. 알라자휘육에서 발견된 이 사슴 조각상은 기원전 3천 년기 후반에 제작된 것으로, 높이는 37㎝이다. 이 조각상은 신을 나타내는 숭배 대상이었다고 여겨지며, 15개의 다른 발견에서 이와 관련된 증거가 확인되었다. 이러한 동물 숭배는 후기 종교적 신념의 중요한 부분을 형성하며, 초기 청동기 시대부터 시작되었다. 알라자휘육, 기원전 3천 년기 후반. 높이 37㎝. 사슴 조각상이 신을 나타내는 숭배 대상이었다는 다른 발견에서 15개의 증거가 있다. 후기 종교적 신념의 중요한 부분을 형성한 이 동물들과 관련된 숭배는 초기 청동기 시대에 시작되었다.

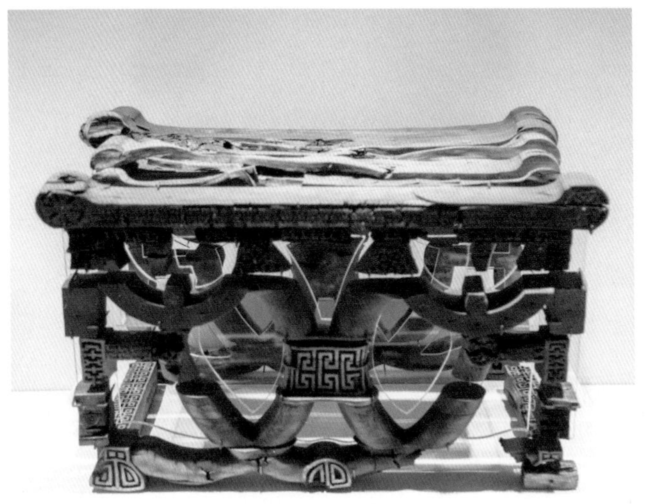

조각 및 상감된 스탠드

나무, 기원전 Sth 세기, Gordion의 Tumulus P. 높이 30㎝.

사자 머리 양동이(시틀라)

사자 머리 양동이(시틀라)는 기원전 8세기 말 고르디온의 대고분에서 발견된 청동으로 제작된 유물이다. 높이는 22.3㎝로, 사자의 머리 형태가 정교하게 조각되어 있다. 이 양동이는 고대 프리기아 문화에서 중요하게 여겨졌으며, 종교적 의식이나 제사에서 사용되었을 것으로 추정된다. 사자는 힘과 권력을 상징하는 동물로, 이 유물은 당시의 예술적 기법과 신앙을 엿볼 수 있게 해준다.

황소 조각상 알라자휘육

이 황소 조각상은 알라자휘육에서 발견된 것으로, 기원전 3000년기 후반에 제작되었다. 높이는 37㎝이며, 황소와 사슴 조각상 모두 신을 나타내는 숭배 대상으로 여겨진다. 관련된 다른 발견에서 15개의 증거가 확인되었으며, 이러한 동물 숭배는 후기 종교적 신념의 중요한 부분을 형성하고 초기 청동기 시대에 시작된 것으로 추정된다. 이 조각상은 지역에서 표준으로 운반되었을 가능성이 높다.

테라코타 얼굴 조각상

이 테라코타 조각상은 카라타스 세마이 지역에서 발견된 것으로, 높이는 28㎝이다. 신석기 시대와 석회석기 시대에 해당하며, 인간의 얼굴을 형상화한 중간으로 장식된 베세(거울 또는 장식용 아이템)이다. 이 조각상은 당시의 예술적 표현과 문화적 신념을 반영하고 있으며, 인간의 형태를 통해 신화적 또는 종교적 의미를 지니고 있을 것으로 추정된다.

■ 그리핀

알타이산에는 황금을 사랑하고 지키는 그리핀이라는 전설적인 생물이 살고 있었다. 그리핀은 얼굴이 독수리이고 몸통은 사자 형태로, 이 조합은 힘과 지혜를 상징한다. 고대 문화에서 그리핀은 신성한 존재로 여겨졌으며, 부와 권력을 보호하는 역할을 맡고 있었다. 이 신화는 알타이 지역의 문화와 전통에 깊이 뿌리내리고 있다.

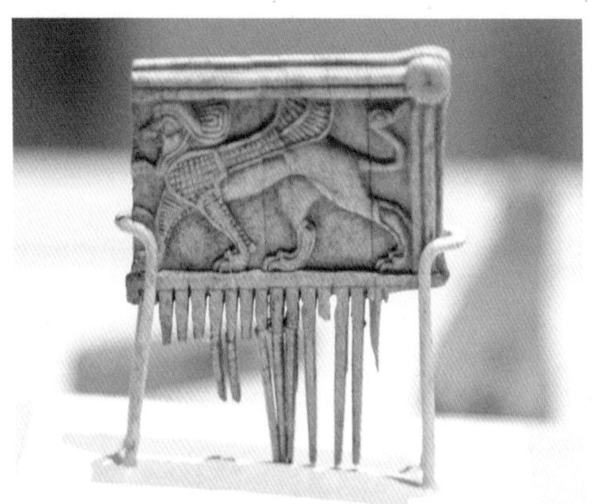

날개 달린 신화 속 그리핀, 상아, 알틴테페, 기원전 8세기 후반. 높이 12.4㎝

■ 여성조각상(아이돌)

기원전 3천년 말 하사노글란에서 발견된 유물로, 높이는 25㎝이며 은과 금으로 제작되었다. 이 양식화된 여성 인형은 어머니 여신을 대표하며, 초기 청동기 시대에 귀금속, 돌, 점토로 만들어졌다. 조각상의 대각선 끈은 아나톨리아 어머니 여신 조각상에서 발견된 것과 유사하여 그녀의 복장에서 중요한 요소로 간주된다.

▬ 사자와 황소상

사자와 황소 형태의 장난감은 기원전 8세기 말에서 7세기 초에 제작된 나무 유물로, Gordion의 Tumulus P에서 발견되었다. 이 장난감의 높이는 6.8㎝로, 당시 어린이들의 놀이도구로 사용되었을 것으로 추정된다.

▬ 히타이트 말 그림 토기

기원전 2천 년 경에 제작된 고대 히타이트 문명의 대표적인 유물로, 주로 토기 표면에 말의 형상을 그려 장식한 것이 특징이다. 이 토기는 히타이트 사회에서 말이 중요하게 여겨졌음을 나타내며, 종교적 또는 의례적인 용도로 사용되었을 가능성이 있다. 이러한 그림은 당시의 예술적 표현뿐만 아니라 히타이트 문화와 생활 방식을 이해하는 데 중요한 정보를 제공한다.

▬ 히타이트 동물 문양 토기

▬ 얼굴 형태 문양 테라코타

인간의 얼굴이 부조된 꽃병은 기원전 9세기에 제작된 테라코타 작품으로, 파트노스에서 발견되었다. 높이는 14.6㎝로, 독특한 얼굴 형태가 부조로 표현되어 있어 당시 사람들의 예술적 감각과 종교적 또는 사회적 의미를 담고 있을 것으로 추정된다. 이 꽃병은 고대 사회에서 사용된 용기의 한 형태로, 장식적인 기능뿐만 아니라 의례적 목적으로도 활용되었을 가능성이 있다.

▬ 황소 문양 꽃병 토기

▬ 우상, 설화 석고, 베이세술탄과 쿨테페

이 우상은 당시 사람들의 신앙이나 종교적 관념을 반영하는 중요한 유물로 여겨진다. 이 우상은 아마도 특정 신이나 여신을 나타내며, 고대 사회에서 숭배의 대상이 되었을 것으로 추정된다. 석고로 제작된 이 작품은 그 시대의 예술적 기법과 상징성을 이해하는 데 중요한 단서를 제공한다.

▬ 히타이트 말 그림 철제

히타이트의 말 그림이 그려진 철제 유물은 기원전 2천 년대 히타이트 문명의 예술과 문화적 표현을 나타낸다. 이 유물은 히타이트 사람들이 말을 어떻게 중요하게 여겼는지를 보여주며, 그들의 군사적, 농업적 활동에서 말이 차지하는 위치를 반영한다. 이 철제 유물은 또한 히타이트의 뛰어난 금속 가공 기술을 드러내며, 당시의 상징적이고 실용적인 기능을 겸비한 예술작품으로 평가받는다.

사슴 모양의 라이톤(Rhyton)

중앙 아나톨리아, 기원전 1400-1200년, 실버와 골드 인레이, 높이 18㎝
뉴욕, 메트로폴리탄 미술관, 1989.281.10

이 은빛 사슴 꽃병은 제국 시대 히타이트 금세공의 진정한 걸작으로, 감탄을 자아내는 사실주의로 표현된 동물의 모습이 돋보인다. 사슴의 목을 둘러싼 체스판 무늬 칼라에서 두 부분이 조화롭게 어우러져, 마치 살아 숨 쉬는 듯한 느낌을 준다. 꽃병의 손잡이와 안두이는 별도로 제작되어 조화를 이루며, 예술가의 뛰어난 솜씨가 엿보인다.

사슴은 히타이트 신화에서 중요한 역할을 맡고 있는 쿠룬티야(Kuruntiya), 즉 사냥과 농업의 신을 상징한다. 이 꽃병은 수세기 동안 아나톨리아에서 신들에게 술이나 맥주를 부어 헌정하는 제의에 사용되었다. 이는 '술'이라 불리는 신성한 제스처로, 신을 기리는 의식의 일환이었다.

꽃병의 목을 따라 이어지는 프리즈에는 종교적 의식의 생생한 장면이 담겨 있다. 오른쪽에서는 세 명의 남자가 두 신에게 제물을 바치며 다가간다. 그들 중 첫 번째 남자는 고고학적으로 입증된 히타이트 주전자를 들고 신들 앞에 술을 붓고 있다. 그의 뒤를 따르는 두 번째 남자는 '빵'을 상징하는 둥글고 부풀은 빵 조각을 들고 있으며, 세 번째 남자는 쪼그려 앉아 또 다른 주전자를 들고 있다.

사슴의 등에 앉은 첫 번째 신은 쿠룬티야 신이다. 그는 엉덩이와 맹금류를 들고 있으며, 그의 이름은 금 알약에 새겨진 히타이트 상형 문자로 장식되어 있다. 그 뒤에는 제단이 있으며, 한 손에 매를, 다른 손에 마시는 컵을 든 앉아 있는 신이 묘사된다. 그러나 그의 이름은 쉽게 해독되지 않아 정체를 알기 어렵다. 그의 원뿔형 티아라는 신인지, 긴 코트는 여신인지 그 정체를 궁금하게 한다.

두 신 뒤에는 사냥을 상징하는 다양한 요소들이 배치되어 있다. 두 개의 창, 떨림, 사냥꾼의 가방, 그리고 나무 아래에서 쉬고 있는 사슴이 그 모습을 드러낸다.

이 장면은 히타이트 제국의 수호신 중 하나를 기리는 의식으로, 신과 인간의 관계, 사냥과 자연에 대한 경외감을 동시에 표현한다. 이들은 야생 세계의 신의 중요성을 지속적으로 일깨우며, 과거와 현재를 연결하는 상징적인 존재로서 우리에게 다가온다.

이처럼 이 사슴 모양의 라이톤은 단순한 예술품을 넘어, 고대 히타이트 문명의 신앙과 삶의 일면을 대변하는 귀중한 유산이다.

Source / Rovaures oubliés DE L'EMPIRE HITTITE AUX ARAMÉENS

날개 달린 스핑크스

북부 시리아, 기원전 10~9세기, 폭 4.1㎝, 보스턴, 미술관, 1996.61

이 은빛 아플리케는 신비로운 날개 달린 스핑크스를 생생하게 담아내고 있다. 스핑크스의 가슴에 장식된 사자 머리는 힘과 권위를 상징하며, 이 장식은 고대 문명에서 숭배받던 신성한 존재의 위엄을 고스란히 드러낸다. 스핑크스의 인간 머리는 네오 히타이트 신들의 전

형적인 장식으로, 어퍼 이집트의 왕관을 연상시키는 형태와 함께, 그 아래에는 두 개의 뿔이 더해져 신비감을 더한다.

동물의 꼬리는 뒷쪽에서 곧게 뻗어 있으며, 그 끝에는 동물, 새 또는 뱀의 머리가 장식되어 있다. 이처럼 다양한 요소의 조합은 그리스 신화의 키메라와의 연관성을 시사하며, 다양한 신화적 존재들이 어우러지는 경이로운 세계를 표현하고 있다.

이 두 머리를 가진 스핑크스는 인간과 동물의 경계를 허물며, 카르케므쉬(Karkemish)[1], 진지를리[2], 텔 할라프(Tell Halaf)[3] 등의 유적지에서 발견된 신화적 존재들의 이미지를 떠올리게 한다. 이 아플리케는 또한 히타이트 제국 시대, 특히 철기 시대에 재사용된 알레포의 폭풍의 신전에서의 미완성 Orthostats 중 하나로 존재하며, 초기 청동기 시대의 히타이트-후라이트 예술의 모티프 중 하나로 그 중요성을 여전히 지닌다.

이 스핑크스는 고대의 신화와 문화를 오늘날까지 연결해주는 상징적인 존재로, 우리에게 신비로운 과거를 이야기해주는 동시에 인간의 상상력의 경계를 넓혀준다.

Source / Rovaures oubliés DE L'EMPIRE HITTITE AUX ARAMÉENS

1) Karkemish : 고대 히타이트와 아람 문화의 중요한 유적지로, 현재의 튀르키예와 시리아 국경 근처에 위치한다.
2) 진지를리 : 현재의 튀르키예 남부 지역에 있는 고대 도시로, 히타이트와 아람의 유적이 발견된 곳이다.
3) Tell Halaf : 현재의 시리아 북부에 위치한 고대 도시로, 다양한 문화층과 유물들이 발굴된 유적지이다.

카투와의 수장

카르케므쉬 (튀르키예), 기원전 10세기. 현무암. 높이 49㎝; 너비 35㎝; Ep. 33㎝, 파리, 루브르 박물관, 동양 유물부, AO 10828

■ 앙리 마르코폴리

이 장엄한 조각상은 카투와의 수장을 대표하며, 고대의 권위를 고스란히 느낄 수 있는 작품이다. 머리는 헬멧처럼 형성된 헤어스타일로, 곱슬머리가 이마를 넘겨 뒤로 흘러내린다. 그 앞머리 아래에 보이는 머리띠는 아마도 중요한 인물들이 착용했던 것으로, 권력과 지위를 상징하는 요소로 해석된다.

이 인물은 수염을 기르고 있지만 콧수염은 없는 독특한 모습으로, 그의 큰 눈은 얼굴의 다른 부분에 비해 과장된 느낌을 준다. 이는 아마도 의도적으로 그려진 것이며, 세밀하게 조각된 입술과 풍만한 볼은 카르케므쉬와 주변 지역의 군주들을 묘사하는 전형적인 특징이다.

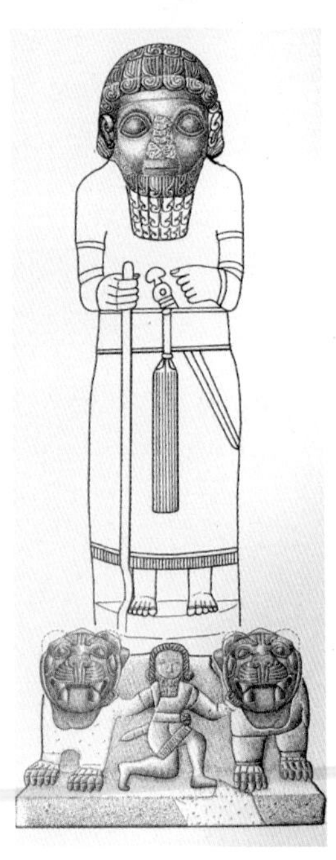

이 조각상은 카르케므쉬의 왕 카투와를 나타내며, 그는 수히 가문의 조상 중 한 명을 대표하고 있다. 카투와는 그의 혈통의 창시자를 기리기 위해 이 이미지를 공공장소에 설치함으로써, 사회적 결속의 상징으로 삼았다. 조각상은 왕이 사자 위에 서 있는 모습으로, 신성화된 존재로서 도시와 국가의 수호자가 되기를 바라는 염원을 담고 있다.

이 조각상은 단순한 예술 작품을 넘어서, 고대의 신성함과 권위를 상징하는 숭배의 대상이 되었다. 카투와의 수장은 오랜 세월을 지나 오늘날에도 사람들에게 감동과 경외심을 불러일으키며, 고대 문명의 찬란한 유산을 상기시킨다.

Source / Rovaures oubliés DE L'EMPIRE HITTITE AUX ARAMÉENS

그리핀을 나타내는 조각상

할라프에게 말해, 고대 구자나(시리아), 기원전 9세기 초.
현무암 H. 1.84 m; L. 0.70 m; Ep. 0.70 m
역사: 베를린, Vorderasiatisches 박물관, VA 8979. 막스 폰 오펜하임의 발굴, 1911-1913.

이 기념비적인 새는 단단한 돌 블록에 조각되어 강력하고 구부러진 부리를 지니며, 독수리와 같은 위엄을 발산한다. 관형의 눈은 힘을 상징하고, 나선형으로 감긴 곱슬머리는 고대의 장엄함을 드러내며, 두드러진 배는 더욱 독특한 매력을 부여한다. 비록 고대에 부서졌지만, 왼쪽 눈의 석회암 껍질을 포함하여 새의 거의 모든 조각이 발굴되었다. 특히 중앙의 동공은 따로 작업되었음을 증명하는 중요한 증거다.

이 새의 다리는 현대적인 추가 사항으로 보완되었으며, 큰 꼬리 깃털과 잎으로 장식된 자본 사이의 공간은 조각품의 역동성을 더욱 강조한다. 조각의 표현 방식은 밑면이나 기둥에 삽입된 사각형 장부에 의해 제안되며, 이는 고대 예술의 독장성을 보여준다.

▬ "태양의 위대한 새"

고고학자들은 이 새가 한때 서쪽 궁전 앞 테라스에 서 있었을 가능성을 제기하고 있다. 슬래브 코팅이 현무암과 석회암 판으로 만들어진 거의 정사각형의 바닥을 지니고 있어 이 가설을 뒷받침한다. 궁전의 외관을 재구성한 오래된 그림에서는 이 새가 돌출된 지붕을 지탱하는 콜로네이드 중앙에 통합되어 있었다.

이 그리핀의 의미는 여전히 수수께끼로 남아 있다. 아마도 구자나의 주민들은 궁전의 통로나 전갈의 문에 서 있는 복합 생물의 미덕을 기리며, 이 조각품에 대해 아포트로파의 의미를 부여했을 것이다. 오펜하임은 이 새를 "태양의 위대한 새"로 보며, 태양신의 화신으로 해석했다. 그는 전쟁의 카사이트 신 스가무나와 연결된 "어지의 새"를 인용하며, 새의 머리에 원형 구멍이 있어 낮에 멀리서도 볼 수 있는 엠블럼을 착용했을 것이라고 가정했다.

부조 조각들과 두 개의 잎으로 장식된 수도는 텔 할라프에 적어도 두 개의 다른 비슷한 그리핀 조각상이 존재했음을 시사한다. 이 모든 요소들은 고대 문명에서 이 그리핀이 어떤 신성함과 권위를 상징했는지를 더욱 궁금하게 만든다. 이 조각은 단순한 예술작품을 넘어, 신화와 전통의 상징으로 우리에게 다가온다.

Source / Rovaures oubliés DE L'EMPIRE HITTITE AUX ARAMÉENS

스핑크스

아르슬란 타쉬, 전 하다투 (시리아 북부)
9세기 후반 - 기원전 중반
H. 9.1㎝; 너비 6.8㎝; Sp. 1.2㎝ 파리, 루브르 박물관, 동양 유물부, AO 11475

이 안드로케팔 스핑크스의 윤곽이 뚜렷한 투각 접시는 왕좌나 침대를 장식하기 위해 제작되었을 것으로 보인다. 하이브리드 존재의 모든 속성이 이집트에 뿌리를 두고 있지만, 기원전 1천년 초 레반트 지역에서의 적응은 페니키아 양식의 특징을 지닌다.

해부학적 표현은 동물의 골격과 근육을 정교하게 묘사하며, 특히 그 정확성은 놀랍다. 스핑크스의 머리 위에는 상 이집트와 하 이집트의 이중 왕관인 네메스가 놓여 있으며, 전체적으로 보존되지는 않았지만 판의 표준화된 높이에 맞게 모델에 비해 축소되었다. 프로필에서 드러나는 수염은 네메의 왼쪽과 합쳐져 독특한 아름다움을 자아낸다. 어깨에서 발달하는 우데크 가슴 고리는 날개가 펼쳐지기 전에 형성되며, 하이브리드의 앞다리 사이에는 네 개의 수직 스트립으로 장식된 앞면이 뻗어 있다.

이 모든 해부학적 및 장식적 세부 사항은 아람 왕국 시대의 기교와 다마스쿠스 지역 장인들의 탁월한 솜씨를 증명한다. 이 명판은 다마스쿠스 박물관에서 발견된 현무암에 새겨진 스핑크스 비석의 기념비적인 메아리를 담고 있으며, 후에 우마이야 모스크 아래 헬레니즘 성소의 벽에 재사용되었다.

이 스핑크스는 고대의 신비로움과 힘을 상징하며, 그 모습은 시간과 공간을 초월하여 지금도 우리에게 감동과 경외심을 불러일으킨다. 고대 예술의 경이로움은 여전히 현재의 우리에게도 많은 것을 말해준다.

Source / Rovaures oubliés DE L'EMPIRE HITTITE AUX ARAMÉENS

"열정의 여신"이라고 불리는 장례 여성 조각상

할라프에게, 고대 구자나(시리아) 성채, 원시 벽돌 대산괴의 남쪽 확장, 화장 매장이 있는 장례 우물 위, 현무암, 높이 1.92m; 너비 0.82m, 베를린, Max Freiherr von Oppenheim-Stiftung, 쾰른, TH B 1

1912년 3월 12일, 오펜하임의 첫 번째 건축가인 펠릭스 랑게네거는 발굴 현장에서 "오후에 발견된 일종의 현무암 스핑크스, 손에 컵을 들고 있는 두 개의 머리띠를 한 여성"이라고 기록했다. 그 다음날, 그는 "조각품은 앉은 여자로 밝혀졌다. 몸의 아랫부분과 좌석은 윤곽이 비어져 있는 정육면체를 형성한다"라고 덧붙였다. 1913년, 운송 중에 이 조각상이 장례 우물 위에 세워져 있음을 알아차렸다. 이 발견은 막스 폰 오펜하임이 "왕좌에 앉아 있는 여신"이라고 불렀던 그의 "가장 위대한 발견자 기쁨" 중 하나였다.

조각상이 진정으로 여성스러운 인물인지에 대한 논란은 여전히 존재한다. 텔 할라프의 다른 여성 조각품들과 달리, 그녀는 명확하게 모델링된 가슴이 없지만, 얼굴의 특징과 머리카락의 섬세함은 여성을 잘 표현하고 있다.

화장 무덤은 조상에 대한 숭배와 고인에 대한 경의를 직접적으로 연결하며, 이 조각상이 그 자리에서 수행된 희생 의식을 암시한다. 부조가 있는 석회암 컵과 같은 장례용 가구들은 매장 의식의 존재를 보여준다. 조각상이 방 안에 있었다는 사실은 고인을 위한 사적인 숭배의 표시로 해석된다. 마지막 가족 구성원이 사라진 후에도 실물보다 큰 조각상이 있는 장례 예배당은 원시 벽돌 테라스로 덮여 있었다. 이와 관련하여 조각품이 제거되거나 파괴되지 않았다는 점은, 직계 후손이 없더라도 조상에 대한 존중의 태도를 나타내고 있다.

이 조각상은 고대의 숭배와 사랑의 여신으로서, 인간의 기억 속에 영원히 남을 것이다. 그 힘과 아름다움은 과거와 현재를 연결하는 다리 역할을 하며, 우리의 마음에 깊은 감동을 남긴다.

Source / Rovaures oubliés DE L'EMPIRE HITTITE AUX ARAMÉENS

아이와 함께 앉아 있는 여신의 입상

아나톨리아 (튀르키예), 기원전 1400-1200년, 금, 높이 4.3㎝; 너비 1.5㎝; 두께 1.9㎝
뉴욕, 메트로폴리탄 미술관

이 조각상은 태양의 여신을 나타내며, 그녀의 원반형 머리 장식은 그 상징성을 더욱 강조한다. 히타이트 사원에서는 여신이 태양 원반의 형태로 숭배되었고, 그녀는 하티족(Hattian) 출신으로, 처음에는 대지의 여신이자 풍요의 어머니로 여겨졌다. 그녀는 Eshtan이라는 이름으로 불리며, "국가의 어머니"라는 별명을 지니고 있었다. 히타이트 시대에 그녀는 아리나 시의 주요 성소를 가졌고, 그 위치는 지금도 불확실하지만, 여신의 영향력은 여전히 강력했다. 그녀는 히타이트 문자에서 아리나의 태양 여신으로 언급되며, 폭풍의 신 타르후나와 함께 신성한 부부를 이루었다. 제국 시대 동안 그녀는 후라이트 기원의 태양 여신 헤팻과 동일시되었다. 이러한 동화는 하투실리 3세의 아내 푸두헤파 여왕이 그녀에게 보낸 기도에서도 엿볼 수 있다.

"아리나의 태양 여신, 나의 부인, 모든 나라의 여왕! 하티의 나라에서 당신은 당신의 이름을 '아리나의 태양의 여신'이라고 선포했지만, 당신이 시더의 나라로 만든 나라에서도, 당신은 당신의 이름을 헐팟이라고 선언했다."

특히 키주와트나에서 존경받던 이 여신은 폭풍의 신 테슈브의 아내로 묘사되며, 그들은 야즐르카야 성소의 바위 부조에서 함께 나타난다. 그들의 자리에서 두 신의 행렬이 만나는 모습은 제국 시대의 신격화된 권위를 상징한다. 여신의 무릎에 있는 작은 캐릭터는 아들 샤루마를 나타낼 수 있다.

이 조각상은 고대의 여신이 아이를 품에 안고 있는 모습으로, 모성과 보호의 상징으로 여겨진다. 그녀의 따뜻한 품은 과거의 기억과 현재의 감정을 연결하며, 인간 존재의 본질을 드러낸다. 여신의 존재는 우리가 잊지 말아야 할 사랑과 연대의 이야기를 전해준다.

Source / Rovaures oubliés DE L'EMPIRE HITTITE AUX ARAMÉENS

금속 가공 기술

- **청동 제조**: 구리와 주석을 혼합하여 이루어지며, 이를 통해 다양한 무기와 장식품이 탄생했다. 초기 청동기 시대는 금속 가공 기술의 혁신적 발전으로 가득한 시기로, 특히 청동의 사용이 두드러졌다. 강도와 내구성이 높은 청동은 군사적 무기와 일상용품, 장신구 제작에 적합하여, 고대 사회의 필요를 충족시켰다.
- **주조 및 망치질**: 주조 및 망치질 기법은 이 시기에 활발하게 발전했으며, 난로와 용광로에서 금속 작업이 이루어졌다. 금속을 가열해 주조하는 과정은 대량 생산을 가능하게 하여, 사람들의 삶을 한층 풍요롭게 만들었다. 이러한 기술 발전은 단순한 도구 제작을 넘어 장식적이고 복잡한 형태로 나아가며, 문화적 발전에 큰 영향을 미쳤다.

청동의 사용은 또한 무역의 활발함을 촉진하고, 다양한 지역 문화와의 교류를 가능하게 했다. 이 모든 과정은 고대 사회의 복잡성과 그 안에서의 삶의 다양성을 잘 보여주며, 인간의 창의력과 지혜가 빛나는 순간들을 만들어냈다. 과거의 이 지혜는 오늘날에도 여전히 중요한 교훈으로 남아있다.

건축과 거주지

- **마을 및 도시**: 청동기 시대 사람들은 방어적 특성을 갖춘 요새화된 도시를 세우며, 돌과 진흙으로 만든 벽돌 집으로 거주 공간을 마련했다. 이러한 도시들은 외부의 침략으로부터 보호하기 위한 전략적 선택의 결과였다.
- **메가론 형태의 주택**: 메가론 형태의 주택은 긴 구조의 단일 방으로, 가족 단위의 생활에 적합하게 설계되었다. 이러한 주택들은 당시의 건축 기술이 얼마나 발전했는지를 잘 보여준다. 사람들의 생활 방식과 사회적 구조를 반영하는 중요한 유물로 남아 있으며, 지역적 특성과 기후에 따라 다양하게 발전하였다.

이러한 건축 형태는 문화적 차이를 더욱 부각시키며, 고대 사회의 복잡성을 드러낸다. 각 도시와 마을은 그들의 독특한 환경과 역사적 배경을 가지고 있어, 그 안에서 이루어지는 일상생활의 이야기를 들려준다. 고대 사람들의 창의력과 삶의 지혜가 집합된 이 공간들은 오늘날에도 여전히 우리에게 깊은 감동을 준다.

사회와 경제

- **농업과 목축**: 초기 청동기 시대는 농업과 목축이 주요 경제 활동으로 자리잡으면서 사회 구조가 복잡해진 시기였다. 사람들은 다양한 농작물과 가축을 재배하고 사육하며, 이는 지역 사회의 생계를 책임지는 중요한 요소가 되었다. 농업의 생산성이 증가하자 인구가 늘어나고 정착촌이 형성되었고, 이로 인해 지역 간의 무역이 활발해졌다.
- **무역**: 사람들은 필요한 자원과 상품을 거래하며 금속과 같은 귀중한 자원이 유통되었다. 이러한 무역 네트워크는 문화적 교류의 기회를 제공하여 지역 사회의 상호 작용을 증진시켰다. 고대 사람들은 서로 다른 지역에서 생산된 물건들을 교환하며, 삶의 질을 향상시킬 수 있는 기회를 얻었다.

농업과 무역의 발전은 초기 청동기 시대의 경제적 기반을 형성하며, 이 시기의 사람들은 지혜롭고 창의적인 방법으로 자원을 활용하였다. 그들의 노력과 협력은 오늘날에도 여전히 감동적으로 다가오며, 고대 사회의 복잡성을 잘 보여준다. 이러한 상호 작용은 결국 인류의 문화적 유산을 더욱 풍부하게 만드는 원동력이 되었다.

종교와 문화

- **여신 숭배**: 초기 청동기 시대는 여신 숭배와 미술의 발전으로 깊이 특징지어졌다. 이 시기에 발견된 다산과 모성을 상징하는 여성 조각상들은 이 시대의 종교적 신념이 여성 중심으로 형성되었음을 잘 보여준다. 이 조각상들은 사람들의 신앙생활에서 중요한 역할을 하며, 종교 의식과 관련된 신성한 상징으로 여겨졌다. 이러한 숭배는 고대 사람들에게 생명과 번영을 기원하는 의미를 지니고 있었다.

- **미술과 도자기**: 한편, 초기 청동기 시대의 미술과 도자기 제작도 활발히 이루어졌다. 도자기는 단색으로 주로 제작되었고, 기하학적 패턴과 다양한 모티프가 장식되어 이 시기의 문화적 표현을 잘 반영하고 있다. 예술적 경향은 고대 사회의 가치관과 생활 방식을 드러내며, 후대의 미술에도 큰 영향을 미쳤다. 이러한 미술작품들은 고대 사람들의 정체성을 형성하는 중요한 요소로 작용했으며, 문화적 다양성과 지역적 특성을 강조하는 역할을 했다. 이 모든 요소는 초기 청동기 시대의 신앙과 생활을 더욱 풍부하게 만들어 주었고, 고대 사회의 깊은 감정과 삶의 지혜를 상징적으로 담아내고 있다. 이 시기의 종교와 문화는 사람들의 삶에 깊이 뿌리내리며, 오늘날에도 여전히 우리의 감성을 자극하는 강력한 유산으로 남아 있다.

지역적 차별성과 문화적 특징

- **다양한 지역 문화**: 초기 청동기 시대의 아나톨리아는 다양한 지역 문화가 뚜렷하게 구분되는 시기였다. 서부와 중부 아나톨리아는 각기 다른 문화적 특성을 보여주며, 이러한 다양성은 Beycesultan과 Yortan 지역의 유물들을 통해 잘 드러난다. 이 지역의 유물들은 그들만의 독특한 스타일과 기술을 반영하고 있으며, 각 지역 사회의 생활 방식과 전통을 형성하는 데 중요한 역할을 했다. 특히, 지형과 기후, 자원의 차이에 따라 지역 문화는 더욱 풍부하고 다채로워졌다.
- **트로이 지역의 독특한 도자기**: 트로이 지역은 그 중에서도 특히 눈에 띈다. 이곳에서는 특정 독특한 형태의 도자기를 제작하여 지역 간 무역의 중요성을 강조했다. 트로이에서 생산된 도자기는 그 지역의 정체성을 형성하는 데 기여하며, 그 가치가 고고학적 발견을 통해 드러났다. 이 도자기들은 단순한 생활 용품을 넘어 지역의 문화적 상징으로 자리 잡았고, 사람들의 삶과 교류를 깊이 있게 보여준다.

이러한 지역적 차별성은 당시 사회 구조와 생활 방식의 복잡성을 더욱 부각시킨다. 각 지역의 문화적 특성은 사람들의 신념과 가치관, 그리고 사회적 관계를 형성하는 데 기여했다. 아나톨리아의 다양한 문화는 서로 다른 이야기를 품고 있으며, 이 모든 요소가 함께 어우러져 고대 사회의 다채로운 풍경을 만들어냈다. 이러한 문화적 다양성은 현대에도 여전히 중요한 유산으로 남아 있으며, 인류의 역사 속에서 그 의미를 계속해서 탐구할 가치가 있다.

조각상과 유물

- **여성 조각상**: 초기 청동기 시대는 다양한 조각상과 유물이 발견되어 이 시기의 종교적 신념과 문화적 특성을 여실히 보여준다. 특히, 여성 조각상은 테라코타, 청동, 은 또는 돌로 제작되어 어머니 여신의 형상을 상징적으로 드러냈다. 이러한 조각상들은 다산과 모성을 강조하며, 당시 사람들의 신앙생활에서 중요한 역할을 담당했다. 이 조각상들은 신성한 존재에 대한 경배를 표현하며, 고대 사회의 가치관을 담고 있다.
- **인형**: 신성한 상징을 지닌 설화 석고 인형도 발견되었으며, 이는 종교적 의식과 깊은 연관이 있다. 이 인형은 다산의 여신을 상징하는 요소를 포함하고 있어, 당시 사람들의 믿음과 생활 방식을 엿볼 수 있는 중요한 자료다. 이외에도 무덤과 신전에서 발견된 다양한 유물들은 이 시기의 사회적, 종교적 구조를 이해하는 데 중요한 단서를 제공한다.

이러한 유물들은 고대 아나톨리아의 문화적 정체성과 사람들의 생활 방식을 이해하는 데 귀중한 자료로 남아 있으며, 그 시대의 신앙과 전통을 생생하게 전달한다. 이 모든 조각상과 유물들은 역사 속에서 잊혀지지 않을 이야기들을 간직하고 있으며, 오늘날에도 여전히 많은 이들에게 감동과 경외감을 불러일으킨다.

▬ 파실라 기념비

파실라 기념비는 Beysehir의 Fasillar 마을에 자리잡고 있으며, 그 크기는 2.25 x 2.75 x 8.30 미터에 달하고 무게는 무려 72 톤이다. 이 거대한 기념비는 뾰족한 투구와 짧은 튜닉을 입은 신이 긴 튜닉을 입은 산의 신 위에 서 있는 모습으로 조각되어 있다. 그 모습은 강력한 존재감과 신성함을 동시에 느끼게 해준다.

기념비의 표면은 20제곱미터로, 미완성된 부분에서 그 조각의 정교함과 고대 기술의 뛰

어남을 엿볼 수 있다. 마운틴 신의 양쪽에는 사자 프로톰이 조각되어 있어, 이 기념비가 단순한 장식이 아니라 깊은 상징성을 지니고 있음을 암시한다. 사자는 힘과 보호를 상징하며, 신의 주변을 지키고 있는 듯한 인상을 준다.

이 기념비는 고대 사람들의 신앙과 숭배의 표현으로, 당시 사회의 가치관과 문화적 정체성을 여실히 드러낸다. 파실라 기념비는 그 규모와 상징성 덕분에 고대 문명에 대한 경외심을 불러일으키며, 오늘날에도 많은 이들에게 깊은 감동을 준다. 이처럼 기념비는 역사를 품고 있는 거대한 조각으로, 과거의 신성과 현재의 관람자를 연결해주는 중요한 매개체가 되고 있다.

라이언 석상

▬ 히타이트 라이언 조각 석상

히타이트 라이언 조각 석상은 고대 히타이트 문명의 상징적인 예술 작품으로, 아나톨리아 지역에서 발견된 여러 조각상 중 하나다. 이 조각상은 힘과 권력을 상징하는 사자의 형상을 통해 고대 히타이트의 종교적 및 정치적 상징을 잘 드러내고 있다. 사자는 단순한 동물이 아닌, 지배의 상징으로서 그 위엄을 과시한다.

▬ 히타이트인 부조 석상

히타이트인 부조 석상은 석회암이나 돌로 정교하게 조각된 작품으로, 궁전이나 신전의 장식에 사용되었다. 이러한 부조들은 히타이트 문화의 깊은 신념과 가치관을 반영하는 중요한 유물로, 당시 사람들의 삶과 종교적 신념을 이해하는 데 큰 도움이 된다. 정교한 세부 묘사와 함께, 이 부조는 히타이트인의 예술적 역량을 나타낸다.

▬ 사자 사냥 현무암

사자 사냥을 묘사한 이 부조는 현무암으로 제작되었으며, 카르케므쉬에서 발견된 기원전 9세기의 작품이다. 높이가 130㎝에 달하는 이 부조는 왕의 권력을 상징하는 사냥 장면을 담고 있다. 사냥을 통해 왕의 위엄을 강조하는 이러한 작품은 고대 히타이트의 예술적 기법과 문화를 생생하게 전달하며, 당시의 사회적 구조와 권력의 상징성을 잘 보여준다.

▬ 전쟁 전차의 부조 현무암

이 부조는 전형적인 아시리아 장면을 모방하여 전쟁의 긴장감과 동적인 상황을 생생하게 표현하고 있다. 전쟁 전차가 역동적으로 묘사되며, 그 속에서 느껴지는 긴장감은 고대 히타이트 시대의 전투와 군사적 위엄을 드러낸다. 이 작품은 고대 근동 예술에서 중요한 위치를 차지하며, 전투의 순간을 포착한 장면은 당시 사회의 전쟁 문화와 가치관을 엿볼 수 있는 귀중한 자료로 남아있다. 전쟁의 소음과 역동성이 이 부조를 통해 감각적으로 전달된다.

■ 신화적인 장면 행렬

카르감스(Kargams), 가지안테프(Gaziantep)에서 발견된 이 행렬의 오르토스타트는 석회암으로 만들어져 독수리의 머리를 가진 사자가 뒷다리로 그리핀 형태를 하고 있다. 맞은편에 대칭적으로 서 있는 이 장면은 고대 근동의 신화적 요소를 잘 반영하며, 권력과 신성함을 상징하는 존재들 간의 관계를 표현하고 있다. 대칭적 구성은 미적 조화를 이루며, 이 작품은 고대 예술에서의 상징성과 기능을 강조하는 중요한 예시로 평가된다. 신화적 이미지가 만들어내는 긴장감과 신비로움은 보는 이에게 깊은 감동을 준다.

이러한 조각들은 단순한 예술 작품이 아닌, 고대 근동 문화의 복잡한 신념 체계를 드러내는 중요한 유물이다. 그 안에는 과거의 권력 관계와 신화적 상징이 얽혀 있어, 우리가 잊지 말아야 할 고대의 이야기를 전하고 있다.

▬ 신들을 위한 리베이션

이 리베이션은 신들을 위한 중요한 의식 장면을 묘사하고 있다. 오른쪽을 향한 신은 수염과 길게 말려진 돼지 꼬리를 가지고 있으며, 뾰족한 헬멧과 반팔 의상, 벨트를 착용하고 있다. 그의 튜닉은 테두리 장식이 있고, 발끝이 올려진 부츠를 신고 있으며, 벨트에는 초승달 모양의 포멜이 달린 곡선형 검이 있다. 그는 오른손에 부메랑을 들고 있다.

비슷한 형태의 신은 오른쪽을 향해 2륜 수레에 타고 있으며, 새 모양의 몸을 가지고 있다. 그 수레는 2개의 하네스를 착용한 황소에 의해 끌려온다. 또 다른 인물은 맨 머리에 수염이 없는 남자로, 긴 프린지가 있는 의복을 입고 발가락이 뒤집힌 신발을 신고 있으며, 왼쪽을 향하고 있다. 그는 오른손에 2손잡이 그릇에 술을 붓는 주전자를 들고, 왼손에는 리투우스를 가지고 있다. 그의 뒤에는 황소를 들고 있는 작은 수행원이 있다. 이 조각은 고대 근동의 신앙과 의식의 복잡성을 잘 보여주는 중요한 유물이다.

▬ 크라룬 신 이키와 피해자 제물 장면 / 신들을 위한 리베이션

이 리베이션은 아슬란테페, 말라티아에서 발견된 크라룬 신 이키와 피해자 제물 장면을 묘사하고 있다. 이 장면은 신에게 바치는 제물을 상징적으로 표현하고 있으며, 복잡한 의식과 신앙 체계를 보여준다. 리베이션의 중앙에는 얼굴을 오른쪽으로 향한 크라룬 신이 있다. 그는 매우 뿔이 많고 바시크를 입고 있으며, 짧은 신은 수컷 사슴 위에 앉아 있다. 신의 오른손은 사슴의 어깨에 꽂혀 있는 활을 잡고 있으며, 왼손에는 번개의 삼중 묶음을 쥐고 있다. 이 번개는 사슴의 고삐를 잡고 있는 모습이다. 그의 얼굴은 수염이 없는 탄니와 머리 없는 왕을 마주하고 있다. 신의 왼손에는 팁이 있는 리츄스를 들고 있으며, 오른손에는 제물 용기를 들고 있다. 이 모습은 신에게 이키(리베케이션)를 선물하는 중요한 행위를 나타낸다. '강력한 왕'이라는 상형 글리프트는 왕 앞에 위치하고 있다. 장면의 오른쪽에는 타냐에게 희생될 작은 인물이 있으며, 그는 염소를 안고 있는 하인이다. 이 리베이션은 고대 근동 사회의 신앙과 제물 의식을 생생하게 전달하며, 신들과 인간 간의 관계를 상징적으로 표현한다.

■ **말 부조, 안데사이트, 앙카라,**

부조의 주된 특징은 말의 생동감 넘치는 형태와 세밀한 조각 기술에 있다. 말은 강하고 우아한 자세로 표현되어 있으며, 이는 당시 사회에서 말의 중요성을 강조한다. 이 시기에 말은 전쟁과 농업에서 중요한 역할을 하였으며, 그 상징적 의미는 권력과 위엄을 나타내는 요소로 작용했다.

부조는 섬세한 디테일과 함께 전통적인 히타이트 예술 양식을 반영하고 있으며, 고대 예술가의 기술적 숙련도를 잘 보여준다. 이 작품은 또한 고대 아나톨리아의 문화적, 사회적 맥락을 이해하는 데 중요한 단서를 제공한다.

■ **사자상 두 남자 오르토스타트**

생명의 나무 옆에 서 있는 두 남성 사자를 묘사하고 있다. 오른쪽의 인물은 허리에 칼로 무장하고 있으며, 왼손에 낫을 어깨에 대고 오른손에는 상징적인 물체를 들고 있다. 이는 전투적인 상징과 함께 힘과 권위를 나타내는 요소로 해석된다.

왼쪽의 인물은 오른손에 이중 도끼를 쥐고 있어 전사로서의 이미지를 강조한다. 두 사자 남자의 자세와 무장 상태는 당시 사회에서 전사의 역할과 생명의 나무와의 관계를 상징적으로 드러내며, 고대 히타이트 문화의 신화적 요소와 권력을 표현하는 중요한 작품으로 평가된다.

▬ 부조와 설형 문자 비문

이 조각은 메인 장면으로 날개 달린 신 할디(Haldi)의 두 대면 인물을 중심으로 하고 있으며, 각각은 사자의 등에 서 있다.

날개 달린 신 할디는 힘과 권위를 상징하며, 사자는 용맹함과 보호를 나타내는 요소로 작용한다. 두 인물은 대칭적인 구도로 배치되어 있어 신성함과 질서를 강조한다. 부조와 함께 새겨진 설형 문자 비문은 이 장면의 의미를 보충하며, 신과 관련된 전통과 역사적 맥락을 제공하는 중요한 정보로 여겨진다. 이 작품은 히타이트 및 고대 아나톨리아 문화에서 신화와 상징이 어떻게 결합되었는지를 이해하는 데 중요한 역할을 한다.

▬ 그리핀 부조, 안데스, 앙카라

이 부조는 그리핀이라는 신화적 생물을 묘사하며, 고대 아나톨리아의 상징성과 미술적 기법을 반영한다. 그리핀은 사자의 몸과 독수리의 머리를 가진 생물로, 권력과 보호를 상징한다.

▬ 사자 부조, 안데사이트, 앙카라

고대 아나톨리아의 상징적 의미를 지닌 사자를 묘사하고 있다. 사자는 힘과 용기를 상징하며, 고대 사회에서 종교적 혹은 왕권의 상징으로 중요한 역할을 했다. 이 부조는 그 당시의 예술적 기법과 문화적 배경을 잘 보여준다.

▬ 제물로 양을 바치는 사람들의 부조, 현무암

제물로 양을 바치는 사람들을 묘사하고 있다. 부조는 고대 아시리아의 제사 의식과 관련된 중요한 장면을 표현하며, 당시 사람들의 종교적 신념과 사회적 관습을 엿볼 수 있게 해준다. 이 장면은 공동체의 신성한 의무와 신에게 바치는 헌신을 상징적으로 나타내고 있다.

▬ 고대 아나톨리아의 두 남성

고대 아나톨리아의 문화를 잘 보여준다. 왼쪽을 바라보는 남성 인물은 부채를 들고 있으며, 그의 오른손에는 미상의 물체가 있다. 그는 허리에 검을 차고 긴 곱슬머리에 밴드를 착용하고, 긴 치마와 닫힌 샌들을 신고 있다. 그의 옆에는 매가 있으며, 그 오른쪽에는 또 다른 남성 인물이 서 있다. 이 인물은 왼손에 메이스를 들고 있고, 같은 방식으로 검을 차고 있으며, 마찬가지로 긴 치마와 샌들을 착용하고 있다. 이들 인물은 하인으로 추정되며, 당시의 사회적 구조와 의복 양식을 잘 나타내고 있다.

▬ 여성의 행렬

여신 쿠바바가 왕좌에 앉아 있는 장면을 묘사한다. 쿠바바는 아나톨리아와 근동에서 숭배된 여신으로, 풍요와 다산의 상징으로 여겨졌다. 그녀의 왕좌를 지지하는 여성들의 행렬이 부조의 중요한 부분을 차지하며, 그들은 공물을 바치거나 여신에게 경의를 표하는 모습으로 표현되었다.

■ 아슬란테페 / 일루얀카 오르토스타트 신화 묘사

히타이트 신화의 중요한 장면을 묘사하는데, 폭풍신이 창으로 용 일루얀카를 죽이는 순간이 표현되었다. 용의 구불구불한 몸체는 물결치는 선으로 형상화되었으며, 그 위로 인간 형상이 미끄러지듯 표현되어 있다. 이 부조는 폭풍신과 용의 전투를 상징적으로 나타내며, 고대 히타이트 종교와 신화를 잘 보여주는 중요한 예술적 유물이다.

■ 스핑크스. 오르토스타트 현무암. 사크차고주

오르토스타트 스핑크스는 독특한 형태로 묘사되어 있다. 이 스핑크스는 뿔이 달린 머리 장식을 하고 있으며, 수염과 머리카락은 말려진 형태로 정교하게 표현되었다. 머리는 인간의 머리이고, 몸은 사자의 형태를 띠고 있다. 가슴에는 새의 깃털이 묘사되어 있으며, 꼬리 끝에는 새의 머리가 달려 있어 상징적이고 신화적인 존재로 보인다. 이 유물은 고대 아나톨리아의 복합적인 상징주의를 보여준다.

▬ 사자 사냥 부조, 기저, 말라티아 근처의 아산티

사냥 장면이 생동감 있게 묘사되어 있으며, 사자가 화살이나 창에 의해 공격받는 순간이 강조되어 있다. 사냥꾼들은 무장한 상태로 말을 타고 있거나, 도보로 사자를 추격하는 모습으로 그려져, 당시의 왕이나 귀족들이 주도한 왕실 사냥의 장면을 보여준다. 이 유물은 고대 전사 계층의 상징적인 힘과 왕권을 나타내는 작품이다.

▬ 거짓말하는 사자 위에는 두 개의 탄니 피규어

거짓말하는 사자 위에 두 개의 신성한 탄니(Tanni) 피규어가 묘사되어 있다. 두 인물 모두 뿔이 달린 머리장식과 길고 벨트가 달린 옷, 끝이 올라간 신발을 착용하고 있다. 뒤쪽에 서 있는 신은 길고 곡선형의 머리카락을 가지고 있으며, 그의 머리에는 카나티(Kanati) 태양 원반이 있다. 그는 오른손에 권총 같은 무기를, 왼손에 도끼를 들고 있으며, "Günes Tanrist"라는 상형 문자가 그의 앞에 쓰여 있다. 앞쪽에 서 있는 날개 달린 신의 머리에는 초승달이 있으며, 오른손에는 도끼를 들고 있다. 그의 왼손은 파괴되어 무엇을 들고 있는지는 알 수 없지만, "Moon Tanrist"라는 상형 문자가 그의 앞에 쓰여 있나.

■ 네 명의 연주자

네 명의 인물이 묘사되어 있다. 이들 중 두 명은 오른쪽을, 나머지 두 명은 왼쪽을 향하고 있다. 맨 왼쪽 인물은 경적을 불고 있으며, 그 옆에 있는 세 인물은 티구르로 큰 북을 치고 있다. 모두 긴 튜닉을 입고 있으며, 인물들의 키는 동일하게 표현되었다.

■ 사바르 전차

사바르 전차가 묘사되어 있다. 전차 안에는 두 인물이 있으며, 한 명은 말의 고삐를 잡고, 다른 한 명은 화살을 쏘고 있다. 전차 아래에는 적병이 엉덩이에 화살을 맞아 다치거나 죽은 채로 작은 크기로 표현되어 있다. 이 장면의 바닥 부분은 복잡한 드레스 모티브로 장식되어 있다.

■ 세 명의 병사

세 명의 전사들이 포로들을 데리고 있는 장면이 나타나 있다. 병사들은 등에 방패를 메고 손에는 창을 들고 있으며, 용맹한 모습을 보여준다. 부조의 바닥 부분은 복잡한 기하학적 모티프로 장식되어 있다. 당시의 군사적 위엄과 예술적 표현을 잘 보여주는 유물이다.

▬ 야생 동물을 제압하는 영웅적인 인물

야생 동물을 제압하는 영웅적인 인물을 묘사한다. 고대 근동 예술에서 영웅적 모티프를 담고 있으며, 강력한 인물이 야생 동물과 싸우는 장면을 역동적으로 표현한다. 히타이트 후기와 신아시리아 시대의 상징적인 힘과 용맹을 보여주는 대표적인 예술 작품 중 하나로 평가받는다.

▬ 신성한 식사 장면

히타이트 왕국의 신성한 식사 장면을 묘사하였다. 이는 종교적 의식과 왕실 생활을 상징적으로 표현한 것으로 보인다. 이와 관련된 히타이트 역사에서는 왕 무르실리 2세(기원전 1321-1295)가 계모가 자신의 아내 가쉬슬라비야에게 흑마법을 사용했다고 불평한 기록이 남아 있으며, 이는 왕실 내 갈등과 정치적 긴장을 반영하는 일화로 알려져 있다.

▬ 수희 2세의 아내

앉아 있는 여성상은 날개 달린 여신과 마주 보고 있으며, 여신은 가슴을 잡고 있는 모습으로 표현된다. 이 작품의 배경에는 4줄의 비문(KARKAMI A1b)이 새겨져 있어, 그녀가 수희 2세의 아내임을 확인시켜 주는 중요한 정보를 제공한다. 이 조각은 히타이트의 예술과 종교적 신념을 반영하며, 왕실 여성의 지위와 역할을 강조하는 요소로 해석될 수 있다.

▬ 바솔트 정교, 카르케므쉬의 행진 웨이

사자가 황소를 공격하는 장면이 묘사되어 있다. 사자는 황소의 머리를 잡고 뒤로 비틀고 있으며, 힘과 야생성을 강조하는 역동적인 포즈를 취하고 있다. 이 작품은 고대 히타이트 문명에서 사자와 황소가 상징하는 힘과 권위를 잘 드러내며, 당시의 예술적 기법과 서사성을 보여준다.

■ 8-Su Kapısı 오르토스타트-카르카므쉬/가지안테프

테이블 왼쪽에 앉아 있는 인물이 오른손에 잔을 들고 있으며, 그의 뒤에는 부채를 든 하인이 있다. 테이블 반대편에서는 또 다른 하인이 손에 그릇을 들고 대기하고 있다. 맨 오른쪽에는 사즈(saz)를 연주하는 인물이 자리하고 있어, 이 장면은 고대 히타이트 사회의 사교적이고 의식적인 식사 문화를 잘 보여준다. 이러한 묘사는 당시의 예술적 표현과 일상 생활의 중요한 순간을 포착하고 있다.

■ 10-King Bastion 오르토스타트-카르카므쉬/가지안테프

긴 드레스와 두꺼운 벨트를 착용한 세 명의 전사가 묘사되어 있다. 앞의 인물은 왼손에 끝이 부러진 창을 들고 오른손에는 잎이 무성한 가지를 쥐고 있다. 중앙 인물은 왼손을 주먹으로 쥐고 오른손에는 머리 높이에 도구를 들고 있으며, 그의 뒤에는 왼손에 지팡이를 들고 있는 인물이 자리하고 있다. 세 인물 모두 허리에 장검을 차고 있어 전사로서의 강인함과 위엄을 강조한다. 이 부조는 고대 히타이트 사회의 전사 계층을 드러내는 중요한 예시로, 그들의 무장과 자세에서 전투의 긴장감을 느낄 수 있다.

■ 알루말리 왕

알루말리 왕이 사자 위에 서 있는 산의 왕 샤루마 신에게 제물을 바치고 있다. 오른쪽에는 투와티라는 공주가 두 마리의 새 위에 서 있는 여신 샤우슈카에게 제물을 드리는 모습이 묘사되어 있다. 이 부조에서 왕과 신, 신의 이름은 루위아어 상형 문자로 기록되어 있어, 고대 히타이트 문화의 종교적 의식과 신화적 요소를 잘 드러내고 있다. 이 작품은 당시 왕권과 신성한 관계를 강조하며, 신에 대한 경외와 제사 의식의 중요성을 보여준다.

■ 히타이트의 신들

▬ 석류를 든 여신 쿠바바

쿠바바는 고대 근동에서 중요한 여신 중 하나로, 풍요와 다산을 상징한다. 그녀는 종종 석류를 손에 들고 있는 모습으로 묘사되며, 이는 생명과 재생의 상징으로 여겨진다. 석류는 고대 사회에서 농업과 생명의 소중함을 나타내는 중요한 과일로, 여신 쿠바바의 이미지는 이러한 상징적 의미를 강조한다.

고대 히타이트 및 네오히타이트 예술에서 쿠바바의 모습은 주로 석회암이나 현무암 조각으로 남아 있으며, 그녀의 특징적인 의상과 장신구는 당시의 예술적 스타일과 신앙을 반영한다. 석류를 들고 있는 그녀의 이미지는 종종 제사나 축제와 관련된 장면에서 발견되며, 그녀의 숭배는 고대 사람들에게 풍요로운 수확과 가족의 안녕을 기원하는 의미가 있었다.

▬ 여성의 행렬. 카르케므쉬

쿠바바의 여사제들은 모두 홀과 유사한 물건을 들고 있으며, 앞과 뒤에 있는 여성들은 둥근 거울을 가지고 있다. 중앙의 인물은 향신료나 밀을 한 다발 들고 있어, 이들이 의식이나 제사를 위한 준비를 하고 있음을 암시한다. 여신 쿠바바는 풍요와 다산의 상징으로, 제사를 드리는 역할을 맡고 있었다. 당시 사람들의 종교적 신념과 의식의 중요성을 잘 보여주는 예로, 여신과 그를 섬기는 이들의 연결고리를 강조한다.

게임을 하는 왕의 아이들, 카르케므쉬 왕궁 요새

왕실의 일상 생활을 엿볼 수 있는 귀중한 자료로, 어린 왕자들이 놀이를 통해 사회적 관계를 형성하고 있는 모습을 보여준다.

아이들이 다양한 게임을 즐기고 있으며, 그들 주위에는 왕궁의 다른 인물들이 지켜보거나 함께하는 모습이 보인다. 왕실의 교육 방식과 어린 시절의 즐거움을 강조하며, 또한 그들이 미래의 지도자로 성장하기 위한 사회적 기술을 습득하는 과정을 나타낸다. 이는 당시 사회의 가치관과 왕족의 생활상을 이해하는 데 중요한 단서를 제공한다.

히타이트 대왕의 초상

고대 히타이트 문명의 권력과 위엄을 잘 보여주는 작품이다. 이 초상은 일반적으로 대왕의 권위와 지혜를 상징하며, 왕의 복장, 장신구, 그리고 표정에서 그의 신성함과 통치자의 카리스마를 느낄 수 있다.

대왕은 종종 특유의 머리 장식과 화려한 의복을 착용하고 있으며, 손에는 권력의 상징인 홀이나 지팡이를 들고 있는 경우가 많다. 그의 얼굴 표정은 단호하면서도 관대함을 나타내며, 고대 문명에서 왕의 신성한 위상을 강조한다. 이 초상은 히타이트 제국의 역사와 문화적 유산을 이해하는 데 중요한 자료로, 그 시대의 정치적, 사회적 상황을 반영한다. 예술적 기법 또한 이 시기의 뛰어난 조각 기술과 미적 감각을 잘 드러내고 있다.

히타이트 군인의 초상

고대 히타이트 제국의 군사적 전통과 문화를 잘 드러내는 중요한 예술 작품이다. 이 초상은 군인의 강인한 이미지와 전투 능력을 강조하며, 그의 복장, 무기, 그리고 자세에서 그 시대의 군사적 가치관을 느낄 수 있다.

군인은 일반적으로 갑옷이나 전투복을 착용하고 있으며, 머리에는 헬멧이나 장식이 있는 투구를 쓰고 있다. 그의 손에는 칼, 창, 혹은 방패와 같은 무기를 들고 있는 경우가 많으며, 이는 그가 전사로서의 역할을 상징한다. 또한 그의 표정은 단호하고 결단력이 있으며, 전사로서의 용기와 충성을 표현한다. 히타이트 군인의 초상은 당시의 군사 조직과 전쟁의 중요성을 나타내는 자료로, 군사적 전통, 전술, 그리고 사회적 위상을 이해하는 데 중요한 역할을 한다. 이 초상은 또한 히타이트 제국의 강력한 군사력을 상징하며, 그들의 역사를 연구하는 데 귀중한 정보를 제공한다.

히타이트 사자상

양을 안고 가는 목동

▬ 재판 기록 점토판

- **발견 장소**: Karum-Kanesh
- **언어**: 고대 아시리아어
- **날짜**: 기원전 1950-1835년
- **재료** : 점토

아나돌리아 문멍 박물관 컬렉선

재판 기록문

- **사건 개요**: 아버지가 돌아가신 지 3년이 지났다. 피고는 원고를 고소하고 있으며, 원고는 아버지의 상속재산에서 아무것도 받지 못했다고 주장한다. 원고는 아버지와 피고에게 빚이 없으며, 피고는 원고의 문서를 보관하지 않았고, 원고에게 대출이 없다고 주장한다.
- **주요 주장**: 원고는 아버지와 피고가 봉투가 있는 태블릿을 보관하지 않았음에도 불구하고 피고가 원고를 고소하고 있다고 주장한다.

  원고는 아버지가 3개월 동안 침대에 누워 계셨고, 그 기간 동안 아버지가 은화에 대해 아무 말도 하지 않았다고 언급한다.

  원고는 피고가 아버지 곁에 있었고, 아버지가 은화를 남기지 않았다는 것을 잘 알고 있을 것이라고 주장한다.

  원고는 피고가 상상의 이유로 자신을 고소하고 있다고 주장하며, 피고가 원고에게 많은 글을 태블릿에 써주었다고 언급한다.
- **재정적 상황**: 원고는 아버지의 유언을 듣고, 아버지의 유언에 따라 아슈르에서 만나자고 제안한다.

  원고는 아버지가 돌아가신 후, 피고의 첩을 먹이고 입혔다고 주장한다.

  원고는 상업적 제한(금수조치) 동안 가족을 살리기 위해 아나톨리아인의 집에서 은 1 1/2 미나를 가져왔다고 언급한다.

  원고는 피고가 자신을 상업적으로 죽였다고 주장하며, 아버지의 소유물을 하나도 가져가지 않았음에도 불구하고 피고가 다른 사람에게서 은 1/2 미나를 가져갔다고 주장한다.
- **가족의 연대**: 원고는 자매, 여사제, 형제들이 아슈르에 있으며, 아버지의 뜻에 따라 행동하자고 제안한다.

  원고는 아버지의 뜻이 도시에 있다고 주장하며, 피고가 가족을 살리기 위해 은 10 세겔씩 주는 대신 빚을 지게 했다고 언급한다. 원고는 아버지가 카네시에 온 이후로 다른 곳에 있었지만, 피고가 아버지의 곁에 있었고 아버지의 재정 상황을 설명해 주었다고 주장한다.
- **증인 진술**: 카룸 카네시의 소대집회는 원고에게 증인의 의무를 부여하였고, 원고는 신의 문 앞에서, 아슈르의 단검 앞에서 증거를 제시했다. 증인으로는 이심-수엔, 살림-아슈르의 아들, 단-아슈르, 아슈리슈-티칼의 아들이 있다.

에필로그

하나의 대륙, 하나의 역사

우리가 알고 있던 역사는 많은 부분에서 새롭게 쓰여져야 한다. 히타이트 제국의 유산이 고대 아나톨리아에만 국한된 것이 아니라 이집트, 메소포타미아, 심지어 동아시아와의 교류에도 영향을 미쳤다는 것은 놀라운 발견이다. 히타이트 제국에 유입된 유물과 기술, 그리고 그들 속에 흐르던 혈맥이 오늘날에도 여전히 우리의 삶 속에서 발견되고 있으며, 이는 단순한 유물 그 이상의 의미를 지닌다.

역사는 끝이 없으며, 오늘날의 유전학과 고고학 기술은 퍼즐을 완성하는 데 중요한 도구이다. 히타이트인과 이집트인의 상호작용과 그들의 문화가 어떻게 연결되었는지 밝혀내는 여정은 유라시아의 수많은 이야기 중 하나에 불과하다. 고대 제국은 흩어졌지만, 그들이 남긴 유산은 여전히 오늘날의 문화와 사회에 영향을 미친다.

우리가 잊고 있던 고대 제국과 그들의 교류, 전쟁, 상호작용은 오늘날 우리가 사는 세상의 토대를 마련했다. 히타이트 전쟁 전략, 외교, 이집트 문화예술은 서로 다른 시대와 지역마다 공존하며 인류 역사에 중요한 발자취를 남겼다. 이제 그들의 이야기를 되돌아보고 미래를 향한 우리의 발걸음에 어떤 교훈을 남겨야 할지 고민해야할 때이다. 고대의 신비로 가득한 이 여정을 통해 과거의 지혜에서 더 나은 미래를 건설할 수 있을 것이다. 기대와 흥분으로 새로운 탐험을 시작해보자.

이 책은 끝났지만 여러분의 새로운 탐험은 이제 막 시작되었다. 우리의 역사와 문화가 어떻게 형성되었는지 이해하는 중요한 출발점은 고대 제국 간의 연결고리를 찾기 위한 여정이 될 것이다. 그리고 다음 단계로 메소포타미아 문명, 특히 수메르 초기 유적을 탐험할 기회를 기다려 보자. 이곳에서는 인류의 첫 문명들이 어떻게 태동하고, 그들이 남긴 유산이 오늘날까지 이어지는지를 그려나갈 것이다.

작가 소개

다큐멘터리 사진작가 **김 경 상**

개인전 81회, 저서 26권

- 한류문화인진흥재단 홍보대사
- 문화체육관광부 한국문화예술위원회 예술인패스 회원
- 교황 프란치스코 방한 공식 미디어 작가
- 유라시아 횡단 랠리 다큐 작업 (2019.07~08)
- UNESCO, UNICEF 사진 작업
- 청와대 의전 선물 (교황청) (2009)
- 문화재청 한국전통문화대학 공무원 세계유산 이해과정 특강 강사
- 식약처 프랑스 인상파 명작의 고향 (고흐, 모네, 세잔, 밀레) 특강 강사
- 고려대학교 문과대학 (유라시아 인류 문화의 원형과 한민족 DNA 접점) 특강 강사

1. 유라시아 횡단 (모스크바~칼미크 공화국, 카자흐, 우즈벡, 고르노 알타이, 몽골 알타이, 내몽골, 북경, 심양, 동북3성, 북한 접경까지 자동차 랠리) / 고대 기마민족 알타이족의 신라, 가야. 일본 황실 건국까지 다큐 작업 (러시아 바이칼 호의 부리아트족, 알타이족, 흡수골 차탕족, 일본 규슈의 청동기유적/가야 왕자들의 진출 후 일본황실 건국까지)고구려 멸망후 말갈족(마자르족, 훈족)의 유럽 침공 후 헝가리 건국까지 다큐 작업

2. 고조선 단군신화 다큐멘터리 사진작업 (중국 내몽골 적봉의 홍산문화 유적 / 요녕성 신석기 청동기 시대 유적 및 유물)
3. 고구려 다큐멘터리 사진 작업 (백두산 / 중국 동북3성 고구려 고분벽화/청동기, 철기시대 유적 및 유물/요동성, 안시성, 백암성 / 동명성왕의 졸본산성, 광개토대왕, 장수왕의 집안, 발해)
4. 한반도 삼한시대 다큐멘터리 사진작업 (전국 고인돌/ 암각화/마한, 진한, 변한 유적 및 유물)
5. 단원 김홍도, 겸재 정선의 진경산수, 관동팔경 다큐사진 작업과 한국의 아름다운 정자 200선 : 고려 말부터 조선시대의 한국의 아름다운 정자 시리즈
6. 프랑스 후기 인상파의 고향 (빈센트 반고흐, 모네, 밀레, 폴세잔) 다큐사진 작업
7. 한,중,일, 인도 한센인 마을 및 프놈펜, 마닐라의 스모킹 마운틴 마을 다큐사진 작업
8. 아프리카 에이즈 마을, 난민촌 유니세프 사진 작업 (잠비아, 우간다, 캄보디아)
9. 세계문화유산 유네스코 등재 유럽, 아시아, 아프리카 200개소 유적 다큐사진 작업
10. 아리랑 외 한국의 유무형 문화유산 다큐사진 작업
11. 우리시대 위대한 성자 다큐사진 작업 (교황 프란치스코, 교황 요한바오로2세, 마더 데레사, 성 막시밀리아노 마리아 콜베, 추기경 김수환, 달라이라마)

김경상 작가는 40년간 일관되게 인류학적 정신사를 추적하며 다큐멘터리 작업을 해왔다. 그의 작업을 주제별로 살펴보면 가난하고 고통받는 소외된 사람들에 대한 관심과 사랑, 인류애를 실천한 거룩한 성인들의 정신과 사랑, 한국의 사라져가는 민속을 찾아 한국인의 정신적 근거와 뿌리를 찾는 작업으로 크게 구분해 볼 수 있겠다.

가난하고 고통 받는 소외계층에 대한 작업은 아프리카 난민촌 및 에이즈 등을 주제로 후지산의 소록도인 후쿠세이 한센인 마을, 중국 시안 인애원 한센인 병원, 일본 도쿄 노숙자, 나가사키, 캄보디아 프놈펜 , 필리핀 마닐라와 다카이다이, 비락섬, 마욘화산, 세부 등 거리의 노숙자, 원폭 피해자 병원, 에이즈, 호스 피스, 쓰레기 마을, 아동보호소 등 극한에 처한 현장을 담았다.

성인들에 관한 작업은 바이블 루트, 마더 데레사, 성인 콜베, 교황 요한바오로 2세, 김수환 추기경을 대상으로 했다. 특히 마더 데레사 사진집과 성인 콜베 사진집, 사진 작품 2점(폴

란드 원죄 없는 성모마을 밀밭에서 기도하는 수도자의 모습을 담은 사진 1점, 김수환 추기경의 선종 당일 정진석 추기경과 김옥균 주교의 기도하는 장면 사진 1점)은 청와대 의전 선물로 선정되어 2009년 7월 대통령 방문 때 교황 베네딕토 16세에게 전달되었다. 2014년 8월 교황 프란치스코 방한 공식 미디어 작가로 교황을 촬영을 하였고, 9월 바티칸에서 교황 프란치스코 공식 알현을 하며 바티칸 및 조상들의 고향 아스티 및 시칠리아섬 수도원 작업을 하였고, 특히 2015년 5월 이탈리아 포르타 코마로 시장 초청으로 교황 프란치스코 사진전을 초대 받았다. 7월에 아르헨티나 부에노스아이레스 중남미문화원에서, 2016년 5월 이탈리아 아스티 피아캐슬뮤지엄에서, 6월 팔라 비치니 궁전 '제56회 국립 종의 축제'에서 가진 바 있다.

한국의 정신적 근거를 찾는 작업은 '아리랑 프로젝트'를 중심으로 펼치고 있다. 2011년 한호 수교 50주년 기념전이 시드니 파워하우스 뮤지엄에서 개최되어 좋은 반응을 받은 바 있는 '장인정신: 한국의 금속공예' 전에는 한국풍경사진을 위촉 받아 사진을 제공했다. 이 전시는 유네스코 산하 호주 국제박물관협회(ICOM Australia) 상을 수상했고 사진이 실린 전시 도록은 호주 뉴사우스웨일즈(NSW)주의 전시 도록 출판인쇄상(PICA)을 수상했다. 아리랑 프로젝트는 프랑스 3대 축제 중 아비뇽 페스티벌(2013), 낭트 페스티벌(2014, 2015)에 2년 연속 초청되었다. 또한 2014년 세계 주요 도시인 헝가리 부다페스트, 미국 워싱턴 DC 및 뉴욕, 프랑스 낭트 및 파리, 인도 뉴델리, 아르헨티나 부에노스 아이레스, 이탈리아 아스티 및 밀라노 엑스포 등지에서 순회 전시를 하였다. 2015년 낭트 페스티벌 조직위원회의 공식 초청으로 코스모폴리스 센터와 파사쥐 상트크로와 특별 전시를 하였다.

김경상의 주요 작품과 사진집은 바티칸 교황청, 천주교 서울대교구청, 생명위원회, 평화화랑, 아주미술관, 뉴욕 ICP, 프랑스 메르시 그룹 MECCANO, 헝거리 야스베니샤루 삼성전자 현지법인 등지에 소장되어 있다.

작가 소개

크리에이터 / 문화기획가 **이 기 우**

저자는 시인이며 문화예술관광진흥연구소의 대표이자 해돋이역사권역의 해돋이관광협의회 이사장으로서, '반구천의 암각화'의 문화원형적 가치를 널리 알리기 위해 끊임없이 노력하는 열정을 지녔다. 한국ESG학회 이사, 반구대포럼 이사, 반구대시민모임 공동대표, 유콘크리에이티브 기업연구소 소장으로서, 지식기반 콘텐츠를 개발하고 지역사회의 지속가능한 발전에 기여하고 있다. 문화체육관광부장관상 표창이 이를 뒷받침하고 있다.

고려대학교 문화콘텐츠학과에서 박사과정을 마친 그는 '반구천의 암각화'의 장소성과 축적, 빛의 암각화 요소에 관한 연구로 문화콘텐츠연합학회에서 최우수논문상 수상 및 인문콘텐츠학회에 게재되기도 했다. 그는 인간문화재인 예술가 천재동을 조명하며 울산 관광정책에 대한 새로운 시각을 제시했다. 고구려의 찬란한 문화를 담은 전시회를 통해 역사문화의 가치를 전파하는 데 미력하나마 앞장서고 있다.

고대사는 한 지역의 흥망성쇠가 다른 문명과 충돌하면서 갈등과 융합의 실타래처럼 존재하고 사라진다. 지정학적으로 튀르키예는 유럽과 아시아를 연결하고, 메소포타미아와 이집트 문명과 인접해 있어 문명 간 가교 역할을 해왔다. 히타이트 제국의 상업적 네트워크와 정보력은 군사력으로 이어지며 독특한 히타이트 문화를 형성했다. 히타이트왕국에서 히타이트제국으로의 흥망성쇠 과정은 이러한 연관성을 여실히 보여준다.

과거의 영광을 간직하고 있는 이집트, 메소포타미아와는 달리 히타이트는 기억에서 잊혀진 제국이다. 오늘날 히타이트는 19세기 점토판 해독 이후, '철문화의 발상지' '천신의 나라', '오리엔트 최강의 제국'으로 주목받는다. 이집트와의 전쟁에서 평화로 이끈 평화조약의 위상으로 유럽과 맞먹는 오리엔트 찬란한 문화를 꽃 피운 아나톨리아의 태양 히타이트 제국의 실타래를 풀어나갈 것이다. 이 책은 독자들에게 히타이트의 역사 여정을 통해 튀르키예의 역사와 전통, 자연을 만날 수 있는 소소한 감동을 줄 것이다.